HAYAT İMKÂNSIZ

HAYAT İMKÂNSIZ

MATT HAIG

Çeviri: Kıvanç Güney

domingo

domingo

HAYAT İMKÂNSIZ
MATT HAIG

Özgün ismi: The Life Impossible

Domingo, Bkz Yayıncılık markasıdır.
Sertifika No: 46105

Çeviri: Kıvanç Güney
Editör: Alican Saygı Ortanca
Son okuma: Tuğçe Nida Gökırmak
Kapak illüstrasyonu: Jim Tierney
Kapak uyarlama: Hamdi Akçay
Sayfa uygulama: Betül Zeynep Duman, Bahadır Erşık

ISBN: 978 605 198 322 6

Baskı: Eylül 2024
Çınar Mat. ve Yay. San. Tic. Ltd. Şti.
Yüzyıl Mah. Matbaacılar Cad. Ata Han
No: 34 Kat: 4-5 Bağcılar İstanbul
Tel: (0212) 628 96 00 • Sertifika No: 45103

Bkz Yayıncılık Ticaret ve Sanayi Ltd. Şti.
Harbiye Mah. Cumhuriyet Cad. Pak Apt. No: 30
Kat: 1 Daire: 3 Şişli İstanbul
Tel: (212) 245 08 39
e-posta: domingo@domingo.com.tr
www.domingo.com.tr

İbiza adası ve halkına

Gerçek, mantıklı ya da inandırıcı olmayabilir.

Jorge Luis Borges

Gökteki melekler inseler yere,
Güvercin misali açarak kanatlarını;
Bizler el ele yürürken,
Kardeşlerim, ulaşırız cennete.

Joe Smooth, "Promised Land"

Sevgili Bayan Winters,

Umarım size yazmamın sakıncası yoktur.

Belki beni hatırlarsınız. Hollybrook'ta matematik öğretmenimdiniz. Şimdi 22 yaşındayım ve üniversite sondayım. Matematik okuduğumu öğrenmek hoşunuza gider herhalde!

Paskalya tatilinde bizim orada Bay Gupta'ya rastlayıp sizi sordum ve tüm haberleri de ondan aldım. Eşinizi kaybetmenize çok üzüldüm. Bay Gupta, İspanya'ya taşındığınızı söyledi. İbiza'ya! Bana enteresan geldi. Neden oraya taşındınız? Büyükannem de yedi yaşından beri görmediği Grenada'ya taşınmış ve mutluluğu orada bulmuştu. Umarım yurtdışına taşınmak sizi de mutlu etmiştir.

Benim acım da yeni sayılır. İki yıl önce annem öldükten sonra depresyona girdim. Babamla anlaşamıyorum ve derslere yoğunlaşmakta zorlanıyorum. Kız kardeşimin de (Esther'ı hatırlarsınız belki) artık daha fazla desteğe ihtiyacı var. Kız arkadaşımı çok üzdüm, o da beni terk etti. Başka şeyler de oldu. Hayata devam etmekte zaman zaman çok zorlandım. Bu genç yaşımda yolum çoktan çizilmiş ve bilinmeyen hiçbir şey yokmuş gibi hissediyorum. Bunca baskı yüzünden, bazen nefes alamıyorum.

Sayı dizisine, Fibonacci dizisine benzer bir kalıbın içindeyim –0,1,1,2,3,5,8,13,21 vs.– ve hayatım ilerledikçe, bu dizide olduğu gibi, sürprizler de azalıyor. Bir sonraki sayının önceki iki sayıyı toplayarak bulunduğunu anlamak yerine, insan önündeki yaşamın çoktan belirlenmiş olduğunu fark ediyor. Yaş aldıkça, sayıdan sayıya geçtikçe, bu kalıp daha da öngörülebilir hale geliyor. Kalıbı hiçbir şey bozamıyor. Eskiden Tanrı'ya inanırdım ama artık hiçbir şeye inanmıyorum. Âşık oldum ama onu da beceremedim. Bazen kendimden nefret ediyorum. Her şeyi yüzüme gözüme bulaştırıyorum. Sürekli suçluluk hissediyorum. Çok fazla içiyorum ve bunun derslerime de yansıması bende daha fazla suçluluk hissi yaratıyor çünkü annem daha çok çaba harcamamı isterdi.

Bazen dünyada olanlara bakıyorum da, tür olarak yok oluşa doğru gittiğimizi görüyorum. Önceden programlanmış gibi. İnsan olmaktan, dünya için hiçbir şey yapamayan ufacık bir nokta olmaktan bıktım usandım. Her şey imkânsız geliyor.

Size bunları neden anlattığımı bilmiyorum. Birine anlatmak istedim işte. Bana karşı hep çok iyiydiniz. Karanlıktayım ve bir ışığa ihtiyacım var. Kusura bakmayın. Çok acıklı oldu. Kız kardeşime iyi örnek olmam lazım yalnızca.

Lütfen kendinizi cevap yazmak zorunda hissetmeyin. Ama söyleyeceğiniz her şey benim için çok değerli olacak. Uzun bir e-posta oldu, kusura bakmayın.

Teşekkür ederim,
Maurice (Augustine)

Sevgili Maurice,

E-postan için çok teşekkür ederim.

Çok fazla aldığım söylenemez ama e-postalara cevap yazma alışkanlığım yok hiç. İnternete pek "girmiyorum". Sosyal medyada yokum. Bir tek WhatsApp'im var, onu da nadiren kullanıyorum. Fakat senin mesajını alınca yanıtlamam, doğru düzgün bir cevap yazmam gerektiğini hissettim.

Yaşadığın her şey için üzgünüm. Anneni veli toplantılarından hatırlıyorum. Onu sevmiştim. Ciddi biri olarak hatırlıyorum ama senden söz ederken dudak uçları yukarı doğru kıvrılır, şöyle bir gülümserdi. Ona sevinç verdiğin çok belliydi. Sadece var olarak. Bilhassa ergenlik çağındaki biri için, gerçek bir başarıdır bu.

Sana yazmaya başladığım yanıt uzadıkça uzadı, kısa bir e-postanın çok ötesine geçti.

Dürüst olmam gerekirse, bir süredir bütün bunları yazmaya niyetliydim ve senin mesajın mükemmel bir tetikleyici oldu.

Sana anlatacağım hikâye benim bile inanmakta zorlandığım bir şey. Kendini yazacağım hiçbir şeye inanmak zorunda hissetme lütfen. Yine de hiçbir şeyin hayal ürünü olmadığını bil. Sihre hiçbir zaman inanmadım ve hâlâ da inanmıyorum. Bazen bize sihir gibi görünen şey, yaşamın henüz anlayamadığımız bir parçasıdır.

Benim hikâyemin imkânsız olana inanmanda sana yardımcı olacağına söz veremem. Fakat bu da yaşamanın bir anlamı kalmadığını hisseden, sonra da yaşamak için amaçların en büyüğünü bulan birinin, bütün benzerleri kadar gerçek hikâyesi ve bunu paylaşmanın görevim olduğunu düşünüyorum. Kimse için iyi bir örnek olmadığım kesin ve bunu herhalde sen de göreceksin. Hayatımın çoğu suçluluk duyarak geçti. Bu da bir bakıma bunun hikâyesi sayılır. Umarım bazı bölümleri işine yarar.

Hikâye ekteki dosyada.

En iyi dileklerimle,
Grace Winters

Acıklı Hikâye

Evvel zaman içinde, evrendeki en sıkıcı hayatı yaşayan yaşlı bir kadın varmış.

Doktoru görmek, hayır kurumunun mağazasındaki işlere yardımcı olmak ya da mezarlığa gitmek dışında, tek katlı evinden pek çıkmazmış bu kadın. Artık bahçeyle ilgilenmiyormuş. Çimenleri ne zamandır biçilmemiş, çiçek tarhlarını yabani otlar kaplamış. Haftalık alışverişini telefonla sipariş edermiş. Midlands'ta yaşarmış. Lincolnshire. Lincoln'da. Yetişkin yaşamı boyunca –asırlar önce Hull Üniversitesi'nde okuduğu dönem hariç– hiç ayrılmadığı, kırmızı tuğlalı evlerle dolu o küçük şehirde.

Orayı bilirsin.

Fena yer sayılmasa da sokakları eskisi kadar davetkâr değilmiş. Güzel anılarının çoğunun üzerinin suntayla ya da yırtık pırtık afişlerle kaplandığını görmek ona ağır geliyormuş.

Gündüzleri oturup televizyon izler, zaman zaman kitap okur, beyninin körelmemesi için bulmaca çözer, Wordle oynarmış. Şömine rafındaki saatin tiktaklarını dinleyerek bahçedeki kuşları izler ya da öylece küçük ve boş serasına bakarmış. Bir zamanlar çok meraklı olduğu bahçeye olan ilgisini yitirmiş. Henüz yetmiş iki yaşındaymış ama dört yıl önce kocasının, onun hemen ardından Pomeranian köpeğinin –Bernard'ın– ölmesinin ardından kendini yapayalnız hissediyormuş. Zaten otuz yılı aşkın bir zamandır kendini yalnız hissetmiş hep. Tam olarak 2 Nisan 1992'den beri. Hayatın anlamını ve amacını bir daha hiç bulamamak üzere tümden yitirdiği tarih buymuş. Fakat yalnızlığı son birkaç yıldır tam ve derin bir gerçekliğe dönüşmüş, kendini yüz otuz iki yaşında falan hissetmeye başlamış. Pek tanıdığı yokmuş. Arkadaşları ölmüş, uzaklara taşınmış ya da kendi köşesine çekilmiş. WhatsApp'inde yalnızca iki kişi varmış: İngiliz Kalp Vakfı'ndan Angela ve otuz üç yıl önce Avustralya, Perth'e taşınan görümcesi Sophie.

Fakat geçmişteki bütün acıların içinde, onu en derinden etkileyeni, uzun zaman önce yaşanan o nisan günüymüş hâlâ. Oğlu Daniel'ın ölümü onun için en zoru, en yıkıcısıymış ve bir trajedi bu kadar büyük olduğunda, ağaç gövdesinin dallara ayrılması gibi, başka başka hüzünlere ve başarısızlıklara yol açarmış. Ama hayat devam etmiş. Sonunda kocası Karl'la birlikte tek katlı eve taşınarak olumsuzu olumluya çevirmeyi deneyip başaramamış, sessizlik içinde oturup televizyon izlemiş, radyo dinlemişler. Kocası başından beri ondan çok farklı biriymiş. Hard rock ve fıçı bira seven, özünde sessiz sakin bir tip. Trajedinin en zor yanı, sonrasındaki her şeyi de karartması. Kadınla kocası zaman zaman anılarını paylaşarak teselli buluyorlarmış ama Karl ölünce hayat daha da zorlaşmış çünkü anıların gideceği bir yer kalmamış. Oldukları yerde, kafasının içinde kalıp çürümeye başlamışlar. Aynada kendine her bakışında, yalnızca yarım kalmış bir yaşam görmesinin nedeni buymuş. Görülmeyen bir ormanda, yavaşça devrilmekte olan bir ağaç.

Ayrıca mali açıdan da biraz sıkışmış.

Bütün birikimleri uçup gitmiş. Dolandırıcının teki insanı rahatlatan İskoç aksanıyla, NatWest'ten arayan bir güvenlik danışmanı gibi davranmış, Karl'la birlikte kenara koydukları 23.390,27 sterlini -ihtiyarın kendi budalaca katkısıyla- çalıvermiş. Bu da cingöz karakterlerin ve gülünç denecek kadar salak bir ihtiyarın olduğu (selam!) uzun bir hikâye ama şanslısın ki burada anlatacağım hikâyeye dahil değil.

Her neyse -bizim bu yaşlı hanım- ağrıyan bacaklarıyla öylece oturup yabancılardan gelen e-postaları yanıtlamamaya çalışarak buruş buruş olmuş hayatını boş bir cips paketi gibi nehirde sürüklenmeye bırakmış. Eski anılarıyla yitip giden hayallerini solurken bir an için de olsa ilgisini çekebilen tek şey, küçük arka bahçedeki kuş yemliğine gelen bir ispinoz ya da sığırcıkmış yalnızca.

Özür

Kusura bakma. Biraz yoğun ve melankolik oldu. Kendimden üçüncü şahıs gibi söz etmek. Yalnızca *arka planı yaratıyorum*. Bu girişe rağmen eğlenceli olacak. Hayattaki birçok eğlenceli şey gibi, bu hikâye de minimum cerrahi müdahaleyle yapılan radyofrekans temelli varis ameliyatıyla başlayacak.

Haz Alamamak

İbiza'ya gitmeye karar verdiğimde tepetaklaktım.

Üstünde yattığım ameliyat masası o kadar geriye yatırılmıştı ki kayıp düşeceğim diye korkuyordum. Duvarda bir ayna vardı. Kırlaşmış bakımsız saçlarıma ve yorgun yüzüme baktığımda, kendimi zor tanıyabildim. Solmuş gibi görünüyordum. Aynalardan olabildiğince uzak dururdum.

Senin anlayacağın, bacaklarımdaki kan akışını tersine çevirmeye çalışıyorlardı. Bacaklarımda Gorgonzola peynirinden daha fazla mavi damar vardı ve onlardan kurtulmam gerekiyordu. Kötü göründükleri için değil, baldırlarımı kaşındırıp morarma yaptıkları için. Teyzem yerinden kurtulup ölümcül pulmoner emboliye dönüşerek havalı bir statüye erişen o kan pıhtısı yüzünden öldüğü için, bendeki pıhtılardan biri benzeri hırslara kapılmadan önce varisli damarları tedavi ettirmek istemiştim. Gereğinden fazla bilgi verdiysem, kusura bakma. Fakat sana karşı olabildiğince dürüst olmaya niyetliyim ve bir işe nasıl başlarsan öyle gider.

Cidden.

Neyse, ben radyoyu dinlerken, damar cerrahı da lokal anestezi için bütün sol bacağıma defalarca iğne vurdu, son iğneye verdiği şirin "arı ısırması" ismi çok yerindeydi. Sonra esas olaya geçtik ve kadın, baldırıma kateterle girip büyük safen damarı 120 derecelik "soğan kavurma sıcaklığıyla" içten patlatacağını söyledi.

"Hissedebilirsiniz..."

Hissettim de. Hoş bir his değildi ama yine de bir histi. Açıkçası yıllardır pek bir şey hissetmemiştim. Yalnızca geçmek bilmeyen belli belirsiz bir hüzün vardı. Anhedoni. Bu sözü bilir misin? Haz yitimi. Hissizlik. İşte, bir süredir ben de böyleydim. Depresyonu yaşamıştım ama bu farklı bir şeydi. Depresyon kadar yoğun değildi. Yalnızca bir yoksunluk haliydi. Sadece vardım. Midemi doldurmak için yiyordum. Müzik benim için şekil verilmiş gürültüden ibaretti. Bense yalnızca, nasıl desem, *oradaydım*.

Hissedebilirsiniz.

Yani, var olmanın en temel ve gerekli unsurudur, değil mi? Hissetmek. Hissetmeden yaşıyorsan, buna ne denir? *Nedir ki* bu? Öylece durmak gibi. Kapalı bir lokantanın, sonsuza kadar birilerinin gelip oturmasını bekleyen masası olmak gibi.

"Güzel bir şey düşünün…"

Ne zamandır ilk kez, bir şey düşünmekte zorlanmadım. Esas odaklandığım şeyse en fazla iki saat önce bir avukatlık bürosundan gelen mektuptu.

Ananaslar

Alışılmadık bir mektup almıştım.

Christina van der Berg diye birinin İspanya, İbiza'daki mülkünün bana miras kaldığını bildirmek için yazılmıştı. Christina van der Berg denen bu kadın ölmüş ve mal varlığını bana bırakmıştı. En azından bir bölümünü. Mutlaka bu işte de bir bit yeniği vardır diye düşündüm. Paranı birilerine kaptırmışsan, dünyayı bir hırsız yuvası gibi algılamamak kolay değil. Fakat dolandırılmamış olsaydım bile hiç tanımadığım birinin bana Akdeniz'de bir ev miras bırakacağına inanmak delilik olurdu.

Durumun tam da böyle olmadığını anlamam için biraz zaman geçmesi gerekti. Başka bir deyişle, Christina van der Berg'in yabancı biri olmadığını anlamam biraz uzun sürdü. Onu tanımıyor sayılmazdım. Sorun, o adın bana hiçbir şey çağrıştırmamasıydı. Kulağa çok etkileyici gelen Hollanda esintisi –van der Berg– romanlara yaraşır ayrıksılığıyla aklımı karıştırmıştı. Ama neyse ki Nelson ve Kemp Avukatlık'ın verdiği diğer bilgilerin içinde, bir ara Christina'nın kızlık soyadı da geçiyordu: Papadakis.

İşte bu adı biliyordum.

Christina Papadakis kısa süreliğine müzik öğretmenliği yapmış biriydi. Karl'la tekrar görüşmeye başlamadan önce onunla aynı okulda çalışmıştım. (Karl'la üniversitedeyken birlikteydik ama her şey çok hızlı geliştiği için biraz mola istemiştim.)

Christina'yı çok da iyi tanımadığımı itiraf etmeliyim. Onu çok güzel ve ürkek, çok çekici ve genç bir kadın olarak hatırlıyorum ki 1979 yılında öyle görünebilmek şimdi olduğundan daha zordu. Kalın kâküllü, uzun, siyah saçları vardı ve boncuklu takılar kullanırdı.

Onu şarkıcı Nana Mouskouri'ye benzetirdim ama gözlüksüz haline. Babası gençliğinde, savaştan hemen sonra Yunanistan'dan göç etmişti. Christina, Yunanistan'a hiç gitmemişti sanırım ama benim gibi adalı, taşralı bir kadın için ince Akdeniz zevklerinin sembolüydü. Londra'daki Yunan toplumunun içinde büyürken yediği şeyleri özlüyordu; "halloumi" lafını ilk kez ondan duymuştum. Bol bol meyve yerdi. Mesela öğlenleri yemek kutusundan çıkardığı, koca parçalar haline getirmek yerine özenle kesilip şekillendirilmiş ananas dilimleri beni her seferinde çok etkilerdi. Bir defasında kapısının önünden geçerken "Rainy Days And Mondays"i söylediğini duymuş, bütün sınıfın ağızlar beş karış açık vaziyette hayran hayran onu dinlediğini görmüştüm. Sesi Karen Carpenter'ınkiyle boy ölçüşürdü (o da nuhnebiden kalma başka bir şarkıcıdır). Dünyayı ve zamanı durduracak türden bir sesti.

Her neyse, Noel tatili yaklaşmışken, bir akşam okulda kalmış trigonometri şemalarından birine sim ekliyordum ve –biraz daha zımba teli ararken– onu masasında otururken gördüm. Öylece oturmuş tırnaklarını kemiriyordu.

Ne haddimeyse, iş arkadaşım değil de öğrencimmiş gibi, "Öf, yapma şunu," deyiverdim, "ojelerin soyulacak." Tırnaklarını beğenirdim. Sıcak tonlu bir kiremit rengine boyardı. Fakat bilhassa gözlerinin görmeden baktığını görünce, öyle dediğim için kendimi kötü hissettim. Patavatsız biriyimdir. Öteden beri.

"Ay. Özür dilerim," dedim.

"Lütfen, özürlük bir şey yok," dedi, yüzünde tebessümlerin en gerginiyle ansızın bana bakarak.

"İyi misin?"

O zaman içini dökmeye başladı. Bir haftadır izinliydi ama ben hiç fark etmemiştim. Bir kriz döneminden geçiyordu. Noel'den nefret ediyordu. Ortadan kaybolan nişanlısı önceki yıl Noel arifesinde ona evlenme teklif etmişti. Bizim oraya yeni gelmiş sayılırdı ve ailesi yoktu. Ben de Noel'i birlikte geçirebileceğimizi söyledim.

Sonra şunlar yaşandı. Christina bana geldi ve birlikte Kraliçe'nin konuşmasını, *Goldfinger*'ı, *Top of the Pops*'ta "Sunday Girl"ü söyleyen Blondie'yi izledik. Seyirci karşısında şarkı söylemek istediğini bana o zaman söyledi. Duygudurum dengeleyici olduğu söylenemeyecek Blue Nun şarabından şişe şişe içtik ve evde ananas olmadığı için özür diledim. Gece geç saatlere kadar sohbet ettik.

Başına gelenlerle hiçbir şekilde baş edemiyordu. Artık bu hissi o zamankinden daha iyi anlıyorum. Öğretmenlikte zorlanıyor, yanlış meslek seçmiş olabileceğini düşünüyordu. Hollybrook'taki herkesin böyle hissettiğini söyledim ona. Bir ara İbiza'dan söz etti. Yeni bir on yıla girmek üzereydik ve paket İspanya tatilleri patlama yapmış, Christina oradaki yeni bir otel için şarkıcı ve müzisyenler arandığını duymuştu.

Söyledikleri ilgimi çekmişti. Bana kapalı kutu gibi gelen bu kadına çok fazla soru sordum sanırım. Matematik öğretmenlerine has bir özellik. Bilinmeyen değişkenin değerini bulmamak olmaz.

"Yaşamam gereken ama yaşamadığım bir hayat varmış gibi hissediyorum içimde."

Tam olarak böyle dememiştir herhalde. Ama bu anlama gelen bir şey söyledi. Dahası da var. "Çok saçma olduğunu biliyorum. İspanyol değilim ki ben, Yunanım. Bir sürü Yunan adası da var. Normalde onlardan birine gitmem gerekir. Dillerini konuşabildiğim için. Çat pat da olsa. İspanyolca bilmiyorum ve bence dilini konuşabildiğin bir yerde yaşamak daha iyi."

"İspanyolcayı da öğrenebilirsin. İstiyorsan yapmalısın. Mutlaka yapmalısın."

"Ama hiç mantıklı değil."

Orada bana hiç uymayan bir şey söyledim. Ne desem beğenirsin: "Her şeyde mantık aranmaz."

Orada çalışabileceği fikri gözlerinde alev alev parladığı için ona istiyorsa mutlaka yapmasını, kimin ne diyeceğine takılmamasını söyledim. Böyle dediğime eminim çünkü çocukluğumdan kalma bir kolyeyi ona verdiğimi hatırlıyorum: Ucunda yolcuların koruyucu azizi, Aziz Kristof'un olduğu bir kolye. Eskiden Katoliktim ve o kolye çocukluğuma ait, atmaya kıyamadığım bir şeydi. Onu Christina'ya vermem gerektiğini hissettim.

"O seni korur," dedim.

"Teşekkür ederim, Grace. Yardımın için teşekkür ederim. Bu kararı almamda."

Bir ara "Blackbird"ü söyledi. Önce solo yaptı. Noel'e hiç uymayan ama çok güzel bir şarkı. Şarkı söyleyişinde beni ağlatabilen acıyla karışık bir tatlılık vardı. Bana da öğretmeyi denedi. "Tek yapman gereken, şarkıyla bütünleşmek. Şarkının içine girmek. Kendini unutmak. Söylenebilecek en kolay Beatles şarkısıdır," diyerek beni rahatlattı. "Yani 'Yesterday'den sonra. Bir de 'Yellow Submarine'den."

Söylenmesi çok da kolay bir şarkı değildi tabii. Ama bunu dert etmeyecek kadar çok şarap içmiştik.

Bana müzik aşkından söz etti.

"Dünyayı büyütüyor," dedi, gözlerinde alkolün verdiği duygusallığın parıltısıyla. "Bazen kendimi bir kutunun içinde hapsolmuş gibi hissediyorum ama piyano çalarken ya da şarkı söylerken, o kutudan bir süreliğine kurtuluyorum. Müzik benim için tam ihtiyacım olduğunda geliveren bir arkadaş gibi. Biraz senin gibi, Grace."

Neyse, sonra yürüyüşe çıktık. Gelip geçen bütün yabancılara gülümsediğin, üşüye üşüye yapılan o Noel yürüyüşlerinden biriydi. Eskiden öyle yapılırdı yani. Hepsi de buydu işte. Olup biten cidden bu kadardı. Christina birkaç ay daha okulda çalıştıktan sonra gitti. Bir daha bana gelmedi. Öğretmenler odasında konuşurduk ama benim karşımda biraz utanır gibiydi. Hiç anlamazdım. Seyirci önünde şarkı söylemek isteyen o güzel, yetenekli insanın Noel'de yalnız kalmak istemediği için utanmasını. Sonra bir gün –sanırım bu onu son görüşümdü– otoparkta yanıma geldi ve gözlerinde parıldayan yaşlarla, usulca dedi ki: "Teşekkür ederim. Noel için yani…"

Hepsi bu. Benim için ne kadar önemsiz bir şey olduğunu anlatamam. Yaptığım yalnızca buydu. On yıllar önce Noel gecesinde birine evimi açmak.

On yıllar sonraysa ansızın, böyle bir mektup alıyordum. Christina'nın öldüğünü ve "çok zaman önce yaptığım iyilik" için İspanya'daki evini bana bıraktığını söyleyen. Mektupta oraya taşınmam "mümkün değilse" evi satabileceğim ya da kiraya verebileceğim de açıkça belirtilmişti.

En hafif tabiriyle, büyük bir sürprizdi bu. Üstelik kazandığımdan daha fazlasını kaybetmiş gibi hissetmeme neden olan bir sürpriz. Artık uzak bir hayal gibi gelen o günlerde, aslında var olmayan bir arkadaşımı kaybetmişim gibi. Oraya taşınmaya niyetim yoktu. İnsan yaşlandıkça, kalıpları kırmak daha da zorlaşıyor. Kırmayı istemiyorsun bile. Benim kalıplarım geçmişte defalarca kırılmıştı. Emekli olduğumda. Kocam serasındayken yere düşüp öylece kaldığında. Köpeğimiz Bernard'ı kaybetmek bile beni çok sarsmıştı. Bir de tabii bisiklet sürerken posta kamyonu çarpan Daniel'ı.

O günlerde, bir zamanlar bana çok fazla gelen o tanıdık evlilik kalıbını deliler gibi özlemeye başlamışken, yeni bir kalıp oluşmuştu. Her sabah kuşları besle. Pazartesi market siparişini bekle. Cuma sabahları İngiliz Kalp Vakfı'nın mağazasında gönüllü çalış. Pazarları mezarlık. Sonsuz bir suçluluk, acı ve boşluk hissi. Yalnızca ufak tefek dalgalanmalar oluyordu. "Gün Geçtikçe Yaşlanma" kalıbına girmiştim ve bunu çok da umursamıyordum.

Ama her şey değişmek üzereydi.

Devam Eden Süreç

"Damdan düşer gibi sormuş olacağım ama," dedim avukata. "Nasıl ölmüş acaba?"

"Bildiğinizi sanıyordum," dedi avukat. Bayan Una Kemp. Buzluktan yeni çıkmış ve çözünecek zamanı bulamamış bir ses.

"Hayır," dedim. "Mektupta öldüğü söylenmiş ama nasıl öldüğü yazmıyor. O yüzden mümkünse nasıl öldüğünü bilmek isterim."

"Denizdeyken ölmüş..."

Bunun tam bir cevap olmadığının farkındaydım.

"Pardon. *Nasıl* ölmüş dediniz?"

Hatta cızırtılı bir nefes sesi. "Şey. Devam eden bir süreç var."

Devam eden süreç.

"Pardon. Ne anlamda?"

"İspanyol yetkililer ölümün tam olarak hangi koşullarda gerçekleştiğini hâlâ araştırıyorlar yani. Çok titiz çalışıyorlar. Emin olduğumuz, bize söylenen tek şey, denizdeyken öldüğü."

Bu belirsizliğin oldukça garip olduğunu ancak konuşma bittikten beş dakika sonra idrak edebildim. Her şey neden bu kadar gizemliydi? Avukatın söylediğine göre, vasiyetnamesini daha yeni değiştirmiş ve mirasçıların arasına beni de dahil etmişti. Bu bilgi evi bana bırakmasının tuhaflığıyla da birleşince, aklımda her çeşit soru dolaşmaya başlamıştı.

Öteden beri bir soru gördüğünde cevabını aramadan edemeyen biri olmuşumdur. Ne pahasına olursa olsun.

,14159

"Her bacak farklıdır..." dedi doktor. "Bir kişinin iki bacağı bile. Aynıymış gibi görünseler de. Damarların yarattığı desen hep farklıdır. Parmak izleri gibi." Kadının bu sözleri her nedense bana matematiği düşündürdü. Aynılığın içinde bulunan o öngörülemezlik örneklerini. Çapı pi sayısıyla çarptığında mutlaka dairenin çevre uzunluğunu bulursun ama pi'nin ondalık basamaklarını oluşturan sayılar hiçbir kalıba uymaz ya hani.

3,14159 vesaire, sonsuza kadar, akıllara durgunluk veren, tam ve mutlak bir rastlantısallık.

En öngörülebilir şeylerde bile mutlaka bir öngörülemezlik unsuru vardır. Böyle bir şey yokmuş gibi yaşarsan, hayat altındaki halıyı çekiverir ki ,14159'la güzelce bir yüzleşebilesin.

Gözlerimi boş duvara ve ters duran saate dikmiştim. İbiza'ya dair hemen hiç bilgim yoktu. Gitmeyi hiç düşünmeyeceğim türden bir yer olduğu dışında. Ya da gitmek isteyeceğim bir yer olmadığı dışında.

Radyoda Blondie çalmaya başladı. "Sunday Girl" değil, "Heart of Glass." Bir kalıbın içindeki öngörülemezlik. Hayat gibi.

"Bu yakınlarda bir yere gitmeyeceksiniz, değil mi?" diye sordu doktor birkaç dakika sonra. "Bacaklarınız bu haldeyken uçağa binmeniz biraz riskli olur da."

"Bacaklarımı almadan mı gideyim diyorsunuz?"

Doktor yaptığım şakayı pek sevmedi.

"Hayır," dedim, kompresyon çorabını yavaşça bacağıma geçiren hemşireyi izleyerek. "Hayır. Yakın zamanda uçağa binmeyeceğim."

Bile bile yalan söylemeyeli uzun zaman olmuştu.

Kendimi yaramazlık yapıyor gibi hissettim, emekli ve dul bir matematik öğretmeni ne kadar yaramaz olabilirse artık. Çünkü o an, ameliyat masasının üstünde hâlâ tepetaklak yatarken, planımı çoktan yapmıştım.

Basit ve ucu açık bir plandı. Dönüşü açık bir biletle İbiza'ya uçup her nedense bana miras bırakılan eve bir bakacak, oradan iyice sıkılıp Lincoln'daki binlerce anıyla dolu boş bir evin gözüme daha iyi görüneceği güne kadar adada kalacaktım.

Fakat planı uygulamaya sokmadan önce yapmam gereken bir şey vardı. Ziyaret etmeye cidden önem verdiğim tek yere gitmem gerekiyordu. Mezarlığa.

Ölülerle Sohbet

Mezarlığa giderken, yolda bir kahveciden çıkan eski patronuma – senin eski okul müdürün Bay Gupta'ya– rastladım. Biraz hoşbeş ettikten sonra nasıl olduğumu sordu ve çok üzgün olduğumu söylemek yerine başka bir şeyden söz ettim.

"İbiza mı?" dedi. Kaşları havada, gülümsememek için kendini zor tutarak. "Senin İbiza'ya gitmek isteyecek biri olduğunu sanmazdım hiç."

"Değil mi?" dedim. "Ben de."

Çok geçmeden, yola devam ettim.

Sonradan, Daniel'ımın mezarındaki çiçekleri değiştirip porsuk ağacının altındaki banka oturdum. Düz gri mezar taşına, taşın sade tasarımına ve üzerine oyulmuş harflere, arkasındaki gölgeler sayesinde okunabilen sözcüklere baktım.

DANIEL WINTERS
Sevgili oğlumuz.
15 Mart 1981 – 2 Nisan 1992

O gün orada bir saat kadar oturdum.

Her zamanki gibi, sessizlik içinde. Ona ne diyeceğimi başından beri hiç bilememiştim. Hayali varlığına. İnsan içinde ölülerle konuşmaktan çekindiğim için değil. Karl'la sürekli konuşurdum. Fakat Daniel'la konuşmak birçok nedenle daha zordu. O acıyla otuz yıldan fazla zaman geçmişti -yeni yüzyıla ve milenyuma gireli çok olmuştu- ama hâlâ ne diyeceğimi bilemiyordum. Özür dilemekten başka. Kendimi her zamanki gibi mezar taşlarını sayarak ve o rakamlarla hesaplamalar yaparak sakinleştirdim.

Üzücü şeylerden çok fazla söz edip bu hikâyeyi ağırlaştırmak istemem ama onun çok özel bir çocuk olduğunu söylemek istiyorum sana. Gözünde biraz canlandırmak istiyorum. Başından beri yaşına göre uzun, ince ve yürürken kitap okuyan bir çocuktu. Zekiydi, komikti ve en kötü anlarında bile yüzünde hayatın tam bir komedi olduğunu düşünüyormuşçasına hafif bir tebessüm olurdu. *Kendi Maceranı Kendin Yarat* tarzı romanlar, pop müzik ve yaşına hiç uymayan televizyon dizileri sevdikleri arasındaydı (dokuz yaşındayken babasıyla birlikte *Hill Street Blues*'un tekrar gösterimlerini izlemesini hiç tasvip etmezdim.) Fıstık ezmesi ve marmite'la kendine üç katlı sandviçler yapardı. Zaman yolculuğu yapan bir köpekle ilgili bant karikatürler çizerdi. Okulu pek sevmezdi; yani yeni okulunu sevmiyordu çünkü spordan hoşlanmazdı ve numara yapmak istemezdi. Gerçekten çok dürüst biriydi. Yalan söylemek aklına bile gelmezdi. Sanırım. Ama hayalperestti de. O yağmurlu günde bisikletine binip gitmiş olmasa, mutlaka yaratıcı bir iş yapardı. Belki illüstratör olurdu. Sanatı severdi ve çizimleri iyiydi. On bir yaşındayken çok güzel bir mavi kuş resmi yapmış ve kuşları sevdiğimi bildiği için Anneler Günü'nde o resmi bana vermişti.

Yetişkinliği bırak, daha ergenlik çağına bile ulaşamadan öldüğü için nasıl biri olacağını söyleyebilmek kolay değil. Biri küçük yaştayken öldüğünde, sana acı çektiren iki tür hayalet oluyor. Oldukları kişinin hayaleti ve olabilecekleri kişinin hayaleti. Onun ölümü içimde hiç dolmayan bir boşluk yarattı. Tek bir günü atlamak bile yıllar boyu olimpik spor yapmak gibi geldi bana. Hayatın o yokken de devam etme cüretini gösterdiğini bilmek bende hiç geçmeyen bir dehşet hissi yarattı. Öfkeye kapılmamak çok zordu. Daha çok da kendime karşı. *O yağmurda bisiklete binmesine hiç izin vermemeliydim.*

Senin de acıya yabancı olmadığını biliyorum ve annenin öldüğünü duymak beni çok üzdü, Maurice. Daniel'ın ölümünden sonraki ilk iki yıl kendimde değildim. *Kendimde değildim.* İlginç bir deyim, değil mi? Oradaydım ama yoktum. Kendime üçüncü şahıs gözüyle bakıyordum. Benimkine benzeyen ama benim olmayan bir hayattaki karakterdim. Onu çok özlüyor ama aynı zamanda kendimi de özlediğimi hissediyordum. Acı çekmek böyle bir şey. Seni de ölümün içine çekiyor sanki. Yani, biyolojik işlevlerini yerine getirmeyi sürdürüyorsun tabii. Nefes alıyor, görüyor, konuşuyorsun ama gerçekten yaşamıyorsun.

"Seni seviyorum," diye fısıldadım sonunda. "Ben bir süre buralarda olmayacağım. Her gün seni düşüneceğim. Hoşça kal."

Onun yanındayken aldığım o derin, titrek nefeslerden birini alıp yutkunarak akmayı bekleyen gözyaşlarını geri gönderdim ve Karl'ın az ötedeki mezarına kadar yürüdüm. Bana hep zamanın içinden geçme hissini vermiştir. Mezarlıklarda yürümek yani, bilmem anlatabiliyor muyum? Her bir mezar sırası başka bir dönemdir ve bu böyle devam eder. Karl'ın mezar taşı mermerdi ama rengi siyahtı. Mezar taşının siyah mermerden olmasını istediğini özellikle belirtmişti.

"Daha rock and roll bir şey," demişti. Kendisi en fazla peynirli sandviç kadar rock'tı ama rock müziği cidden severdi ve en sevdiği grup da Black Sabbath olunca, bu tercihi daha da anlaşılır oluyordu belki.

KARL WINTERS
20 Ocak 1952 – 5 Ekim 2020
Sadık bir baba ve eş.

Baba sözcüğünün acıyla yüklü olduğunu biliyordum ama sadakat kısmı doğruydu. Yeni eve taşınırken, Daniel'ın eşyalarından alabildiğimiz kadarını almamız konusunda ısrarcı olmuştu Karl. Eski Star Wars figürleri, oyuncak arabaları, çizgi romanları, çizim tabletleri, resimleri. Sanki o müze küratörüydü ve ben ise onun hatırasını her yerde görmek bana boğucu geldiği için kendimi hep kötü hissettim. Ama Karl öldükten sonra bile hiçbirini hayır kurumuna vermedim.

"Ben bir karar aldım, Karl," dedim mezar taşına, yepyeni bacaklarımla karşısında durarak.

Hoşlanmayacağını sezdiği bir şey açıkladığımda hep yaptığı gibi, sessiz kaldı. Kaşlarını kaldırdığını görür gibi oldum. Zaten hiç konuşkan biri değildi ve ölüm onu pek değiştirmemişti.

"İspanya'ya gidiyorum. Balear Adaları'na. Hem de... *İbiza'ya*."

Bunu söylerken hafiften irkildim. İtalikle yazdığım yeri yüksek sesle söylemiştim. Hoşnutsuzluğumu bütün mezarlık duydu. "Lütfen beni yargılama."

Karl, İbiza'nın büyük komşusu Mayorka'ya gitmişti. Yıllar önce bir inşaat mühendisliği kongresi için üç gün Palma'da kalmıştı. Meslek hayatının önemli olaylarından biriydi sanırım. Fakat benim önyargılı zihnimde Mayorka'nın İbiza'dan farklı bir çağrışımı vardı. Mayorka özgüvenle gülümseyen dengeli bir abi ya da abla gibiydi. İbiza'ysa, benim hayalimde, sürekli çılgınlık ve tantana yapan yaramaz küçük kardeşti. İbiza, benim hayalimde, *azgın* bir şeydi. Las Vegas, Cancún, karnaval dönemindeki Rio ve Tayland'daki dolunay partileriyle aynı klasmanda, öyle bir param olsa bile gitmeyi hiç istemeyeceğim bir yerdi. Kutlama yapmak için nedenleri olan gençlerin gittiği partilerin yapıldığı bir yer. Ya da zenginler ve onların yoga matları için. Benim tam zıddım. İç karartıcı hesap bakiyesi yüzünden kasılıp kalmış, en son on yıllar önce dans etmiş bir ihtiyarın. Kutlama yapmak için tek bir nedenim bile olmadığına cidden inanmıştım.

Kısacası, önyargılıydım. İbiza'nın gerçekte nasıl bir yer olduğuna dair fikrim yoktu tabii. Yalnızca bir sözcüktü. Gürültülü eğlenceyle eş anlamlı. Herhangi bir şekilde eğlenmeninse, kendi kendimi cezalandıran bir mazoşizmle, yapabileceğim en son şey olduğuna karar vermiştim uzun zaman önce. Ya da hak ettiğim.

"Gece kulübüne falan gideceğimi sanmıyorum..." diyerek Karl'ın mezarının içini rahatlattım.

Ardından vazoyu temizleyip içini yeni köpük toplarla doldurarak krizantemlerin saplarını sımsıkı yerlerine oturttum. Hep yaptığım bir şeydi bu ama o gün ekstra çaba harcadım. Çiçeklerin uçup gitmesini istemiyordum. Kalabilecekleri kadar kalmalarını istiyordum orada.

"Yani ne zaman dönüp seni görmeye gelebileceğimi bilmiyorum. Ama bizim evi satacak falan değilim. Belli bir planım yok. Duruma bakacağım. Bana da hava değişikliği olacak."

Bir gözyaşı belirdi ve bir bulutun ardından çıkan güneşin sıcaklığını hissettim. Gözyaşımı silerken kadının birine, Karl'ınkinden daha yeni bir mezar taşını canla başla silmekte olan başka bir dula gülümsedim. Aniden parıl parıl ve capcanlı görünen çimenlere baktım. Birinin yasını tutarken, her şeyde ondan bir mesaj görüyorsun. Tek bir çimenin üzerine vuran güneşte bile. Bütün dünya onun tercümanına dönüşüyor.

Sonra da ancak çok geç olduktan sonra kolayca söylenebilen şeyi söyledim ona.

"Seni seviyorum, hayatım. Sonra görüşürüz." Ardından çok da düşünmeden ekledim: "Yaptığım şey için özür dilerim."

Yüksek Bir Kaya

İbiza'ya giden uçakta, heyecanlı heyecanlı gece kulüplerinden söz eden bir grup gencin önünde oturdum. Hafiften tanıdık gelen yeni bir dilde konuşuyorlardı sanki. Şifreli konuşma gibi bir şeydi. "O zaman... yarın Ushuaïa, pazartesi DC-10'de Circo Loco, çarşamba Amnesia, cuma Ushuaïa'dan sonra Hï, cumartesi Pacha..."

Ben hiç genç olmamıştım herhalde. Böyle bir program –bütün gece dans edip gün boyu şezlonglarda uyumak– yirmi bir yaşındayken bile bana çok yorucu gelirdi.

Ama çok tatlı gençlerdi. Gökkuşağı renklerinde giyinmiş, labrador gibi kıpır kıpır tipler. Biletlerin ne kadar tutacağını hesaplamaya çalışırlarken hesabı aklımdan yapıp söyleyince, hep birlikte şöyle bir yutkunup planlarını tekrar gözden geçirmeye başladılar. Taşkın bir minnet duygusuyla doldular. İnsan öğretmen olunca, herkesi çocuk gibi görmeye başlıyor. Sınıfta nasıl olacaklarını hayal ediyorsun. Bilhassa çocukluktan henüz çıkmış olanların.

Uçakta her türden yolcu vardı.

Hemen solumda, parmak arası terlik giymiş, uzun saçlı, kolunda kuştüyü dövmesi olan, meditasyon sayesinde edinilmiş gibi görünen bir sükûnet ve sabırla kitabını okumaya çalışan yakışıklı bir İspanyol oturuyordu. Sağımdaki ağır parfümlü, son moda giyinip yakasını kaldırmış orta yaşlı kadın koridorun karşı tarafında oturan Valerie diye soğuk bakışlı bir kadınla Balear Adaları'ndaki emlak fiyatlarını karşılaştırıyordu. "Bugünlerde İbiza'daki fiyatlar çok saçma. *Çok saçma*. Yine birdenbire patlayıverdi. Ada züppe bohemlerle doldu. Ben olsam öteki adalardan birini seçerdim. Yatırım yapılacak yer *Min*orka, *May*orka değil. Hamish de öyle diyor. Şu an tam bir alıcı piyasası var orada. Bir tanıdığım oradaki bir çiftlik evini renove edip değerini dört katına çıkardı. *Dört katına!*"

Önde oturan otuzlu yaşlardaki üç kadın bir haftalık yoga ve sağlıklı yaşam kampı için kalabalıktan uzak bir yerde kalacaklardı ama hippi pazarı denen bir yere ve günbatımını izlemek için adını onlardan duyar duymaz unuttuğum bir kumsala gitmeyi de ihmal etmeyeceklerdi. Kadınlardan biri bütün hafta Instagram'da bir şey paylaşmamaya ve TikTok'a bakmamaya kararlı olduğunu söylüyordu.

Ergenlik çağındaki bir çocuk annesine usulca TikTok'çulardan, Youtuber'lardan, 21 Savage diye bir rapçiden, o yaşta artık anlamaktan umudumu kestiğim yeni bir dünyanın başka sembollerinden söz ediyordu. Annesiyle tatlı bir ilişkisi vardı. Daniel'ı düşünmeden, ikisi için mutlu olmayı denedim. Anne çok gençti. Koridorun karşı tarafındalardı ve tek bakışta ikisini de rahatça görebiliyordum. Kadının siyah saçları kulak hizasında kesilmişti ve üstündeki tişörtte "Taylor Swift: Dönemler Turnesi"* yazıyordu. "Dönemler" lafı aklımda takılı kaldı. Yeni bir döneme nasıl girildiğini düşündüm. Yalnızca mezarlıktaki sıra sıra mezar taşlarının arasından geçerek değil, kendi yaşam süremizde de. Yaşanmış olanlarla araya nasıl net bir çizgi çizdiğimizi. Jeolojide, çoğunlukla bir yok oluşun ardından gelir, değil mi? Mezozoik Çağ dinozorların meteor çarpması yüzünden topluca ölmesiyle bitmiştir. Ben yeni bir dönem mi başlatıyordum yoksa yanımda eski dönemden çok fazla şey mi taşıyordum acaba? Hayattaki sınavımız da bu değil mi? Yaşanmışlıkları yok etmeden yola devam edebilmek. Kendimizi yok etmeden nelerden vazgeçmemiz, nelere sıkı sıkı tutunmamız gerektiğini görebilmek. Hem meteor hem de dinozor olmamayı başarabilmek.

Öndeki tuvalete en yakın sırada oturmuş kibar kibar konuşarak *Gizli Yürüyüşler: İbiza ve Foermentera* diye bir kitabı dikkatle inceleyen ve Radio 4'daki *Start the Week*'te duydukları, adayla ilgili bir şeyden söz eden benim yaşlarımda bir çift de vardı. Bir an yüreğim burkuldu. Ah, insanın hayatında birlikte gizli yürüyüşler

* (Orij.) The Eras Tour. *(ç.n.)*

yapabileceği birinin olması. Çok uyumlu görünüyorlardı. Aklıma bir zamanlar izlediğim, Avrasya kunduzlarıyla ilgili, insana buruk bir mutluluk veren o doğa belgeseli, kunduzların yeteri kadar ağaç kabuğu toplayabilmek için hayat boyu tek eşli kaldıkları geldi. Biri erken ölürse, öteki dımdızlak ortada kalıyordu.

O an Karl'ın elini sıkabilmeyi istedim.

Bacaklarım sorun çıkarmadı. Fazla ağrı olmadı, yalnızca ayak bileklerim biraz şişti ama o da alışkın olduğum bir şeydi. Baldır egzersizlerimi yapıp biraz ayaklarımı oynatarak kan dolaşımını sağlamak için kimseye sezdirmeden yavaşça step dans yaptım. Oturmaktan kalçam ağrımaya başlamıştı. Üstünde durmamaya çalıştım. Eklem ağrısı da kayıp acısı gibiydi. Üstünde durdukça artıyordu ama çok acı verdiği için düşünmeden *edemiyordun*. Hain bir döngü.

Dolu dolu bir yaşamın ve gürültünün içinde öylece otururken, kendi sessiz durağanlığımın ağırlığını hissettim. Sol elimdeki yüzüklere baktım. Alyansıma ve yakut nişan yüzüğüme. O ikinci seferinde, yağmurdan kaçıp kütüphaneye sığınmışken, Karl'ın bana evlenme teklif edişini hatırladım.

Ondan altı yıl önce, Hull'daki bir Hint lokantasında yaptığı ilk teklife hayır demiştim çünkü birimizin mantıklı davranması gerekiyordu.

Pilot yükseklikle ilgili yeni bilgiyi verirken o kırmızı değerli taşa ve içerdiği anılara öylece bakakaldım. Fazla duygusallaşmadan önce kendimi toparladım.

Tetikleyen anılardan söz etmişken, koridorda annesinin kucağında ileri geri giden bir bebek vardı. Annesi başını öpüp durduğu ufaklığı kucağında hoplatıyordu. Böyle bir manzara bir zamanlar bana acı verirdi. Kamyon çarpmayan bisikletlerin üstünde okula giden capcanlı bir sürü çocukla karşılaşmamak için öğretmenliği bırakmayı düşünmüştüm bir zaman. Bebeğe içten bir gülücük göndermeyi denedim. Ağlamaya başladı.

"Pardon," dedim annesine sessizce.

Kadın sırıtıp başını sallayarak matrak bir tepki verdi.

Servis arabasını iterek ilerleyen telaşlı kabin görevlisinden cin tonik almak hem pek âdetim değildi hem de bacaklarımın durumu yüzünden pek akıllıca bir hareket değildi muhtemelen. Ama doktorun talimatlarına harfiyen uyduğum da söylenemezdi.

Kan dolaşımı için arada bir ayağa kalkmam gerekirdi ama o kadar insanın içinde bunu yapmaya çekindiğim için uçuşun çoğunu oturarak, gizlice egzersizlerimi yaparak geçirdim.

Bir ara uçak türbülansa girdi. Partici gençler bundan çok hoşlandı.

Bebek yine ağlamaya başladı.

İnişe geçtik.

Pencereden bir an için kayalıklı bir sahil şeridi ve tırtıklı yeşil tepeler göründü. Şerit şerit altın rengi kumsallar. Benek benek beyaz evlerle ve dağınık şekilde konumlanmış beş-on katlı otellerle, blok apartmanlarla kaplı bir manzara. Akdeniz'de küçük bir adacık gördüm. Üstünde kimsenin yaşamadığı bu yuvarlak kayanın Es Vedrà olduğunu yakında öğrenecektim. O anda, uçakla arasında o kadar mesafe varken, her şey yaşanmadan önce bile beni hem ürküttü hem de meraklandırdı. Bu hisse daha fazla kulak vermiş olsam, herhalde havaalanından hiç çıkmaz, ilk uçakla eve dönerdim. Ama o sırada duyularım körelmiş durumdaydı ve nasıl bir işe kalkıştığımdan habersizdim.

Sonunda iniş yaptık.

Herkes kalkıp bir heyecan üstteki dolaplardan el bagajlarını alır, bildikleri varış yerlerine gitmeye hazırlanırken, ben hiç kıpırdamadan biraz daha oturdum. Olduğum yerde kalıp ağır ağır, derin nefesler alıp verdim. Bir parçam bulutların üzerinde kalmış da, tekrar bana gelmesini beklemem gerekiyormuş gibi.

Bir sayının denklemin bir tarafından ötekine geçirilmesine transpoz denir. Kendimi öyle bir sayı gibi hissediyordum. Kısa bir uçuşla Avrupa'nın başka bir yerine geçmenin ötesinde, transpoze edilmiş gibiydim. Görünmeyen bir şeyi *aşmıştım* da, şimdi bir şekilde yeniden ayarlanacaktım sanki. Yeni bir değer alacaktım. Yeni bir matris oluşacaktı. Bir şeylerin düzenini bozduğuma dair belli belirsiz ama çok da yabancı gelmeyen bir his vardı içimde.

Havaalanı etkileyiciydi. Tertemiz bir verimlilikle parlayan, şık, ışıl ışıl bir yerdi. Çıkışa yaklaşmış, bir dizi araç kiralama bankosunun önünden geçerken, birbiriyle vedalaşan iki kadın gözüme çarptı. Tahminime göre ikisi de otuz yaş civarındaydı. Sırtı bana dönük olan sarışındı. Ötekinin gözlüğü, ele avuca sığmaz saçları, üstünde kot şort ve tişört vardı. Tişörtünün üstündeki Einstein fotoğrafı dikkatimi çekti. Hani şu dil çıkardığı resim. Kadın üzgün görünüyordu. Birbirlerine âşıktılar ama sarı saçlının gideceği yere öteki gitmiyordu. Yavaşça yanlarından geçtim.

Siyah saçlı kadın ona baktığımı gördü. Meraklı tavrımdan rahatsız olmak yerine gayriihtiyari gülümsedi. Tatlı bir gülücüktü. Havaalanının yoğun kalabalığında beni biraz olsun rahatlattı. Fakat yakında bu genç kadınla tanışacağımdan, sonunda arkadaş olacağımızdan habersizdim. Havaalanına iner inmez, onu hemen oracıkta görüşümü sık sık düşünürüm. Bunun ne kadar tuhaf olduğunu. Şu an bile yalnızca kıyısından köşesinden görebildiğim bir yapının parçası olduğunu.

Dışarı çıkar çıkmaz üstüme fırın gibi bir sıcak vurdu.

Nasıl bir yerde olduğumu anlayabilmek için etrafa bakındım. Binanın dışındaki büyük tabelada büyük ve zarif harflerle *Eivissa* yazıyordu. Katalanca. İbiza, İspanyol adası ve burada İspanyolca konuşuluyor ama Katalanca da resmi dil.

Eivissa. Güzel bir isimdi. Kulağa bir vaat gibi geliyordu. Bunun nasıl bir vaat olduğunu yakında anlayacağımı düşündüm.

Birden nasıl bir çılgınlık yaptığımı fark ettim. *Ne yapıyordum ben?* Adada tek bir tanıdığım yoktu. Yıllardır yurtdışına çıkmamıştım. "Muchas gracias", "por favor" ve "patatas bravas" dışında hiç İspanyolca bilmiyordum. Ama oradaydım işte. Kesinlikle oradaydım. Kesinlikle transpoze edilmiştim.

Yurtdışında. Tek başına. Ve şimdiden biraz korkmaya başlamıştım.

A'yla Başlıyor

Yanımda küçük bir ekose valiz, bir adres ve içinde anahtar olan bir zarf vardı. O kadar. Hepsi buydu. Yoğunlaştırılmış bir yaşam.

"Hangi otel?" diye sordu taksi şoförü, valizimi pırıl pırıl parlayan beyaz arabanın bagajına yerleştirirken gülümseyerek; arkada aynı arabadan oluşmuş uzun bir sıra vardı. Şoför otuz yaş civarında, sakalı özenle biçimlendirilmiş, güneş gözlüklü biriydi. Güçlü bir adam. Boğalarla güreşebilecek kolları vardı. Gözlüğünü başının tepesine kaydırıp benimle göz teması kurdu. İngilizceyi yoğun bir aksanla ama çok iyi konuşuyordu. İnsanları yüzlerine göre değerlendirmem hoş bir şey değil ama ana kuzusu gibi gülümseyen dürüst bir yüzü vardı. Ondan hoşlanmıştım. Ama yine de kendimi fazlasıyla yabancı hissediyordum. Başımdaki zonklama, İspanyolca ve Katalanca tabelalar, gökyüzünün egzotik mavisi, deve tüyü rengindeki havaalanının net mimarisi. Orada öylece durup uzun boylu yabancılara bakan bir bebek gibi baş döndürücü palmiyelere baktım. Sahile vurmuş gibiydim. Şaşkındım. Ne yaptığımı bilmiyordum. Son dört yıldır gittiğim en uzak yer Canwick Caddesi'ndeki Tesco olduğu için, ılık bir akşam vakti çılgın kalabalığın, çekilen valizlerin ortasında, o dev palmiye ağaçlarının dibindeki bir taksi durağındayken, kendimi kâşif gibi hissettim. Marks & Spencer'dan giyinmiş bir Don Quixote.

"Selam. Hola. Yok, otel değil. Ev… Casa… Casa… Casa…" Çoğu İngiliz gibi bende de biriyle aramdaki dil engelini sözcükleri yeteri kadar tekrarlayarak aşmaya çalışmak gibi feci bir alışkanlık vardı. Adresi şoföre verdim. Anlamakta zorlanıyormuş gibi kâğıda baktı. Ya da biraz rahatsız olmuş gibi. O da okuyabildiği halde yolun adını söyledim. "Carretera Santa Eulalia." Kesin yanlış telaffuz ediyordum ama kibarlık edip yüzüme vurmadı. Ya da duymazdan geldi.

Kâğıda bakmaya devam etti. Kâğıtta yazan şeye. Yüzünde hâlâ kaygılı bir ifade vardı.

"El yazım berbattır," dedim, özür kabilinden. Ama sorun o değildi.

"Burayı biliyorum..." derken, şoförün yüzündeki tebessüm uçup gitmişti. "Çok gitmişliğim var..."

"Ha. Öyle mi?"

Başını sallayarak arkasındaki taksi şoförüne baktı. Aracına yaslanmış sigara içen, ondan daha yaşlı, daha kel olan adam hadi artık der gibi sıkkın sıkkın baktı. Biz de arabaya bindik.

"Her şey yolunda mı?" diye sordum şoföre.

Kısa bir sessizlik oldu. Sonra kendine gelir gibi olup arabayı hareket ettirdi.

"Sí. Yolunda sanırım. O ev... Go-kart pistini biraz geçinceydi, değil mi?"

"Aslında bilmiyorum. Burada yeniyim de."

"Aile ziyareti mi?"

Aile. Nasıl da cana yakın ama acı veren bir sözcük. "Hayır. Hayır. Kimseyi ziyaret ettiğim yok. O evde kalmak için geldim. Orada yaşayan kadını tanırdım."

Şoför bunun üstüne bir şey diyecek gibi oldu. Ama vazgeçti.

Yolda giderken, palmiye ağaçlarıyla yol kenarındaki içkili lokantaların; gece kulüplerinin reklamını yapan, güneşte solmuş dev ilan panolarının arasından; kayıtsız bir tavırla anayolun üstünde yürüyen bir yavru horozun yanından geçtik. Sade görünümlü bir barın önünde, Fanta limon reklamı yapan eski püskü bir satış otomatının yanında, o sıcakta gülüşerek satranç oynayan iki yaşlı adam vardı. Öndeki avlularında, o göz kamaştırıcı ışığın altında, büyük saksılara dikilmiş birçok kaktüsle zeytin ağacının durduğu birkaç tane pahalı ve havalı bahçe malzemesi satış merkezi gördük.

Şoför camını aralamıştı. Burnuma ardıç, çam ve hafif bir limon kokusu geldi. Tatlı bir Akdeniz parfümü.

Ada beklediğimden daha yeşildi. Neden bilmiyorum ama yeşillikten çok çorak toprakları hayal etmiştim ve hava cidden de sıcak ve kuruydu; güneş altındaki beyaz binaların kör edici bir parıltısı vardı fakat havaalanından uzaklaştıkça yoğun çamlarla kaplı tepeler görmeye başladım. Yoldan kaçıp bu ağaçların arasına sığınmış güzel villalar vardı. Bir tanesi bize daha yakındı. Pespembe ve mor begonvil salkımları duvarlarına yayılmış, gururla güzelliklerini sergiliyorlardı. Bir keçiboynuzu ağacının sarmallı gövdesini gördüm.

"Bu evi biliyorum..." dedi şoför sonunda. Söylemek istediği şeyi söyleyecekti. "Yolda tek başına duran bir yerdir. Oraya gidenler olurdu. Çok giden olurdu."

"Gidenler mi?"

"Evet. Çok insan giderdi."

"Haa? Nasıl insanlar?"

"Her çeşit. Üstünde bir tek mayo olan sakallı bir adam vardı. Yaşlı bir adamdı, sakalı vardı. Dalgıçtı. İşte... tüplü dalış yapanlardan."

"Onu tanıyor muydu?"

"Galiba. Onu iki kez götürdüm. Son seferinde yanında bir kadın da vardı. Ondan çok genç bir kadın."

"Arkadaşları mıydı?"

"Bilmem. Herhalde çok arkadaşı vardı. Onu görmeye ailece gelirlerdi. Turistler de gelirdi. İngilizi, Almanı, İspanyolu. Zengin bir adam vardı, iyi giyimliydi, Hard Rock Hotel'in yanındaki restorandan almıştım. Yemeğini orada yemişti. Restoranı bana o söylemişti. Dünyanın en pahalı restoranıymış. Biliyor muydunuz? Dünyanın en pahalı restoranı İbiza'da. Paris'te değil. New York'ta değil. Dubai'de değil. Burada." Şoför bunu gurur ve küçümsemeyle karışık garip bir tavırla söyledi. "Adamın otelleri var... Adını unuttum... A'yla başlıyor... En son, ağlayan bir kadın vardı."

"Ağlayan kadın mı?"

"İyi misin diye sordum, o da bunu yakında, onu gördükten sonra anlayacağını söyledi. Ama yine de, en garip olay bu değildi."

"Neydi?"

"Bir gece orada... çok manyak bir şey gördüm."

"Manyak mı?"

Şoför dikiz aynasına bakarak başını salladı. "Evet. Bir ışık. Muazzam bir ışık. Evden geliyordu. Pencerelerden... ben arabayla geçerken... Neredeyse kör olacaktım. Yoldan çıkmama ramak kaldı..."

Daha da soracaktım ama o sırada telsizi çaldı ve birinin İspanyolca sorduğu soruya İspanyolca verdiği cevaptan hiçbir şey anlamadım.

İbiza'nın bozkır ya da ıssız bir ada olmadığı aşikârdı ve bütün önyargılarıma rağmen çekici bir yer olduğunu şimdiden görebiliyordum. Havasında bir şey vardı buranın. Christina'nın evinin nasıl bir yer olduğunu merak ediyordum. Yani benim evimin ama kendini hiç görmediğin bir şeyin sahibi gibi hissetmek kolay değil. Üstelik hak etmediğini hissettiğin bir yerin. Yanlışlıkla ödül kazanmış gibi.

Ama içimde bir his vardı. Gelip geçici fakat hoş bir his. Bu da alışılmadık bir şeydi. Gençken seyahat ettiğim zamanlarda gelen bir his belli belirsiz de olsa geri dönmüş gibiydi. Saçma bir şey ama bu hissi belki sen de biliyorsundur diye paylaşmak istedim. *Tüm yaşamın* tek bir anda olduğu hissi. Şimdiki ânın karesini –hayır, küpünü– hatta karesinin karesini alan bir his. Kısacası, seyahat etmek deneyimi *hiperküp* haline getiriyor. Fitilini yakıp dördüncü boyuta gönderiyor. Aynı anda kaç tane şimdiki ânın yaşandığını fark etmek insanın başını döndürüyor. Şu an bütün kıtalarda kaç taksi şoförünün telsizde konuştuğunu düşünmek. Kaç kişinin doğum yaptığını. Ya da sandviç yediğini. Şiir yazdığını. Sevdiği birinin elini tuttuğunu. Pencereden dışarı baktığını. Ya da ölülerle konuştuğunu.

"Bir ışıktan söz ediyordunuz..." dedim. Sesim cılız ve dalgın çıktı çünkü tam o anda yolda tek başınaymış gibi görünen Sal de İbiza diye bir mağazanın önünden geçtik. Turkuazın güzel bir tonuna boyanmıştı. Derken sakinliğimi bozan bir şey oldu. Aniden yem olabileceğini fark eden bir hayvan gibi, duyularımın keskinleştiğini hissettim. Dükkânın önünde toprağın üzerine bırakılmış kırmızı bir bisiklet vardı. Hayattaki en büyük sorunlardan biri de, kırmızı bisikletlerin var olmaya devam etmeleriydi. Neyse, onlardan birini ya da bana fazlasıyla Daniel'ı hatırlatan herhangi bir şeyi gördüğüm zamanlarda yaptığım şeyi yaptım: Matematiğe sarıldım. Yoldaki bir tabelada *Santa Eulalia 3, Sant Joan 21, Portinatx 25* yazıyordu. Ben de içimden yüzdeleri hesaplamaya başladım. 3'ün yüzde 25'i 0,75. 21'in yüzde 3'ü 0,63. 25'in yüzde 21'i 5,25. Kimileri derin nefesler alır. Uçaktaki o üç kadın gibileri yoga yapar. Benim de matematiğim vardı. Kafamı dağıtmamı sağlıyordu. Hayatta bölünüp çıkarılamayacak bazı şeyler olduğunu bir anlığına da olsa unutmamı sağlıyordu.

Tuz

Bisiklete baktığımı gören şoför mağazanın ilgimi çektiğini sanmıştı. Adresi gördüğü andaki garip tavrını affettirmek ister gibiydi.

"İbiza tuz adasıdır. Tuzu, Ses Salines'ten çıkarıyorlar. Tuz şeyinden... bilirsiniz..." Sözcüğün İngilizcesini bulmaya çalışırken elleriyle büyük ve düz bir yer olduğunu anlatan bir hareket yaptı.

"Tuz tavaları mı?" diye tahminimi söyledim.

"Evet. Tuz tavalarından. Çok güzel yerler. Görmeniz lazım. Özellikle de şu... pembe kuşlar varken."

"Flamingolar mı?"

"Evet. Evet. Görmeniz lazım. Benim babam, onun babası, babasının babasının babası tuz işçisiydi..." Anafikri anlamıştım. "Biliyorsunuzdur, señora, İbiza geçmişte çok kereler işgal edilmiş... ama öteden beri dünyanın en iyi tuzuna sahipmiş. İmparatorların yediği balıkları biz tuzlamışız."

İbiza'daki birçok taksi şoförünün aynı zamanda tur rehberi ve tarihçi de olduğunu sonradan öğrenecektim.

"Şimdi de turist işgali altındasınız," dedim, bisikletin neden olduğu hafif sarsıntının ardından tekrar sakinleşerek.

"Evet," dedi gülerek. "Onlar da var. İşgallerin en beteri. Hippilerden sonra kulüplerde patlayanlar, sonra ünlüler, ardından bir kez daha hippiler. Dünyanın dört bir yanından. Yalnızca Britanya'dan değil. Almanya, Fransa, Hollanda, İtalya, Portekiz, İsveç ve bugün bile Amerika dahil her ülkeden insan var... Brezilya'dan, Arjantin'den... Yok, aslında güzel bir işgal bu. Hepimiz aynı türden geliyoruz, değil mi?" Yüzünde kocaman ve içten bir tebessüm vardı. "İbiza bunu hatırlamak için gelinen bir yer. Her yerden, her yaştan, her çeşit insan. Böyle olması güzel. Tabii golf kursları hariç. Burada golf kurslarını sevmeyiz. Bir tane var, o kadar. Bir tanesi kâfi."

"Golf kursu mu?" Karl'ı düşündüm. Golfu hiç sevmezdi.

"¡En serio! Golf kursu tehdidi olduğunda, burada insanlar sokaklara dökülür! Müziği severiz, denizi severiz, güzel şeyler yemeyi severiz, doğayı severiz. Ama golf kurslarını pek sevmiyoruz." Araba sola dönerken sohbet de keskin bir viraj aldı. "Tabii uzaylılarımız da var. Bazıları öyle diyor. Bu adada çok... kaçık vardır."

"Aklımda. Golf kursu açmamak için elimden geleni yapacağım," dedim ciddi ciddi. "ET'ye karşı da dikkatli olurum."

Şoför buna gülerken, şakamı beğendiğini göstermek için direksiyona bir de şaplak attı.

"Evet. Çok iyi! Golfe hayır! Uzaylılara evet!"

Arka koltukta gülümseyerek camdan dışarı baktım ama sonra aklımdan karanlık düşünceler geçmeye başladı.

Denizi severiz.

Çok da bir şeye benzemeyen bir Rorschach mürekkep lekesine bakar gibi şoföre baktım. Bir süre sessiz kaldı. Kaşlarını çatarak düşüncelere daldı. Sanki bir şey demek istiyor ama nasıl diyeceğini bilemiyordu. Derken yine canlandı.

"Öldüğünü biliyorum," dedi. "Okumuştum. Christina van der Berg." Bu adı özenle söyledi. Porselen bir şeymiş gibi. "*Diario*'da görmüştüm. Buranın gazetesinde. *Diario de Ibiza*."

"Nasıl öldüğü yazıyor muydu?"

"Dalış yapıyormuş sanırım." Dikiz aynasından şoförün gözlerine baktım. Sonraki sorusunu çekinerek sorduğunu hatırlıyorum.

"Siz arkadaşı mıydınız?"

"Hayır," dedim nedense. Sonra da: "Evet. Yani, *uzun* zaman önceydi. Onunla arkadaştık ve şimdi de evine göz kulak olmaya geldim." Neden öyle dediğimi bilmiyorum. *Göz kulak olmak*. Belki de çok fazla tanımadığın birinin sana evini bırakmasının ne kadar garip olduğunu hatırlayıp gerilmiştim. "Buraya yıllar önce şarkıcı olmak için gelmişti ama hâlâ o işi mi yapıyordu bilmiyorum. Çok yetenekliydi. Tanrı vergisi bir yeteneği vardı."

Şoförün kaygılı yüz ifadesi geri geldi. "Tanrı vergisi mi?"

"Evet."

Bu sözü hap yutar gibi yuttu. "Bu adayla ilgili bazı şeyler vardır," dedi. "Çoğu insanın göremeyeceği şeyler. Kolay kolay... açıklanamayacak şeyler..."

Neden söz ettiğini hiç anlamadım. Çocukluğumda Isle of Wight'a tatile gitmiştim ve Yarmouth'taki bir şekerci dükkânında eskiden denizkızı olduğuna inanan tuhaf bir kadınla arkadaş olmuştum. Belki de nedeni adalı olmaktır. Adalar insanı çıldırtıyordur belki.

Issızlık

Durduk. Gelmiştik. Etrafında trafikten başka şey olmayan ıssız bir yere.

Gördüğüm tek resim dışarıdan çekilip mektup kâğıdına basılmıştı ve hem çözünürlüğü düşüktü hem de gözlerim pek iyi görmüyordu. Yalnızca masmavi bir gökyüzü ve beyaz duvarlar görmüştüm. Hayalimde tepe yamacındaki bir köy ve bir villa vardı.

Fakat bambaşka bir yere gelmiştik ve o an hata etmiş olabileceğimi düşündüm.

Nankörlük ediyormuş gibi görünmek istemem ama büyük ihtimalle bütün İbiza'daki en sevimsiz evdi. Görünürde tek bir begonvil yoktu. Bir albenisi de yoktu. Lincoln'daki tek katlı ev buna kıyasla Hollywood Hills'teki malikânelerden biri gibiydi. Belki de evi bu yüzden gerçek arkadaşlarından birine bırakmamıştı. *İstemedikleri için.*

Tamamen tesadüf eseri oradaymış gibi görünen, küçücük beyaz bir kutu. Tek katlıydı. Ufacık pencereler. Yol kenarındaki kumlu çakılların ve ağarmış asfaltın üzerinde yükselen, boyası yara kabukları gibi soyulan bir yer. Kahverengi çimento, bütün dış cephesinde benek benek görünüyordu. Önündeki asfalta arabadan atılmış bir bira şişesinin kırıkları ve çöpler saçılmıştı. Hiçbir yere yürüme mesafesinde değildi.

Daha da kötüsü, yolun karşısındaki ilan panosunda lüks bir otelin reklamı vardı. Bir tepenin üstüne yapılmış yüzme havuzlarıyla etkileyici binaların havadan çekilmiş fotoğrafı. *Açıldık. Sekizinci Mucize Kaplıca Otelleri'nin sonuncusu, Cala Llonga, İbiza. Hayal et, gerçek olsun.*

Şoföre yirmi avro verirken harap haldeki küçük eve bakarak, "Burası mı?" diye sordum.

"Burası." Şoför kibarca gülümsedi. "Tanıştığımıza memnun oldum," dedi. Sonra yüzünde insanın yaşlandıkça alıştığı o şey belirdi. Kaygı. "Benim adım Pau. Paul gibi. Ama l'si yok."

"Ben de Grace," diyerek kapıyı açtım. "Benimkinde de l yok. İspanyolca 'tanıştığımıza memnun oldum' nasıl deniyor?"

"Mucho gusto."

Şoför bagajdan valizimi çıkarırken, başımı salladım. "Tamamdır. Mucho gusto."

"Buena suerte de iyi şanslar demek."

"Aa. Onu sormamıştım ki."

Başını salladı. "Biliyorum. Ama ihtiyacınız olabilir…"

Nedenini sormama fırsat vermeden, tekrar taksiye bindi. Trafikte bir boşluk yakalayıp U dönüşü yaparak hızla uzaklaştı.

Duvardaki Resimler

Güneşin altında, asfaltın üstünde kalakalmıştım. Şişen ayaklarım ayakkabılardan kurtulmak için can atıyorlardı. Keşke rahat sandaletlerimi giymiş olsaydım ama o sabah Lincoln'da uyandığımda gözüme biraz acayip görünmüşlerdi.

Aman neyse.

Trafiğin gürültüsü ağustosböcekleriyle rekabet ederken, o şeye baktım.

Eve.

Harap haldeki beyaz kutuya. Sokak kapısı yerine, evin yan tarafında, öylesine saçılmış gibi görünen çakıl taşlarıyla kaplı bir alana ve çalı misali bitkilerle, yabani otlarla kaplı küçük bir bahçeye açılan mavi boyalı metal bir kapı vardı. Evin önüne külüstür bir araba –bir Fiat Panda– park edilmişti.

"Pekâlâ," dedim kendi kendime. Yaşlanma sürecinde edindiğim, gitgide yerleşen alışkanlıklardan biri de sahnedeymiş gibi davranmak, beni duymayan seyirciye bir şeyler mırıldanmaktı. Hatta orada bile olmayan.

Kapıdan içeri girdim. Kalp atışlarımı hissedebiliyordum. Bacaklarım karıncalanıyordu. Varis ameliyatından mı yoksa korkudan mı, bilemedim. Kapının anahtarını arandım. Anahtarı yere düşürdüm. Kütürdeyen dizlerim yere çömelmemden hiç memnun kalmadı. (Kolayca çömelebilmenin tadını çıkar, Maurice. Gençliğin bize bahşettiği birçok lütuftan biri de buymuş.)

Güneşin altındaki çakılların üstünde parlayan anahtara bakarken, oraya gittiğim için bir an kendimi öyle salak gibi hissettim ki evrenin beni yutup yok etmesini diledim. Bir araba çarpsa da leşim yabani bir köpeği beslese, dedim içimden.

Annemin on yıllar öncesinden yankılanan sesini duydum. *Şu haline bak. Grace İşe Yaramaz.*

Saçmalama, diye düşündüm. *Kendine gel.*

Anahtarı alıp ayağa kalkarken bütün vücudum usulca çıtırdayıp kütürdedi.

Küçük, zavallı bir bahçeydi. Yabani otlar, sulanmamış toprak ve oradan buradan çıkmış tek tük çimlerden ibaret bir çöl parçası. Bu kadar ihmal edilmiş bir yeri ilk kez görüyordum.

İçerisi nispeten daha iyiydi.

Dekorasyona yıpranmış kahverengi tonu hâkimdi. Küflü bir koku vardı. Ev uzun zamandır havalandırılmamıştı. Havada minik bir galaksi gibi parıldayarak uçuşan toz zerreleri gördüm. Aklıma korkunç bir şey geldi. O zerrelerin içinde ölü deriler de var mıydı acaba? Yoksa onu mu soluyordum?

Valizimle ayakkabılarımı girişteki hole bıraktım. Şiş ayaklarım mokasenlerden çıkar çıkmaz bir oh çekti. Ardından salona girip kanepeyi, hippilere yaraşır televizyon battaniyesini ve yıkamaya verilmesi gereken halıyı gördüm. Tavandaki büyük vantilatörün tozdan sıkıştığı gözle görülüyordu ve yerdeki seramiklerin paspaslanması lazımdı. Ürkerek yürümeye devam ederken bir yandan onun cesedine takılmayı bekliyordum. Oraya gizlice girmiş gibiydim. Evin özel ve mahrem bir havası olduğu için, orada olmak bilmediğim anıların içine izinsiz dalmak gibiydi. Şimdiden lanet gibi gelmeye başlamış bir hediyenin içinde, başkasının hayatını işgal eder gibi hissettim kendimi.

Duvarlarda çerçeveli fotoğraflar vardı. Christina'nın oradaki yaşamına dair bir sergi. Bilgi edinmek için fotoğrafları inceledim.

Fotoğrafların birinde kumsalda durmuştu, uzun siyah saçları rüzgârda uçuşuyordu ve yanında gözleri parlayan, saçları onun kadar uzun bir adam, arka planda ise Mini Moke marka plaj arabası vardı.

Başka bir fotoğrafta elinde oyuncak ayısıyla zoraki gülümsemiş küçük bir kız vardı.

Bir diğerinde, yine o, aynı küçük kız ve aynı adam vardı.

Bir diğerinde, elinde mikrofonla bir oteldeki seyircilerini coşturuyordu.

Bir diğeri, seksenlerdeki bir partide, Freddie Mercury'ye benzeyen biriyle birlikte çekilmişti.

Bir diğerinde, üstünde dalgıç elbisesi, yanında başka bir adam vardı. Sakalı önceki adamdan daha bakımsızdı. Deniz adamı gibi bir şeydi. Dalgıç giysisi üstüne tam oturmamış, kısa boylu bir Poseidon. Sevgiliden çok arkadaş gibiydiler.

Bir diğerinde, yerel bir festivalde eski moda bir kostümle dans ediyordu.

Resimlerin hepsinde öğretmenlik yaparken olduğundan çok daha mutlu görünüyordu. Fakat uzun yıllar önce çekilmiş gibiydiler. Hiç yeni resmi yoktu.

"Ben neden buradayım?" diye sordum hayali seyircime. O küçük kıza ve yumuş yumuş, mor ayısına baktım. Onun kızı mıydı acaba? Evi niçin ona bırakmamıştı ki? Ya da fotoğraflardaki insanlardan birine? "Neden ben?"

Ama yanıt gelmedi. Yanıt yerine, yalnızca sessizlik. Endişe. Nem. Bir de bol bol toz vardı.

Zeytin Kavanozu

Evi dolaştım. Bazı yanıtlar arıyordum ama hiçbirini bulamadım.

Yatak odasındaki şifoniyerin üstünde kurumuş, sararıp boynunu bükmüş, büyük ihtimalle ölmüş, saksılı bir bitki gördüm. Yelken çiçeğiydi sanırım. Yatağa alıcı gözüyle baktım. Fena görünmüyordu. Çarşafı temizdi. Tekrar salona gittim ve bu kez seksenlerden kalma bir müzik setiyle bir dizi kaset gözüme çarptı.

Çok sayıda kitap da vardı.

Birini tanımaya giden en hızlı yolun kitaplığındaki şeylere bakmak olduğunu düşünmüşümdür hep. Özellikle dekorasyon amaçlı havalı bir şey değil de, dürüst bir kitaplıksa. Zaten evdeki hiçbir şey dekorasyon amaçlı ve havalı değildi.

Bazıları raflarda, bazları kitaplığın yanında yerde duran çeşit çeşit kitap vardı. Bazıları İngilizce, bazıları İspanyolca, birkaç tanesi Yunancaydı. İngilizce olanların içinde Hermann Hesse'den *Siddhartha*'nın ve *Tao te Ching*'in çevirileri de vardı.

Balear Adaları'nın flora ve faunasıyla ilgili bir rehber kitap. Birkaç Agatha Christie.

Gençliğimde okuyup çok sevdiğim bir klasik de vardı. Alexandre Dumas'dan *Monte Cristo Kontu.* (*Monte Cristo Kontu*'nu okumuş muydun? Okumalısın. Okuduğum en iyi kitaptır. Hapisten kaçmalı, intikam ve bağışlamayla ilgili bir roman. Hapisten kaçmalı iyi bir hikâye bulmak kolay değil. Dumas'nın bütün kitaplarının yanı sıra *Frankenstein*'ı, *Sherlock Holmes'un Maceraları*'nı ergenlik çağındayken okumuştum. Bilirsin. Sağlam hikâyeler.) *Zorba*'nın Yunanca olmayan bir baskısıyla Kavafis'in Yunanca şiirleri vardı. İspanyolca olanlar daha çok şiir kitaplarıydı (Pablo Neruda'nın) ve bir tane

Carlos Ruiz Zafón, bir tane de okumaktan eskimiş Isabel Allende romanı vardı.

Derken durugörü üstüne, *Psişik Güçlerle İlgili Her şey: 8. Cilt* diye, ötekilerle ilgisi alakası olmayan bir kitap görünce şaşıp kaldım. Kitabın adını okur okumaz tuhaf bir kahkaha atıvermişim. *Müzik öğretmenleri böyledir işte*, dedim içimden.

Ötekilerden ayrılan bir kitap daha vardı. İspanyolca olanların arasında. Alberto Ribas'tan *La vida imposible. İmkânsız Hayat*. Kapağı kaba sabaydı. Denizdeki kayalık bir adacığın kötü bir illüstrasyonu. Kumsaldan göründüğü haliyle. Suyu güneşte parlıyormuş gibi gösteren çizgiler. Arka kapakta yazarın fotoğrafı vardı. Bakımsız sakalı, ahtapot desenli tişörtüyle, güneşte kavrulmuş gibi görünen bir adam. Koca gülüşü tek dişinin eksik olduğunu ele veriyordu. Yaşlı bir korsana benziyordu.

Adamı daha önce de gördüğüme dair garip bir hisse kapıldım. Çünkü *görmüştüm* zaten. Hatta daha bir dakika önce, duvardan bana bakarken.

Christina'nın ve bakımsız sakalıyla kocaman gülümseyen adamın olduğu fotoğrafta. Demek adamı tanıyordu. Gidip tekrar baktım. Kesinlikle oydu. Fotoğrafları biraz daha inceledim. Bir tanesinde, 1979'da benim verdiğim Aziz Kristof kolyesini takmıştı. Kolye öteki resimlerde de boynundaydı. Freddie Mercury'yle tanıştığı partide bile.

Hafiften ekşimsi bir koku vardı. İğrenç denemezdi ama hoş da değildi. Bir de parfüm kokusu. Belli belirsiz. Onun havada dolaşan hayaleti.

Karnım guruldadı. Küçük mutfağa gidip buzdolabını açtım ama içinde tarihi geçmiş bir kutu gazpacho'dan başka şey yoktu. Mutfak dolabında da birkaç bisküvi. Garipti ama içinde zeytin olmayan bir de zeytin kavanozu vardı. Çok büyük olmayan –standart reçel kavanozundan bir tık küçük– normal bir kavanozdu ama içinde deniz suyu vardı. Zeytin kavanozu olduğunu etiketindeki "Olivos del Sur" yazısından ve kırmızı biber dolgulu yeşil zeytin resminden anladım.

Siyah kapağı çevirip açarak içindeki şeyi koklayınca deniz suyu olduğunu tahmin ettim. Tuzlu, hafiften kükürtlü bir kokuydu ama zeytin salamurasına konulacak türden bir tuz değildi bu. O su uzun zamandır oradaydı. Değişken, karmaşık bir görüntüsü vardı. Belki yosun bile tutmuştu. Tam anlayamasam da, normal deniz suyuna benzemiyordu işte. Ama işime yaramayacağından emin olduğum için gidip ön kapıyı açtım ve suyu kupkuru toprağın üstüne döktükten sonra tekrar içeri girdiğimde gözüme bir şey daha çarptı.

Holdeki küçük rafın üstünde duran bir kart.

Kartın üstünde taç yapraklarla "MUCHAS GRACIAS" yazıyordu.

İçinden bir mektup düştü. *İşte buradaymış*, diye düşündüm. Her şeyi bu mektupta anlatmıştı belki.

Sevgili Grace,

Bunu okuyorsan doğru kararı vermişsin demektir. Burası sıradan bir ev ama benim tek varlığım.

Sana teşekkür etmek istedim. Yıllar önce yaptığın iyilikle hayatımı kurtarmıştın. Biraz acıklı oldu, biliyorum ama sen olmasan o Noel'i cidden atlatamayacağımı düşünüyorum. Dibe vurmuş durumdaydım. İbiza'ya gelmem gerektiğini söylemen zincirlerimi kırabilmemi sağladı. Şimdi içindeki âtıl kalmış potansiyeli açığa çıkarmana yardımcı olma sırası bende. Bu evi neden başka tanıdıklarımdan birine değil de sana bıraktığımı anlamayacağını biliyorum. Fakat bana güvenmek zorundasın çünkü senin doğru insan olduğunu nereden bildiğimi anlatsam, delirdiğimi düşünürdün. Buraya neden gelmen gerektiğini zaman içinde anlayacaksın zaten. Şimdilik senin az bulunur bir insan olduğunu ve huzuru burada bulacağını hissettiğimi söylemekle yetineceğim.

Fazla zamanım kalmadığını biliyorum. Korkuyor değilim. Bunun bir son olmadığından eminim. Üstelik buradan daha iyi bir yere gideceğimi hissediyorum.

Burada yaşamayı çok sevdim. Sen olmasan, bu harika adaya asla taşınmazdım. Bu ânın tohumu çok yıllar önce senin kanepende oturup Top of the Pops*'ı izleyerek sohbet ettiğimiz o gece atıldı. Blondie olamadım. Bu mütevazı evden de anlayacağın gibi, geleneksel anlamda, zengin olmadığım da ortada. Ama çok zengin bir hayat yaşadım ve hayal dahi edemeyeceğim şeyler keşfettim.*

İnsanlar sana buranın sihirli bir ada olduğunu söyleyecektir. Garip hikâyeler ve efsaneler de duyacaksın. Hepsi de doğru olmayacak. Fakat hayat bizim bildiklerimizden ibaret değil. Zihnimiz de farkında olduğumuz kadarından ibaret değil.

Bu evi ister yazlık olarak kullan ister buraya yerleş, bunca güzel yeri görmeyi sakın ihmal etme. Benim önerilerim şöyle:

Dalt Vila'nın daracık yollarında kaybol; burası bir tepenin yamacına, oldukça yükseğe kurulu, surlarla çevrili eski İbiza kalesidir.

Cala San Vicente'de eskiden hacıların yürüdüğü yoldan yürüyüp Tanit'in Mağarası'na kadar çık.

Es Murta'daki sığınağa gidip oradaki atları gör.

Kuzeye git, çam ağaçları etrafını kuşatsın.

Ses Salines'teki flamingoları gör.

Las Dalias hippi pazarına –akşam kurulup partiye dönüşene değil, gündüz kurulana– git ve orada arkadaşım Sabine'yi bul.

Bir tekneye atlayıp Formentera'ya git ve feneri gözden kaçırma.

Tepelerdeki köylerden birinde bir tek Hierbas Ibicensas iç.

Günbatımında Benirrás'taki plajda davulcuları dinle.

Alışverişini Santa Gertrudis'teki marketten yap. Oradakiler çok cana yakındır.

Font de Peralta diye bilinen eski taş çeşmeye git ve rengârenk giyinmiş insanların kastanyet sesleri eşliğinde hoplayıp zıplayarak ve dönerek yaptıkları geleneksel Ibicenco "köylü dansını" –ball pagès– kaçırmamaya çalış.

Tek başına dans etmeye git. Bir kereliğine. Burada kaç yaşında olduğunun hiç önemi yok.

Eğlen.

Ha, bir de en önemlisi: *Cala d'Hort'taki Atlantis Scuba'ya git. Alberto'ya benim gönderdiğimi söyle. Senden para almaz. Gidip deniz çayırını gör. Dünya'daki en yaşlı canlı organizmayı.*

Bir de lütfen, oradayken, her şeye açık ol. Orada gerçekleşecek bütün değişimler iyi yönde olacaktır. İnan bana.

Seni seven kayıp arkadaşın,

Christina

X

Not: Yolun kenarındaki beyaz Fiat Panda da senin. Anahtarları mutfaktaki çekmecede.

Doyum Hissi

Güzel mektuptu. Not kısmında sana araba verilen bütün mektuplar süperdir. Ama kendimi çok yorgun hissetmeme neden olduğunu itiraf etmeliyim. Canımı da sıkmıştı. Aklım ilk başta olduğundan çok daha karışıktı şimdi.

Fazla zamanım kalmadı...

Kalbim güm güm atarken, bir sorunun cevabını böylece aldığımı fark ettim.

Öleceğini *biliyordu.* Ama ne bir hastalıktan söz etmiş ne de başka bir neden göstermişti ve yazdığı şey intihar mektubu olmaktan çok uzaktı.

Bir seferinde mutlu ölmenin yolunun büsbütün ölmek olduğu söylenmişti bana. Lezzetli bir öğün yermişçesine yaşamak. Yenilen her şeyi zevkle, her lokmanın tadını çıkararak silip süpürmek ve yemeğin sonunda bittiği için üzülmemecesine doymuş olmak. Görünüşe göre Christina da sıradan bir başlangıcın ardından her anlamda doyurucu bir ana yemek ve tatlı yemiş, bu gezegenden mutlu ayrılmıştı.

Önerilerini tekrar okudum. Her nedense bunların öneriden ibaret olmadığını hissediyordum. Bana henüz anlayamadığım bir yol haritası çizdiklerini. Bu yüzden, hiç turistlik yapacak halim olmamasına rağmen mektupta söylediği -ya da ima ettiği- şeyleri ciddiye almam gerekirdi. Önerilerine tekrar göz gezdirdim.

Üstü hemen çizilecek birçok şey vardı. Mesela dalış yapmam mümkün değildi. Yetmiş iki yaşında dalış yapmaya başlamanın tavsiye edilebilir bir şey olmadığından gayet emindim. Ayrıca yeni bacaklarımla bile yeniden dans edebileceğimden şüpheliydim. Sonuçta, 1992'den beri hiç dans etmemiştim.

Deniz çayırına ne hacet? Dünya'daki en yaşlı canlı organizma bendim, *ben*.

Mektupta öne çıkan tek öneri *her şeye açık olma* sözüydü.

Öylesine söylenebilecek bir şeydi aslında. Özellikle de dalış yapma önerisinin ardından geldiğinde. Ama bunun üstüne bir de bazı garip hikâyelerin gerçek olduğunu ima etmesi ve evdeki kozmik kitaplar da gelince, Christina'nın oraya geldikten sonra çok fazla uyuşturucu kullanıp gizemcilik işlerine dalmış olabileceğini düşünmeden edemedim. Burçlara oldukça ilgili olduğunu gayet iyi hatırlıyordum.

Yargılayıcı davranıyordum. Evde tek başıma oturup durarak geçen yılların ardından edindiğim kötü bir alışkanlıktı bu.

Kendimi sakinleştirip yatak odasına giderek valizimi açtım. Gardırop da evdeki her şey gibi biraz eski püsküydü. Üzeri çiziklerle kaplı, ahşap bir şeydi.

Valizden ilk çıkardığım şey bir sabahlıktı. Valizin yüzde 28'ini falan kapladığını söyleyebilirim. Karl'ın sabahlığı. Onu geride bırakmayı, birine vermeyi becerememiştim. Akdeniz sıcağında bile yanımda olmalıydı. Karl öldükten sonra yüzümü sık sık o sabahlığa gömer olmuştum. Üstüme giymekse onun bana sarılması gibi bir şeydi. Saçma olduğunu biliyorum ama bir yaştan sonra hayat saçmalıklardan ibaret oluyor zaten. Daniel'ın yaptığı mavi kuş resmini de yanıma almıştım. Anneler Günü için çizdiği. Çerçeveletip yıllardır saklamıştık ve yanımda ondan da bir şey olmasını istemiştim.

Valiz açmak insanı rahatlatan bir şey, Maurice. Yeni bir yere gittiğinde valizini büyük bir özenle açmanı tavsiye ederim. Yeni olana bir düzen hissi katan, ritüel misali bir şey. Neyse işte, giysilerimi Ming imparatorlarından birinin önünde çay seremonisi gerçekleştirir gibi çıkarıp yerleştirdim. Gardıropta Christina'nın giyeceklerini gördüğümde, ne demeye şaşırdım bilmiyorum. Herhalde birilerinin gelip onları dağıtmış olacağını varsaymıştım.

Rengârenk, cafcaflı, bitpazarına düşseler öğrencilerin kapış kapış alacağı türden şeylerdi. Rengârenk hayaletlerden bir akordeon gibi dip dibe duran bu kaleydoskopik giysileri görmek beni hüzünlendirdi. Hiç tanımadığım kişiliklerden bir renk yelpazesi. Bütün giysilerimi yerleştirdikten sonraysa, o dolapta ne kadar soluk göründüklerini fark ettim. Onun çivit mavileriyle sarılarının yanında dümdüz pastel kremler, kil ve leylak tonları. Giysilerimiz yan yana konulduğunda, çok uyumsuz görünüyorlardı. Meyve salatasının içine patates püresi koymuşum gibi.

Sonra yatağa uzanıp biraz kestirmeyi denedim ama olmadı. Aslında sanırım birkaç saniye içim geçti ama sırtım yatağa alışkın olmadığı için ağrılar içinde, Christina'nın *her şeye açık ol yazarak* ne demek istemiş olabileceğine dair düşüncelerle dolu bir zihinle hemen uyanıverdim.

Anayoldan geçen arabaların beyaz gürültü misali sesini çok rahatlatıcı buldum. Christina'nın başına ne gelmiş ve neden beni seçmiş olabileceğini düşünüp dururken, rahatlamaya ihtiyacım vardı.

Kendimi nasıl hissettiğimi anlatabilmek kolay değil.

Kırılgan hissediyordum sanırım. Ve yalnız.

Günümüzde adayı meşhur eden gece kulüpleri, plaj partileri, lüks villalar, günbatımını gören barlar, yoga kampları, mega oteller, Michelin yıldızlı restoranlar başka bir evrendeydi sanki.

Zorunluluk

O evden çıkmam lazımdı. Christina'nın başına neler geldiğini öğrenmeliydim.

Üçte Biri Dolu

Hislerim belirsizdi. Bu belirsizlik öyle bir yoğunlaştı ki sonunda kendi nefes alıp verişimi duymadan gerçekliğimden emin olamadığım bir raddeye geldim.

Bir yanım büyük bir oyunun içine düşmüş olabileceğimi söylüyordu. Sonuçta, beni gözünde bu kadar büyütmüşse, neden hayattayken iletişim kurmamıştı ki?

Olasılıklar her yönü gösteren birer vektör gibiydi. Başım dönüyordu. Midem de bana en son Lincoln'da bir kâse granola yediğimi hatırlatıyordu. Yiyecek bir şeyler bulmam, olmadı biraz alışveriş yapmam gerekiyordu.

Kapının yanındaki zeytin kavanozu yine gözüme çarptı. Tam koyduğum yerdeydi. Kapağı kapalı, aynı kavanoz, aynı yer. Ama içinde yine su vardı. Suyun hepsini döktüğüme yemin edebilirdim. Ama hayır. Duruyordu işte. Kavanozun üçte biri doluydu.

Çok da yabancısı olmadığım bir düşünce: Aklımı kaçırıyordum.

Yaşlılık, diyerek göğüs geçirdim içimden, öğleden sonrasının güneşine çıkarken. Sonra da bunun farklı bir açıklaması olamayacağından başka şey düşünmemek için her yolu denedim.

Matematik

Gizemli şeylere fazla inanan biri değilimdir.

Bunun nedeni Katolik olarak yetiştirilmiş ve kabul edilmeyen dualarla dolu bir hayat yaşamış olmam sanırım. Dinin hayatımda hiç yeri olmadığını söyleyemem. Ama henüz çok gençken, hayatımda Karl'la Daniel yokken bile, asla bulunamayan cevapları aramaktan bezmiştim.

Matematiği de bu yüzden sevdim belki.

Matematik öğrenmek net olarak *bilinebilecek* tek şeyi öğrenmek demektir. Siyasi bilimler, sosyoloji, tarih ve psikolojideki gerçekler *yorumlanmaya* muhtaçtır. Matematikteki gerçeklerse yalnızca birer gerçektir. Tartışılmazdır. Sol cenah ve sağ cenah matematik diye bir şey yoktur. Geometrinin günahı, trigonometrinin suçluluk duygusu olmaz.

Matematik saf huzurdur. Fakat tabii ki, aynı zamanda yaşamın kendisi kadar gizemli, esrarengiz bir şeydir ve matematiğin –ya da herhangi bir şeyin– benim istediğim şey olmaya boyun eğmesini beklemek büyük bir hataydı. En büyük yıkımın sebebi buydu. Mantığımızla yarattığımız dünya gözlerimizin önünde tuzla buz olurken.

Bunları sana hikâyemi ve nasıl bir değişim geçirdiğimi daha iyi anlayabilmen için anlatıyorum. Aşırı uçlardaki saçmalıklardan etkilenen biri değilim. Bence aya cidden gidildi ve dünya aşağı yukarı küre şeklinde. Ne kristallerin şifa gücüne inanırım ne de yaşanan ruh hallerini Jüpiter'in uydularından birine ya da Merkür retrosuna bağlamak gibi bir huyum vardır. Bir mumum bile yoktur.

Buna rağmen insanların dünyayı fazlasıyla sınırlı bir bakış açısından görebildiklerini ve kendi dünya görüşümüze uymayan şeylere inanmamanın bir çeşit önyargı olduğunu artık görebiliyorum. *Demek istediğim*, bazen gözümüzün önündeki gerçekleri bile kabul edemeyebiliyoruz. Bir dönemin delileri bir sonraki dönemin bilgelerine dönüşebiliyorlar.

Bunları sana anlatıyorum çünkü sonraki sayfaları okurken aklımı kaçırdığımı düşünebilirsin. Bu yüzden lütfen Georg Cantor olayını hatırla.

Üniversitede matematik okuduğuna göre, adını duymuşsundur eminim.

Hatta derslerde ben de ondan söz ederdim sanırım. On dokuzuncu yüzyıl sonlarında Küme Teorisi'ni ortaya atan adam. Her neyse, Cantor teknik olarak farklı boyutlarda sonsuzluklar olduğunu kanıtladığında kâfir damgası yemişti. Hakkında demedikleri kalmamış, aforoz edilmiş, alay konusu olmuştu. Bunu kaldıramamıştı. Keşfettiği şey mahvına sebep olmuştu. Kendi inanç sistemini sorgulamaya başlamıştı. Tek bir sonsuzluk olduğuna inanmaktan vazgeçmek, imkânsızlığa inanmak demekti. Depresyondan bir türlü çıkamamıştı. Sonunda akıl hastanesine düşmüştü. Ama haklıydı.

En azından, matematiksel olarak. Farklı boyutlarda sonsuzluklar var. Fakat onun görebildiğini herkesin görebilmesi için uzun zaman geçmesi gerekti.

Tabii ben bir Georg Cantor değilim. Fakat benim dünya görüşüm de daha yeni kafa üstü çakılmış sayılır ve bunları birine anlatma ihtiyacı içindeyim. Ben de beni sınırlarıma kadar zorlayan şeylere tanık oldum. E-postan bana tam zamanında geldi çünkü sanırım benim bu hikâyeyi anlatma ihtiyacımla senin bazı cevapları bulma ihtiyacın çakıştı.

Şimdi, esas soru şu: Yeni bir sonsuzluk teorisine hazır mısın?

Santa Gertrudis

Christina'nın arabası mızmız bir ihtiyar gibiydi. İçinde bir süre öylece oturup döşemelik kumaşların tozlu kokusunu soluyarak onun hayatına dair ipuçları aradım. Boş bir diyet limonata şişesiyle torpido gözündeki yarısı bitmiş bisküvi paketinden başka bir şey yoktu. Radyoyu açtım. Hızlı hızlı İspanyolca konuşan seslerin arasına giren reklam müziklerinin ardından bir rap şarkısı başladı. Uçaktaki çocuğun söz ettiği 21 Savage'ın şarkısı olabileceğini düşündüm. Radyoyu kapayıp bir iç çekerek motoru çalıştırdım.

Hayatımda hiç yurtdışında araba kullanmamıştım. Biraz göz korkutucuydu. İlk başta, elim ayağım birbirine dolandı. Arabayı hareket ettirmeden önce telefonuma "Santa Gertrudis süpermarket" yazmıştım. Telefon çekmemeye başlayınca, gördüğüm haritayı bir anda unutup yalnızca Santa Gertrudis tabelalarını takip ederek gri asfaltın üstünde giderken, silinmeye yüz tutmuş beyaz çizgilerin hangi tarafında kalmam gerektiğini unutmamaya çalıştım.

Santa Gertrudis'in çok güzel bir yer olduğunu çok geçmeden anladım. Geniş sokaklar, geometrileriyle göze gayet hoş gelen evler, beyaz badanalı binalar, yine pembe begonviller ve rahat insanlarla dolu kafeler. Her şey yukarıdaki masmavi gökle uyum içinde tasarlanmıştı. Birkaç sokağa girip çıktım. Bir vegan kafenin, pilates salonunun önünden geçtikten sonra nihayet yiyecek şeyler satan bir yere benzeyen dükkânı gördüm. Vitrinindeki afişlerde bira ve zeytinyağı reklamları vardı. Pisagor'a ilginç gelecek bir açıyla kaldırım kenarına park ettim.

Üç küçük reyonu elimde sepetle dolaştım. Yepyeni bir dünyaydı burası. Kendimi yaşamak zorunda olduğu şeylere nasıl yaklaşması gerektiğini öğrenen bir üniversite öğrencisi gibi hissettim. Uzun yıllar boyunca otopilota bağlamıştım. Dul kaldığımdan beri haftalık alışveriş listesini pek değiştirmemiştim. Her şeye yeniden başlamak oldukça korkutucuydu. Marketi dolaşmaya devam ettim. Ürünlerin ne olduğu üstlerindeki tabelalara tebeşirle yazılmıştı. Mesela karton kutuların içinde duran nektarinlerin, mantarların ve hayatımda gördüğüm en olgun domateslerin üstünde *Frutas y verduras ecologicas* yazıyordu. Domateslerden birini sepete koyup reyonda yürümeye devam ettim. Az sonra bir yığın boş şişenin yanında duran garip bir makineye rastladım. Makinenin metal kızağı spiral çizerek şeffaf bir silindire doğru alçalıyordu. Yan tarafında bol bol portakal vardı. Portakallardan birkaçını kızaktan aşağı itip incecik akan meyve suyunun azar azar elimde tuttuğum şişeye dolmasını sabırla bekledim. Birkaç dakika içinde bir şişe (çok) taze sıkılmış portakal suyum olmuştu. Sonra da sepetin geri kalanını bir tane baget ekmek, peynir, bisküvi, kahve, sıvı bulaşık deterjanı, duş jeli, tuvalet kâğıdı, cin ve tonikle doldurdum. Buzdolaplarıyla vantilatör uğuldar, radyoda alçak sesle oynak pop şarkıları çalarken, yaka kartında *Rosella* yazan hayat dolu kasiyer kızla sohbet ettim.

Markette kimse yoktu ve Rosella'nın sohbet havasında olduğu belliydi. İngilizcesi çok iyiydi. Birkaç yıl İngiltere'de –Brighton'da– yaşamış, sonra adaya dönmüştü.

"Bu ada mıknatıs gibidir," dedi kahveyi okuturken. "Es Vedrà'yı bilir misiniz?"

"Es Vedrà mı? Hayır. Burada yeniyim."

"Ha. Es Vedrà bir kayadır. Okyanustan çıkan yüksek ve dev bir kaya. Cala d'Hort'tan görebilirsiniz. Güneydeki plajlardan biri."

Uçağın penceresinden o yüksek, kayalıklı adacığı gördüğümde gelen o tekinsiz hissi hatırladım. "Uçak iniş yaparken görmüştüm sanırım."

Rosella başını salladı. "Evet. Dünyadaki üçüncü en güçlü manyetik nokta olduğu söylenir. Çok özel bir yerdir."

"Sahi mi?"

"Evet. Hakkında iyi hikâyeler de var, kötüler de. Çok yıllar önce orada yaşayan bir keşiş varmış. Mağarada. Bir din adamı. Rahip. Suyun içinde ışıklar gördüğünü yazmış. Bütün denizi aydınlatan ışıklar. Ondan sonra başka görenler de olmuş. Bir seferinde neredeyse uçak kazasına yol açacakmış bu ışıklar... Şimdiyse garip bir enerji yayıyor. Bazen insanı korkutuyor. Orada bir şey varmış gibi hissediyorum hep. İçinde."

Süpermarkette edilen bir sohbet için fazla dramatikti. Kibar davranmaya çalıştım. "Bak sen, burası amma da ilginç bir adaymış."

Rosella'nın kolundaki küçük koyu dövme gözüme çarptı. Üçgenin üzerinde bir daire ve ikisini birbirinden ayıran yatay bir çizgi. Yatay çizginin iki ucunda dik açıyla yukarı çıkan iki kısa çizgi. Ellerini havaya açmış bir insanın olabilecek en sade, en şematik temsili.

Dövmelere öteden beri ilgi duymamışımdır. Yaşla ilgili bir şey sanırım. Benim zamanımda dövmeyi sadece mahkûmlar, denizciler ya da serseriler yaptırırdı. Karl sever ya da sever görünür ama gidip yaptırmaya cesaret edemezdi.

Rosella dövmesine baktığımı gördü. Umarım onu yargılar gibi görünmemişimdir. "Tanit sembolü," diyerek ne dövmesi olduğunu açıkladı. "Ay tanrıçası." Christina'nın mektubunda Tanit'in Mağarası'dan söz ettiğini hatırladım. Tanit'in İbiza'da çok ünlü olduğunu sonradan öğrenecektim. Kartacalıların ay tanrıçasıydı, evet ama aynı zamanda yağmur, doğurganlık, dans, yaratıcılık, yıkım ve büyük ihtimalle süpermarketlerde edilen sohbetler de dahil olmak üzere binlerce şeyin daha tanrıçasıydı. "Eskiler adayı onun koruduğuna inanırmış."

"Çok hoş," dedim. Tam bir ihtiyar gibi. Kasanın yanında canlı renklerde tasarlanmış, gece kulüplerinin reklamını yapan el ilanları –flyer'lar– olduğunu fark ettim.

Derken Rosella hiç beklemediğim bir şey söyledi. Araba farı gibi vuran bir soru sordu. "Siz Grace'siniz, değil mi?"

Rahat görünmeye çalıştım. "Ha, evet. O benim. Nereden biliyorsun?"

"Buraya geleceğinizi söylemişti."

"Kim?" diye zırvaladım.

"Christina."

"Ha, tabii, Christina."

"Ölmeden önce," dedi Rosella üzgün bir sesle.

"Tabii," dedim. O kadar şaşkındım ki aynı şeyi ikinci kez söyledim. "Tabii."

Rosella aldıklarımı okutmayı bırakıp gözlerimin içine baktı. "Denizi severdi. Dalmayı severdi. Dalış yapmaya daha birkaç yıl önce başlamıştı. Ne feci bir kaza."

"Aslında ölüm nedenini tam olarak—"

"Size iyi davranmamı söylemişti. Özel biriymişsiniz."

"Doğrudur. Ben... onu yıllardır görmemiştim. On yıllardır. Aslında pek yakın sayılmazdık... Sen tanıyor muydun?"

Esas sormak istediğim şuydu: *Öleceğini biliyor muydun?* Sonuçta adaya *o öldüğü için gelmiştim.* Ev *o öldüğü için* bana kalmıştı. Christina da mektubunda öleceğini bildiğini ima ediyordu. Ama nasıl öleceğinden hiç söz etmemişti. Christina yakında öleceğini biliyorduysa ve İspanyol polisi buna rağmen hâlâ olayı araştırıyorduysa, insanın aklına her çeşit soru geliyordu. Bütün parçaları zihnimde bir araya getirip olayı bir yere oturtmaya çalışıyordum. Riemann ya da Goldbach hipotezlerini kanıtlamaya çalışmak gibi bir şeydi bu. İnsanın beyni kısa devre yapıyordu.

"Evet. Uzun zamandır adada yaşıyordu. Burası benim aileme ait. Ben çocukken, Christina hep buraya gelirdi. Buradan önce de San Antonio'da yaşamıştı galiba. Bir otelde şarkı söylerdi. İyi bir şarkıcıydı. Hep buraya gelirdi. Havalı kadındı. Bir aurası vardı. Ama son zamanlarda pek uğramaz olmuştu. Hippi pazarında çalışmaya başladığından beri."

"Las Dalias," dedim, Christina'nın mektubunu hatırlayarak.

Rosella, "Evet," diyerek yeni sıkılmış portakal suyunu kasadan geçirdi. "Zamanının çoğunu orada geçirirdi."

"Ne satıyordu orada?"

"El futuro."

"Efendim?"

"Geleceği..."

"Anlamadım."

Rosella güldü. "O... sonradan..." Söyleyeceği şeyin İngilizcesini bulmaya çalışırken, sözcükler çağrıldıklarında gelen ev hayvanlarıymış gibi coşkulu bir el hareketi yaptı. "Medyum olmuştu."

Her nedense buna pek şaşmadım. Sonuçta, evinde gördüğüm o kitap vardı. Ayrıca dediğim gibi, müzik öğretmeniydi. Benim deneyimime göre, müzik öğretmenleri eksantrik şeylere meyilli oluyor. Yetmişlerin bitimine az kala İbiza'ya taşınan müzik öğretmenleriyse hepsinden daha eğilimli olmalıydı şüphesiz.

"Falcı gibi bir şey miydi yani?"

"Evet. Falcıydı. Sanırım daha çok turistler gidiyordu ona. Buralılar değil. Bu konuda fazla soru sormazdım..."

"Ha. Anladım." Sonra hiç düşünmeden, gayriihtiyari soruverdim. "Öleceğini söylemiş miydi sana?"

"Hayır!" dedi Rosella çabucak. Ardından dudakları şüpheyle büzüştü. "Hayır."

"Benim geleceğimi söylemişti ama?"

"Sí. Gelip evde kalacağınızı söyledi. Nasıl biri olduğunuzu tarif edip size iyi davranmamı rica etti."

Yaşlı demiştir, diye düşündüm. *Yaşlı olduğumu söylemiştir kesin.*

"Peki o son seferinde, nasıl görünüyordu?"

"İyiydi. Pek konuşmadı. Ama iyiydi."

Markete bir müşteri girdi. Elinde sepet çantası, uçuş uçuş beyaz elbisesiyle, bir kadın.

Rosella, "Hola, Camilla," derken, ben de aldıklarımı poşete koymaya başladım. İspanyolca, Katalanca ya da biraz ondan biraz bundan, bir şeyler konuştular. Sonra Rosella tekrar bana dönüp aldıklarımı kasadan geçirmeye devam etti.

"Kocası kimdi?" diye sordum.

"Johan. Hollandalı yaşlı bir hippiydi. Yıllar önce boşandılar. Adam Amsterdam'a döndü. Şarkıcılığı o zaman bırakmıştı sanırım."

Derken Rosella bombayı patlattı. "Doksanların başında doğan bir kızı vardı. Johan'dan. Şimdi o da Amsterdam'da yaşıyor."

Duvardaki resimde gördüğüm küçük kızı hatırladım. Pelüş ayısı olan.

O düşünce yine aklımda belirdi. *Neden ben? Evi neden kızına bırakmadı ki? En azından onu bir kızı olduğunu bilecek kadar tanıyan birine ya da?*

"Kızıyla görüşüyor muydu?"

Rosella sonuncuyu da kasadan geçirerek gülümsedi. Farkında olmadan fıkra anlatmışım gibi. "Kızını *herkes* görüyor."

"Pardon, anlayamadım."

O zaman Rosella marketin cam kapısından sokağın karşı tarafını işaret etti. "Adı Lieke. Lieke van der Berg. Çok başarılı oldu. Müzisyen. Aynı zamanda DJ. Hâlâ Amsterdam'da yaşıyor ama yazları İbiza'ya gelir. İşte... *şurada*."

Rosella tekrar aynı yeri gösterdi. Cam kapıdan yol kenarındaki iki reklam panosunun bize daha yakın olanına baktım. Kulak hizasındaki saçları platin rengine boyanmış, yüzüne mavi ışıkla egzotik bir hava verilmiş genç bir kadının yüzünü gördüm.

LIEKE. AMNESIA. HER ÇARŞAMBA.

"Bu sene Amnesia'da çalacak." Rosella doğru bir çıkarımla Amnesia'yı bilecek bir tip olmadığımı anladı. "Büyük kulüplerden biridir."

Bir süre daha reklam panosuna baktım. Birkaç detay dışında, Christina'nın 1979'daki haline bakar gibiydim. Belki de Blondie olma hırsı gerçekleşmiş ama bir jenerasyon atlamıştı. Ayrıca belki de evi bu yüzden ona bırakmamıştı. Süperstarların yol kenarındaki kulübelerle işi olmaz.

"Oo. Vay canına. Çok meşhur demek."

"Aynen. Ama Christina'nın bundan etkilendiğini sanmıyorum."

"Öyle mi, Christina'yla anlaşamıyorlar mıydı?"

Rosella omzunu silkti. "Bilmiyorum. Bazı acı şeyler yaşanmıştı sanırım. Birbirlerinden uzaklaşmışlardı. Ondan söz ederken gözleri yaşarırdı. Onunla iletişime geçmeye çalıştığını söylemişti. Aile işleri işte."

"Evet. Aile işleri."

O an derinlerdeki bir anı yüzeye çıktı. Oğlumun cenazesinden önceki gün. Karl'ın, gözlerinde yaşlarla, mutfak dolabının kapağını çarpışı. "*Onu nasıl gözünün önünden ayırırsın?*"

"Dalmak onu mutlu ediyordu bence. Siz hiç yaptınız mı?"

Bu soru beni utandırdı. Neden, bilmem. "Hayır. Hayır."

"Christina dünyada dalış yapmak kadar huzur verici bir şey olamayacağını söylerdi. Suyun altındayken her şeyi unutuyormuş. Sizin de seveceğinizi düşünüyordu."

Bu bana garip geldi. Yani, Christina ne demeye süpermarkette çalışan –neredeyse kusursuz İngilizce konuşan– birine beni dalış yapmaya yönlendirmesini tembihlesindi ki? Bana biraz fazla geldi bu. Oyuna getiriliyormuşum gibi, belli belirsiz bir his. Ama nasıl bir oyuna getirildiğimi bilemiyordum. Rosella doğal ve içten görünüyordu.

"Yetmiş iki yaşındayım ben. Çok yaşlıyım. Uyandığım an her şeyi unutmaya başladığım bir yaştayım."

Rosella buna güldü ama beni hiç incitmeyecek bir şekilde.

"Yok artık!" İspanyolca bir şeyler söyledi. "Yapmayın. Çok yaşlısınız, ha? Yüzme biliyor musunuz?"

"Eskiden çok severdim. Ama çok yıllar önceydi." Biraz İspanyolca konuşmayı denedim. "Muchos muchos años."

"İyi ya işte. Yüzmeyi biliyor ve nefes alabiliyorsanız hâlâ dalış yapabilirsiniz. Hâlâ çok güçlü görünüyorsunuz."

Bana patronluk taslıyordu ama bunu tatlı tatlı yaptığı için ben de kızı bozmadım. "Sahi mi?"

"¡Sí. Está claro! Buraya tek başınıza mı geldiniz?"

"Evet," dedim. Hüznümü gizleyemedim. Yüzümden ve gözlerimden anladı. Acı içimden geçip insanların kenara çekilmesine yol açan bir sel gibiydi. Ya da sohbeti bitirmesine.

Rosella acımı sezer gibi oldu. Biraz gerildi. Ne yapacağını bilemez halim ona da sirayet etti.

"Kırk yedi avro kırk dokuz sent tuttu."

Karl'ın yıllar önce hediye aldığı, koyu kırmızı kumaşı soluk pembeye dönmüş cüzdanımı çıkardım.

"Ama dalış yaparsanız, sakın Atlantis Scuba'ya gitmeyin. Christina oraya giderdi. Orası hakkında iyi şeyler söyleyen bir tek o vardı. İşleten adam kaçığın teki."

"Kaçık mı?"

"Evet. Alberto Ribas."

Alberto Ribas.

Güleç korsan.

Rosella'nın hoşbeş ettiği İspanyol kadın gelip arkamda sıraya girmişti. Daha fazla zamanlarını almamaya karar verdim.

"Tanıştığımıza sevindim," dedim.

Rosella gülümsedi. "Ben de. Chao."

Marketten öğleden sonrasının çam kokulu sıcağına çıkıp mavi ışıklı Hollandalı DJ'in dev resmine bakarak annesinin başına ne gelmiş olabileceğini düşündüm.

Sarı Çiçek

Eve döndüğümde, kapının hemen yanında büyümüş bir bitki dikkatimi çekti. Oldukça uzun, neredeyse dizlerime kadar gelen, incecik sarı taç yapraklı çiçekleri olan ve toprak yolun tam ortasında bitmiş bir şeydi.

Uzun bir bitki olsa da, o kadar güzel ve zarif çiçekleri olan bir şeyin orada tek başına büyümüş olması tuhaftı. Yabani ota benzemiyordu.

Yabani ot diye bir şey yoktur tabii. Bir bitkinin yabani ot olup olmadığı algıya göre değişir. Bahçesinde karahindiba istemeyen biri karahindibalara inadına yabani ot der çünkü insan her şeyin arasına sınırlar çizmek ister. Biz/onlar. Matematik/şiir. Yabani ot/çiçek.

Ama kastettiğim: İnsanların yabani ot diyeceği türden bir çiçek değildi bu. İnsanın bahçesine dikmek isteyeceği türden bir çiçekti. Fakat Christina ya da herhangi biri kapı önündeki kupkuru toprak bir yola neden çiçek dikmek iştemişti ki? Daha da önemlisi, ben bu çiçeği neden daha önce fark etmemiştim.

Çiçeğin fotoğrafını çekip WhatsApp'ten Avustralya'daki görümcem Sophie'ye gönderdim. Sophie çiçekçi dükkânı işletiyordu ve sevgilisi botanik okumuştu. Ne çiçeği olduğunu belki onlar söyleyebilirdi. Kafayı buna takarsam, etraftaki bütün bitkileri araştırmam işten değildi.

İçeri girdiğimde bir şey daha fark ettim.

Zeytin kavanozu bu kez dolmuştu. Üçte biri değil. *Tamamı.* Bunun mutlaka mantıklı bir açıklaması olmalıydı. Kavanozun kapağı kapalı olduğu halde sızdıran boru falan var mı diye neden etrafa bakındığımı açıklayamam. Üstelik tavan kupkuruydu ve yağmur yağmadığı ortadaydı.

Ama durum buydu. Zeytin kavanozu her nasılsa kendiliğinden deniz suyuyla dolmuştu.

Böyle bir ters buharlaşma, aşırı yoğunlaşma -en azından bildiğim doğa kanunlarına göre- imkânsızdı. Kendimi bir kez daha oyuna getiriliyormuş gibi hissettim.

Dediğim gibi, gençliğimde Alexander Dumas'nın yanında bol bol Sherlock Holmes da okumuştum. Hem romanlarını hem de öykülerini. Romanlarının en mükemmeli olan *Dörtlerin İmzası*'nda, Holmes'un Watson'a "imkânsız olanı elediğimizde geriye kalan şey, ne kadar ihtimal dışı olursa olsun, gerçeğin kendisidir," dediği meşhur bir söz vardı.

İşte ben de bu durumla karşı karşıyaydım. Bir kavanozun kendi kendini nasıl doldurabileceğine dair bütün açıklamalar imkânsızdı. Geriye mantıksızlık ve olasılıksızlık kalıyordu. Doğruyu söylemem gerekirse, bundan hiç hoşlanmamıştım.

Kapının Tıklatılışı

Karnım açtı ve bir şey içmem gerekiyordu.

Cin tonikle beraber biraz peynir ekmek yedim. Christina'nın küçük kanepesinde oturmuş, arada *Indiana Jones: Son Macera*'nın dublajlı versiyonunu izliyordum. Harrison Ford'un yüzünü hep sevmişimdir. Beni rahatlatır. Eski bir terlik gibi. Film yıldızlarının yaptığı şey budur. İyi olanlar öyle tanıdıktır ki onları her gördüğünde üzerine giymiş gibi olursun. İnsanın yalnızlığını örterler. Bizi ısıtırlar.

Daniel bir önceki filmi daha çok severdi. *Indiana Jones: Kamçılı Adam*'ı, özellikle de çorbadan göz çıkan ziyafet sahnesini. Bir o film, bir de *Jedi'ın Dönüşü* en sevdikleriydi. Bu yüzden filme bakarken biraz hüzünlendim. Seksenlerde çekilen filmler en az kırk yıllık olabilir ama aynı zamanda –benim için– fazla modern kalıyorlar.

Evdeyken sık sık eski bir film açardım. Başka bir dünyaya, en azından başka bir yüzyıla ait siyah beyaz bir şey. *Roma Tatili. Bir Gecede Oldu. Cuma Kızı.* Ya da o an daha Technicolor bir şey istiyorsam, *Paris'te Bir Amerikalı.* Herhalde adlarını duyamayacak kadar genç olduğun, gerçek klasikler. Karl'la tanışmadan, anne olmadan hatta bazen ben doğmadan önce çekilmiş şeyleri izlemeyi severdim. Bir süreliğine kaybolmak gibi bir şeydi. Acılarımın öncesindeki bir dünyaya kaçmak gibiydi.

Filme bakarken olan bir şey beni yerimden sıçrattı.

Biri kapıyı tıklatmıştı.

Hava karardığı ve unutmadıysan, aylardan haziran olduğu için saat epey geç olmalıydı. Günler uzundu. Ama İbiza'daydım ve İbiza'da "geç" diye bir kavram yoktu sanırım.

Kapıyı açınca bir adamla karşılaştım. İriyarı, geniş omuzlu. Kolları sırf kas. Boğa gibi bakan gözler. Saçları platin rengiydi ve sol gözünün yanında küçük bir haç ya da hançer dövmesi vardı. Tehlikeli, kıpır kıpır bir enerji yayıyordu. Cildi yara izleriyle kaplıydı. Boyu iki metre vardı herhalde. Otuz yaş civarındaydı. Böyle ürkütücü görünmek için bayağı çaba harcamış gibiydi. Tek eli arkasındaydı. Elinde silah olabileceğini düşündüm.

"Sen Christina değilsin," dedi. İngilizdi. Doğu Londralı. Ya da Essex'li.

"Üzgünüm," dedim. "Hayır. Değilim."

"O nerede?"

"Burada değil," dedim. Öldüğünü söylemek istemedim. Hiçbir şey söylemek istemedim.

Adam gülümsedi. Gayet mahcup bir tebessümdü.

"Frankie geldi deyin. Ona haklı çıktığını söyleyin. Söylediği her şey doğruymuş. Teşekkür ettiğimi söyleyin. Bunu ona getirdim."

Arkasında tuttuğu elini bana doğru uzattı. Tümsekli köprüden geçer gibi karnım hopladı. Ama elindeki şeyi görünce rahat bir kahkaha attım. Dev bir Haribo jelibon ayıcık paketiydi.

"Yasak zevkinin şekerleme olduğunu söylemişti," dedi adam, yüzünde koca bir tebessümle. "En sevdiği ananaslı sarı ayıcıklardan. Burada çok var. Teşekkür hediyesi."

"Tamam," dedim. Ona Christina'yla ilgili gerçeği söyleyecektim ama çoktan dönüp yürümeye başlamıştı.

"Teşekkür ederiz," dedim. Metal kapı adamın arkasından çat diye kapanırken, onu yargıladığım için kendimi suçlu hissettim. Araba kapısının kapandığını duydum. Ardından çok yüksek sesli, kalp çarpıntısına benzeyen bir elektronik müzik sesi geldi.

La vida imposible

İnternete girdim.

Dizüstü bilgisayarımı yanıma almıştım. Harley-Davidson çıkartmalı on yıllık bilgisayarımı. Eskiden Karl'ın bilgisayarı olduğu için –Harley-Davidson çıkartması mühendislik hayatına tehlikeli bir ürperti katmak içindi– yenisini almak ona ihanet olacakmış gibi geliyordu. Gerçekte hiç motosikleti olmamıştı ama.

Google'a "Christina van der Berg" yazdım.

Diario de Ibiza'nın sitesinde taksi şoförü Pau'nun söz ettiği haberi gördüm. Haberi tercüme ettiğimde gözüme, "kayıp ve boğulduğu sanılmakta" sözü çarptı. Gece yarısı dalışı için Atlantis Scuba'dan yer ayırtmış ve bir daha geri dönmemişti. Alberto Ribas'ın ifadesini alıp adamı serbest bırakmışlardı.

Adının başına "medyum" yazdığımda Las Dalias pazarındaki tezgâhların listesinin olduğu tek bir sonuç çıkınca, bir kez daha sadece adını arattım.

Birkaç şey daha çıktı. Çoğu yıllar önce Santa Eulalia'daki Buenavista diye bir otelde şarkı söylediği döneme aitti. Ku diye bir kulüpte 1986'da çekilmiş bir fotoğrafıyla birlikte Freddie Mercury'nin yanında çok mutlu göründüğü –duvardaki çerçeveli fotoğrafla aynı gece çekildiği anlaşılan– başka bir fotoğraf vardı. Anladığım kadarıyla, Freddie'nin Pikes Hotel'de kutladığı kırk birinci yaş gününde sahne alan yerel sanatçılardan biri de oydu. Bu fotoğrafta *Kabare*'deki Sally Bowles'unkine benzeyen küçük bir melon şapka takmıştı. Pop grubu Wham'in de "Club Tropicana" klibini birkaç yıl önce aynı yerde çektiğini öğrendim. Göz kamaştırıcı bir ortama benziyordu.

Aramayı sürdürürken, onunla gurur duydum. "İbiza Nostalji" diye İngilizce bir Instagram profilinin yaptığı, Glory's diye bir gece kulübünün 1981'deki haliyle ilgili paylaşımda ondan ve bir arkadaşından söz ediliyordu.

Christina tam hatırladığım gibiydi ama makyajı birazcık daha ağır, saçları azıcık daha kabarıktı. Ardından *Diario*'da saçları biraz kırlaşmışken çekilmiş bir fotoğrafı çıktı. İki kişiyle birlikte üstünde İngilizce PETROLE HAYIR yazan bir pankartı tutmuştu. Haber İspanyolca olduğu için Google'dan İngilizceye çevirip İbiza'da sahile uzak bir yerde petrol aramayı planlayan İskoç bir şirkete karşı 2014'te adanın merkezi Ibiza Town'da yapılan protestolarla ilgili olduğunu gördüm. Biraz daha araştırınca, protestolar çok etkili olduğu için bu planın hiçbir zaman gerçekleşmediğini öğrendim. Ibiza Town sokaklarında on bin kişi yürümüştü. Birkaç yıl önce Cala d'Hort'ta açılacak golf kursu için de bir o kadar insan protestolara katılmıştı. Cala Llonga'da yapılacak bir otel için yapılan protestoda da Christina'nın adı geçiyordu.

Yeni bir deneme yaptım. Bu kez "Alberto Ribas" yazdım. Şüpheci Gezgin diye bir blog'daki "Yolunu Şaşıran Biliminsanları" başlıklı yazıda ondan söz ediliyordu:

> *Alberto Ribas.* Bir zamanlar saygın bir deniz biyoloğu olan Ribas, Vigo Üniversitesi'nde deniz bilimleri okumuş ve önce ABD'deki California Üniversitesi'nde, ardından İspanya ve Güney Amerika'daki birçok üniversitede öğretim üyeliği yapmıştır.
>
> Okyanuslardaki mikroplastik atıkların yarattığı tehlikeye ilk dikkat çekenlerden biri olan Ribas, yosunlardan deniz kaplumbağalarına, mercan resiflerinin ekolojisine kadar birçok konuda kitap yazmıştır. İbiza ve Formentera'daki *Posidonia oceanica* deniz çayırlarıyla ilgili bir makale yazdıktan sonra itibarını büyük ölçüde yitirmiştir. Makalede vardığı sonuç, bu organizmanın 100 bin yılı aşkın bir zamandır tek bir organizma olarak yaşamayı

"buranın denizindeki, zaman zaman doğadışı özelliklere sahip anormal bir ışık şeklinde tezahür eden, yosunlarla hiçbir ilişkisi olmayan ve dünyaya ait değilmiş gibi görünen, tuhaf ve ruhani bir varlık" sayesinde başardığıdır.

Sonradan yapılan bağımsız çalışmalarda bu iddiayı destekleyecek hiçbir kanıt bulunamayınca, Ribas'ın Akdeniz'de dünyadışı bir güç olduğuna dair inancı, 2016 yılında Uluslararası Deniz Biyolojisi Birliği'nden atılmasına ve Mayorka, Palma'da bulunan Balear Adaları Üniversitesi'ndeki işine son verilmesine yol açmıştır. Fakat Dr. Ribas pes etmemiş, hatta *La vida imposible –İmkânsız Hayat–* isimli kitabını kendisi yayımlayarak elinde biliminsanlarının "imkânsız" dediği yaşam formlarının Dünya'da, öncelikli olarak Balear Adaları'nda var olduğuna dair birçok kanıt olduğunu öne sürmüştür.

Anlaşıldı, diye düşündüm. Kaçığın tekiydi işte. Taksi şoförünün söz ettiği kaçıklardan biri. Hem belki Christina da delirmişti ve bu yüzden evi bana –neredeyse hiç tanımadığı birine– bırakmıştı.

Alberto Ribas aramasında Atlantis Scuba'nın internet sitesi de çıkmıştı.

Tıkladığım bağlantıda iki bayrak –İspanyol ve İngiliz bayrakları– vardı. İngiliz bayrağına tıklayıp sitenin İngilizce versiyonuna ve kristal gibi sularda yüzen iki dalgıcın güzel bir fotoğrafına ulaştım. "Dertlerinizi karada bırakıp bambaşka bir dünyayı keşfedin," yazısı vardı. "Doğal güzellik ve mucizelerle dolu bambaşka bir âlem. Huzur dolu bir evren..."

Birkaç resme daha tıkladım. Bir teknede dalgıç giysili insanlar. İçlerinde Christina da vardı.

Sakallı, yaşlıca bir adamın yanında durmuştu. Yazar fotoğrafındaki korsana benzeyen adamı tanıdım. Alberto'nun ta kendisi. Denizler için yaratılmış gibiydi. Christina gibi, onun da ağzı kulaklarındaydı. Fakat bakışlarında bir kötücüllük vardı sanki. Neden bilmem, ona bakarken tedirgin oldum. Resmin altında okyanusların korunmasının önemiyle ilgili bir şey yazılıydı. Ağzımı kurutan bir hisle, birkaç fotoğrafa daha baktım.

Fosforlu bir deniz yaratığı; mağaraya doğru yüzen bir dalgıç; bir ahtapot; müren balığı; alttaki metinde, 2007 yılında İbiza Limanı'nın birkaç kilometre uzağında batmış bir gemi olduğu söylenen Don Pedro'ya girmiş başka bir dalgıç; bir mercan resifinin içinde yüzen turuncu bir kayabalığı.

Ardından muazzam bir bitkinin resmi. Bir deniz çayırı. Hayal edebileceğin en berrak, en temiz suyu çizgi çizgi kesen güneş ışığı ve arka planda gümüş rengi küçük balıklardan bir sürü. Büyük ihtimalle hayatımda gördüğüm en güzel fotoğraftı. İçimden bir his gelip geçti. Yükselen korkudan farklı bir şey. Ona eşlik eden. Huşu denebilir belki. Mıknatıs gibi çeken, kuvvetli bir his.

Kutsal Kâse'nin durduğu tapınak, Harrison Ford'la Sean Connery'nin etrafında çökerken bir süre televizyona bakıp tekrar bilgisayara döndüm. Tıklayarak açıp tekrar o fotoğrafa bakınca yeni bir şey fark ettim. Gözden kaçabilecek kadar küçük bir şey. Deniz çayırının içindeki altın rengi minik bir obje.

Resmi büyüttüm.

İşte o an korkutucu hale gelmeye başladı. Yeni bir evde, yeni bir adada tek başıma, kendimi bildiğim her şeyden kilometrelerce uzakta hissederek kavanozların kendi kendine dolduğunu, bitkilerin yoktan var olduğunu hayal ediyordum zaten. Şimdi de *bu* çıkmıştı. Çok garip şeyler olduğu kesindi. Bunun kaç milyonda bir ihtimalle gerçekleşebilecek bir şey olduğunu bilemedim. Ama orada, denizin dibinde duruyordu işte. Eskiden bana ait olduğunu hissettiğim bir şey. Detayları o kadar netti ki yalnızca rengini değil, kolye ucundaki Aziz Kristof'u da görebiliyordum.

Kaybedilmiş bir umut gibi parlayan o şeyin 1979'da, o Noel'de Christina'ya verdiğim kolyenin ta kendisi olduğuna dair en ufak bir şüphe yoktu içimde.

Lütfen Bay Ribas'tan Uzak Durun

Jilet gibi ütülenmiş asker yeşili gömleğiyle masasında oturmuş Christina'nın bana yazdığı mektuba bakan Guardia Civil memuru yaşını belli etmeyen bir adamdı. Mektubu okurken çiklet çiğniyordu. Terden hafifçe parlayan alnını kırıştırmıştı.

Duygularını bastırdığı belliydi. Yumruk gibi adamdı.

"Christina'nın kaybolmasıyla ilgili araştırmanın hâlâ sürdüğünü biliyorum ve bunun yardımı olabilir diye düşündüm. Fazla bir şey yazmamış olsa da."

Memur belli belirsiz başını salladı. Kendi kendine şöyle bir hırladı. Sonra İspanyolca-İngilizce karışık, tersler gibi konuştu. "Es verdad. Burada fazla bir şey yok."

"Ama bildiğini söylüyor. Öleceğini biliyormuş... Bence bu önemli. Ayrıca denize düşmüş bir kolye olduğunu da söylemem lazım. İnternetteki bir fotoğrafta gördüm. Kolyeyi ona ben vermiştim. Aziz Kristof kolyesi."

Polis başını kaldırıp bana baktı. Fazla hareket etmeden, kısa konuşan bir adamdı. Toparlak kafasındaki saçlar kazınmıştı ve sakalı yoktu. Yorgun gözleri ifadesizdi. "Cuándo?"

"Efendim?"

"Ne zaman?"

"Anlayamadım."

Adamın yılgınlığını hissettim. Kendi kendine İspanyolca bir şey mırıldandı. Sonra tekrar sordu: "Kolyeyi ne zaman vermiştiniz?" Soruyu dilenciye bozukluk verir gibi isteksizce sormuştu.

"Bin dokuz yüz yetmiş dokuzda," dedim.

Anlamamış gibi bana bakıyordu.

"Kırk beş yıl önce," diyerek açıklık getirdim. "Kolyeyi ona kırk beş yıl önce vermiştim. Fotoğraflara bakılırsa, o günden beri hiç çıkarmamış."

Karakolları hiç sevmem. Öyle yerlerde kendimi hep suçlu gibi hissetmişimdir.

Adam zamanını boşa harcadığımı ima eder gibi içini çekti. Belki de Christina'nın başına tam olarak ne geldiğini ortaya çıkaramadıkları için utanmıştı. Saf ve yaşlı bir turist gibi görünmemek için İspanyolca konuşabilmeyi diledim.

"Resim neredeydi?"

"İnternet sitesinde. Atlantis Scuba'nın."

Ben böyle deyince, gözlerinde bir şey çaktı.

"Atlantis Scuba mı?"

"Sí. Evet. Sí. Alberto Ribas'ın yeri. Onu iyi tanıyormuş sanırım."

"Hımm," dedi polis. "Alberto Ribas." Uzun bir iç çekti. "Pues. Peki... başka bir şey gördünüz mü?"

Adama kendi kendine dolan kavanozlardan ve yoktan var olan çiçeklerden söz edecek değildim. "Hayır."

"Peki."

Uzun bir sessizlik oldu. Bir an için bir şey daha diyecek gibi oldu. Ağzı, içinden civciv çıkacak bir yumurta gibi göründü ama bir şey demedi.

"Bu kadar mı?" diyerek hayretimi dışa vurdum.

Adam sert bir bakış attı. Daha ılımlı bir yaklaşımı denedim. Ormanda öğle yemeğini böldüğüm bir boz ayıya yaklaşır gibi. "Ben sadece arkadaşım için çok endişeliyim. Ölümüyle ilgili hâlâ cevaplanmamış sorular olduğunu ve işin aslını öğrenmeye çalıştığınızı biliyorum ama..."

"Siz bu adada konuksunuz. Bunu unutmamalısınız... Bu adada bazı şeyleri..." Memur diyeceği şeyin İngilizcesini bulmaya çalışıp başka türlü anlatmaya karar verdi. "... nasıl desem... Yani, adayı gezip görebilirsiniz. Plajları... palmiye ağaçlarını görebilir... arabanızla diskoların, restoranların önünden geçebilirsiniz. Ama burayı asla bir Ibicenco'nun gözünden göremezsiniz. Pekâlâ. Yardımınız için teşekkürler, hanımefendi. Şimdi, lütfen, araştırma işini bize bırakın. Siz gidip tatilin keyfini çıkarın."

Mektubu yana iterek bilgisayarına döndü.

"Mektup yine de lazım mı?" diye sordum.

"Sí."

"Peki. Anlıyorum."

Mektubun kopyasını isteyecektim ama soru sorma kotamı doldurduğumu hissediyordum.

Oradaki işimin bittiği ortadaydı. Fakat o nemli odadan çıkmak üzere elimi kapıya atmıştım ki adam boğazını temizledi. "Ha, señora, lütfen Bay Ribas'tan uzak durun."

Başımı salladım. "Olur," dedim.

Zaten bu aşamada, ben de tam dediği gibi yapacaktım.

Anhedoni

Bir süreliğine bu dedektiflik işlerini, Miss Marple'cılık oynamayı bırakmak için elimden geleni yaptım. Akdeniz adasına gitmiş bir İngiliz gibi davrandım.

Çıkıp biraz tatil yaptım.

Dışarıdan bakan biri için oldukça hoş bir tatildi.

Portinatx'taki deniz fenerini gördüm.

Ses Salines'teki tuz tavalarını görmeye gittim ve Es Cavallet'teki plaj boyunca yürürken çıplak güneşlenenlere fazla bakmamaya çalıştım.

Christina'nın tavsiyesine uydum ve Cala San Vincente'den başlayıp eskiden hacıların yürüdüğü yoldan yürüyerek dik yamaçtan Tanit'in Mağarası'na kadar çıkarken ölecek gibi oldum. Tur yapan küçük bir gruba yetişip bir dal biberiye alarak Rosella'nın kolundaki tanrıçaya hediye olarak sundum. Biberiyeyi mağaradaki küçük sunağa koyarken kendimi biraz salak gibi hissettim.

On altıncı yüzyıldan kalma taş bir köprüden geçip Dalt Vila'nın dar yollarında kayboldum.

Kaykaya binmiş bir adamla yanından koşan köpeğini gördüm. Rengârenk giyinmiş kulüpçüleri gördüm. Go-kart pistinde hız yapanları gördüm. Tepe yürüyüşü yapanları gördüm. Günbatımında davul çalan hippileri gördüm.

Uzun uzun palmiyelere baktım.

Ekmek, zeytin ve ailoli yedim.

Flaó denen peynirli ve naneli tarttan yedim.

Çiçek şekli verilmiş bir külah dondurma aldım.

Pahalı yatlar ve küçük yelkenliler gördüm.

Arabayla dolaştım.

Tepeler, atlar, plajlar, meyve bahçeleri, kiliseler, tuzlalar, kumullar, mağaralar, koylar, uçurumlar, gözetleme kuleleri gördüm.

Yetmişlerden kalma, artık bitkilerle ve grafitiyle kaplanmış, eski ve metruk bir gece kulübü gördüm.

Cala Llentia'daki boş plaja gidip güneş saatini gördüm.

Sa Talaia'nın zirvesindeki çamların ortasında sessizliğin tadını çıkardım.

Bir yalıçapkını gördüm.

Her yer çok güzeldi.

Yani gördüklerimin çoğu.

Ama bana bir şey ifade etmiyordu.

Kendimi çoğu zaman böyle hissediyor, daha doğrusu bir şey hissetmiyordum.

Anhedoni.

Kendimi tamamen kapatmıştım.

Anlayacağın, böyle bir sorunum vardı: Mutluluğu hak eden iyi biri olmadığıma cidden inanmıştım.

Sonunda olduğuma inandığım kişiye dönüşmüştüm. Berbat birine. Kötü biri olduğuna inanmak çoğu zaman kötü şeyler yapmana yol açar. Bense Daniel öldüğünden beri kendimi böyle hissediyordum. Oğlum bir cumartesi günü, ben olmam gereken yerde değilken ölmüştü. Televizyonda *Superman II*'yi izlemiş ve yağmur yağarken onu şehre götürmemi istemişti. Babası o günlerde her cumartesi öğleden sonrasında yaptığı gibi, oradaki pubdaydı. Ama yağmur yağdığı için şehre gitmedim, *bununla hiç uğraşamayacaktım*. Bu yüzden Daniel keyfi kaçmış vaziyette bisikletine binip gitmiş, ben evde kalıp kataloglara bakmıştım. Ben saç kurutma makinelerine göz gezdirirken, oğlum Wragby Road'a sapıp posta kamyonuyla çarpışmıştı.

Benim yüzümdendi. Suç bendeydi. "Bekle Daniel, şemsiyemi alayım da beraber gidip biraz alışveriş yapalım," demiş olsam, o kaza büyük ihtimalle olmayacaktı. Bu suçluluk duygusu iliklerime kadar işleyerek beni özümde kusurlu bir insan olduğuma inandırmıştı. İnsan neye inanırsa, ona göre davranıyor. Süpermen insanları Niagara Şelalesi'ne düşmekten kurtaran kişi olduğunu bilerek nasıl iyilik yapmayı sürdürüyorsa, ben de herkesten çok sevdiğim insanın ölmesine neden olmuş biriydim.

Yanlış anlama. Suçluluk hissimin kökeni Daniel'dan çok daha öncesine dayanıyordu. Öteden beri, boynumda Aziz Kristof kolyemle St. Cuthbert Katolik okuluna giden bir çocukken bile, kendimi suçlu hissetmeye eğilimliydim. Azizlerle çevrili bir çocukluk yaşadığında, kendini günahkâr gibi hissetmen işten değil. Öğretmenlerimden biri demişti ki, Tanrı dualarını duymuyorsa, günahların dualarının önünü kesiyor demektir. Annemle babam da –aslında erkek çocuk istemişler– bana hep yetersiz biriymişim gibi davranmışlardı. Fakat Daniel'ın ölümü suçluluk hissimi somutlaştırarak en temel özelliğime dönüştürmüştü. Sonsuza kadar sırtımda taşımak zorunda olduğum bir şeye.

Böylece, Daniel öldükten birkaç yıl sonra –yine de bundan çok zaman önce– bir şey daha yaptım. Kocama ihanet ettim. Karl'a söylemeyi bırak, şimdiye dek bundan bir kişiye bile söz etmedim. O öldükten sonra suçluluk hissi daha da arttı.

Aidan Jenkins. Bay Jenkins. Senin döneminden önceki tarih öğretmeni. Eşinden boşandıktan sonra öğretmenler odasında, otoparkta, koridorlarda bana kur yapmaya başlamıştı. İçimdeki kaosu sezmişti. Sürekli sallan yuvarlan bir durumda olduğumu ve doğru bir hamleyle hemen her yöne gidebileceğimi sezdi. Ben de ona karşılık verdim. Hem korkunç hem de heyecan verici bir şeydi. Kötü biri olduğum için kendime eziyet ettikçe, ona daha da yaklaştım. Derken malzeme odasında burun buruna geldiğimiz bir kader ânı yaşandı.

Orada başladı.

Alıştırma kitaplarıyla dizi dizi tel zımbanın, ihtiyaç fazlası *Watership Tepesi* ve *Cesur Yeni Dünya* kitaplarının ortasında ağza alınmayacak şeyler yapan sinsi yaratıklara dönüştük. Sonra bir kez daha oldu. Aidan o heyecanı seviyordu. O klişeye bayılıyordu. Malzeme odasında seks yapan öğretmenler fantezisi gerçeğe dönüşmüştü.

(Sonradan kâğıt kokusu bana hep günahı hatırlatacaktı.)

Duygular dışında bir mazereti olamaz. İspanyol şair Federico García Lorca'nın dediği gibi: "Arzuyla tutuşup bir şey yapmamak kendimize yapabileceğimiz en büyük kötülüktür." Evli biri olarak yaşadığım bu kısacık anda, ben de arzuyla tutuşmuştum. Aslında Aidan Jenkins için değil. Bir kaçış yolu için. Acı vermeyen *herhangi* bir şey için. Karl yanımda kalmış olsa da, beni terk etmiş gibiydi. Beni suçladığı da olmuştu. Kanepede yan yana otururken bile, birbirimizden on binlerce kilometre uzaktaydık sanki. Biraz hava almam lazımdı. Nasıl olursa olsun. Kendimi yapayalnız hissettiren bu sıkışmışlığı bir an olsun unutabilmek için.

Aidan bekârdı, yakışıklıydı, konuştuğu zaman sesinin içimi titrettiğini hissederdim. O sesi tenimde hissederdim. Bana heyecan veren bir elektriklenme hissi gibiydi. Ağzı da iyi laf yapardı. Bense bencil ve depresiftim; hayat bana ağır geliyordu. Bu yüzden aptal gibi davrandım.

Bunları sana yardımı olsun diye anlatıyorum.

Birine yardım edebilmek için, bazen sevilme isteğimizden vazgeçebilmemiz gerekir.

Sana söyleyeceğim şu: Sen sevdiğim birisin, iyi bir öğrenciydin, bana ve sınıf arkadaşlarına karşı her zaman çok iyiydin. Seni hem özgüvenli hem de yumuşak başlı biri olarak hatırlıyorum. Cevabını bildiğin sorulara parmak kaldırmaktan hiç çekinmezdin. Herkesin sana öğretmen yalakası muamelesi yapıp kıkırdamasına aldırmadan pi'nin ilk otuz rakamını ezberden söyleyiverirdin. Ama sende bir alçakgönüllülük de vardı. Başını öne eğerdin. Gerekmediği halde özür dilerdin. Yapmadığın şeyler için özür dilerdin. Bunu yapan insanlar hep ilgimi çekmiştir. Dünyadaki herkesin her şeyden biraz suçlu olduğunu kabullenmiş gibiler.

Mektubun çok içtendi. Bilmeni isterim ki seni, beni sevmene ihtiyaç duymayacak kadar çok seviyorum. Kendini affedebilmene yardımcı olmak adına, kendi hatalarımı sana dürüstçe anlatabilmeyi istiyorum.

Mektubunda kız arkadaşını üzdüğünü, bu yüzden senden ayrıldığını yazmışsın. Biraz üstü kapalı bir söz ama yine de her şeyi anlatıyor bana. Özellikle insanın her şeyi yargıladığı bir yaşta, genç ve kusurlu olmak kolay değil. (İnsan insan olduğu sürece, tabii ki her yaşta bir şeyleri yargılıyor ama salonun daha ferah olmasını istedikçe, yargılarımızı da mobilyalar gibi yeniliyor, yerlerini değiştiriyoruz.) Pişmanlıklarım olmasının iyi yanlarından biri, artık başkalarını fazla sert yargılamıyor olmam. Bu gezegendeki her insan başlı başına bir bağlam ve o bağlamı oluşturan koşulları hiçbir zaman bütünüyle göremeyiz. Hepimiz birer gizemiz; kendimiz için bile. Hayat bize yalnızca bilinen yollarla değil, sayısız farklı yolla da zorbalık edebilir. Kravatı, gülüşü, parıltılı yaşamı ve havalı eğitimiyle gayet şık ve başarılı görünen biri içki içer, kumar oynar, acısını siktir etmeye çalışıp döngüyü kıramazken, uzaklardaki bir babanın haykırdığı aşağılayıcı sözler hâlâ kulaklarında çınlıyordur belki.

İnan bana, zaman zaman herkes -ama *herkes*- birilerini üzer. Benim gibi malzeme odalarında pembe dizi çevirircesine yapmayabilirler bunu ama yapmanın milyonlarca farklı yolu var. Aslında ben de kendimi fazlasıyla suçlu hissediyorum. Yalnızca oğlumuzun ölümünden sorumlu hissetmiyorum, ayrıca sevdiğim tek adama da ihanet ettim.

Her neyse, bu kaçamaktan sonra haz almayı kendime tamamen yasakladım. Hatta kaçamak sırasında bile. Kotamı doldurduğuma karar vermiştim. Sonraları o malzeme odasında gözlerimi kapadığımda, ruhum denklemi düzeltir, bir taraftaki artıyı öbür taraftaki eksiye transpoze edermiş gibi, asfaltın üstünde yatan Daniel'ın kanlı yüzünü görürdüm. Bu yüzden en derinlerde bir yerde, kendimi bir daha haz almaktan menetmiştim. En masum hazlardan bile.

Sanırım aradaki fark, evdeki kanepede otururken hiç haz almamanın ayrı, hazzın *beklenen* sonuç olduğu şeyleri yaparken almamanın apayrı olmasıydı. Bu İspanyol adası gittiğim yerler arasında en fazla haz beklentisi yaratan yerdi.

Haziran ayında İbiza'da mutluluk cebir denklemleri kadar sıradan bir şeydi ama ben hiçbir şey hissetmiyordum.

Karl'ı özlüyordum. Daniel'ı özlüyordum. Kendimi, on yıllar önceki halimi özlüyordum. Christina'nın tanıdığı kişiyi. Kendine acımayan beni.

O kadın hâlâ var mıydı acaba? Onu tekrar bulabilecek miydim?

Hippi Pazarı

Las Dalias hippi pazarına git... orada arkadaşım Sabine'yi bul.

Mektupta böyle diyordu. Yapacak başka şey olmayınca, ben de oraya gittim.

Küçük bir köyde ama palmiye ağaçlarıyla çevrili, trafiğe kapalı bir sokakta kurulan pazar çok kalabalıktı. San Francisco'nun 1967'deki halini nasıl hayal ediyorsam, öyleydi. Gözleri kocaman açılmış bir sürü insan. Havada tütsü kokusu. Bali takılarının (tabii içlerinde "opal şifalı bileklikler" de vardı), Hint saronglarının, beyaz tuniklerin, kırmızı siyah flamenko eteklerinin satıldığı tezgâhlar. Tarot falı bakan birinin tezgâhı. Joni Mitchell çalan ve koca cigaralığını tüttüren biri. Giysilerle dolu başka bir tezgâh gördüm. Capcanlı renklerde şeylerdi. Christina'nınkilere benzeyen. Gözlerim oradaki batik mayoya takılı kaldı. Yanıma mayo almamıştım. Bir an o şeyin içinde nasıl görüneceğimi düşündüm. *Komik dururdu herhalde.* Daha çok Sabine diye birini nerede bulabileceğimi sormak için, mayoyu yine de aldım.

"Şurada," dedi tezgâhta duran cana yakın adam.

İbiza manzaralı resimlerle kaplı bir masanın arkasında oturan göz alıcı kadını gösterdi. Sabine'nin yarısı tezgâhın üstüne asılı balık ağının gölgesinde kalmıştı ama kadın yine de göz alıyordu. Çiçekler takılmış aslan yelesi gibi beyaz saçlar, uzun ve de beyaz uçuş uçuş bir elbise, iki bileğinde yetmişe yakın bilezik.

Sabine İngilizceyi hafif bir Alman aksanıyla konuşuyor, düşünerek bulduğu sözcükleri öyle yavaş söylüyordu ki sürekli trans halindeydi sanki. Hatta bazen gözlerini kapıyordu. Biraz otursam iyi olacaktı. Damarlardaki varislerden kurtulmuş olabilirdim ama bacaklarım dedektiflik işlerine alışık değildi.

"Christina özel biriydi," dedi Sabine.

"Evet. Evet, hatırladığım kadarıyla, bence de öyleydi."

Sabine hüzünlü, hafif bir tebessümle, bir süre bana baktı. Bir şeyleri anlamamış gibi hissettim kendimi.

"Bazıları ışıldar," dedi, derin ve gizemli bir ciddiyetle.

"Bilhassa bu sıcakta."

Neyse ki Sabine mizah yapma teşebbüsümü duymamış gibi göründü. "Christina'nın ışığıysa, herkesinkinden daha parlaktı. Bir tanrıça gibi ışıldardı. Yunan tanrıçaları gibi. Sorun da buydu zaten."

"Sorun mu?" diye sordum.

O zaman gözleri kocaman açıldı ve bana cevap vermek için öne doğru uzandı. "Parlamak tehlikelidir. Kargaları kendine çekersin. Ayrıca ona bir armağan verilmişti." Sabine burada yavaşça, derin bir nefes aldı. "Bir güç." Nefesini verdi. Tekrar nefes aldı. Nefes alıp vermeyi yeni icat etmişti de, havasını atıyordu sanki. "Yetenek."

"Yetenek?"

"İnsanlara yardım edebilme yeteneği."

Christina'nın evine gelen adamı hatırladım. Yani benim evime. Neyse ne. Christina'ya bir paket jöle ayıcık vermek isteyen platin saçlı, yüzü dövmeli adamı.

"Güç derken neyi kastediyorsun? Nasıl bir gücü vardı? Şarkı söylemesi mi? O konuda çok iyiydi. Hatırlıyorum."

Sabine nefes alıp verdikten sonra tekrar bir nefes aldı. Bu duraklamaları sinir bozucuydu. Ama belki de sıcak yüzündendi. Esas sinir bozucu olan şey sıcaktı ve sıcak yüzünden her şey sinirime dokunuyordu belki. Kendim dâhil. "Falcıydı."

"Falcı mı?"

Sabine pazarın başka bir köşesini işaret etti. "Orada oturup insanlara geleceklerini anlatırdı."

"Ha evet, turistler için," dedim, Rosella'nın sözlerini hatırlayarak.

"Hayır. Turist tuzağı falan değildi. Geleceği cidden görebiliyordu."

Buna fazla şaşmış ya da fazla şüpheci görünmemeye çalıştım. Bir hippi pazarında eski bir tanrıçanın ahşap heykellerini yapan ve büyük ihtimalle kendisinin de –en hafif tabiriyle– ilginç batıl inançları olan biriyle konuştuğumun farkındaydım. Bense *dibine kadar* matematik öğretmeniydim. Mantığa, kanıta ve cebirsel gerekçelendirmeye ihtiyacım vardı. Christina'nın kitaplığında gördüğüm kitabı hatırladım. *Psişik Güçlerle İlgili Her şey: 8. Cilt.* Buraya geldiğim ilk gece taksi şoförüyle yaptığım o tuhaf sohbet geldi aklıma. Şoförün sözlerini hatırladım.

Bu adayla ilgili bazı şeyler vardır... Çoğu insanın göremeyeceği şeyler. Öyle kolayca... açıklanamayan şeyler.

Arabanın Christina'nın evinden hızla, limon otundan kaçan sivrisinek gibi uzaklaşmasını hatırladım. Bir de kavanozdaki suyu hatırladım.

Sıcaktan, Grace, dedim içimden. *Yalnızca sıcak yüzünden. Kendini garip hissediyorsun. Ayak bileklerin şişiyor ve beynin uyuşuyor.*

"Bu iş daha dört yıl önce başlamıştı ama çabucak yaşam tarzına dönüştü... onunla yıllar önce, Cala d'Hort'taki doğa koruma alanına yapılacak golf kursunu protesto ederken tanıştık. Sonra da bir oteli protesto ettik ve..."

"Hangisini?"

"Cala Llonga'daki son Sekizinci Mucize'yi. Kızı da vardı."

"Ha, evet," dedim, evin karşısındaki ilan panosunu hatırlayarak. "Reklamını görmüştüm."

"Bir tek bu konuda aynı fikirdelerdi. Çevre konusunda. Christina doğayı hep sevmişti. Tam bir orman kızıydı. Ama sonra, işler değişti. *Christina* değişti."

"Nasıl değişti?"

"Yüzü tamamen değişti. Sürekli gergindi. Hep uzaklara bakar gibiydi. İlk başta depresyonda olabileceğini düşündüm. Sonra olacakları önceden görmeye başladı. Gördüğü şeyler olmaya başladı."

"Anladım," dedim.

"Bu adada bir sürü falcı, medyum, tarotçu var ama onun gibisi yoktu. Bu yüzden çok düşman edindi. Haber ağızdan ağıza yayıldı. İnsanlar onun için şuradan şuraya kadar kuyruk olurdu."

Sabine bu kez başka bir yeri, Christina'nın tezgâhının çok ötesindeki bir yeri gösterdi. Rüzgâr çanlarının ve ot içmek için yapılmış tuhaf aletlerin satıldığı bir tezgâhı.

"Birinin geleceğini yalnızca gözlerine bakarak görebiliyordu. Bana bizim oraya gidip babamı görmem gerektiğini söylemişti. Ben de Leipzig'e uçup ölmeden önceki son gününü babamla birlikte geçirdim. Mantıklı bir izahı yoktu. Ama tek sorun bu değildi."

Bu kadarı bana fazla gelmişti. Duyduklarımı kiralık dolaba bırakılmış bagaj gibi aklımın bir köşesine itip Sabine'nin resimlerinden birine baktım. Okyanustaki tek bir kaya. Havadan gördüğüm adacık. Resimde karanlık ve tekinsiz bir havası vardı.

"Es Vedrà," dedi Sabine yavaşça.

"Evet. Rosella söz etmişti."

"Çok güzel. Ama lanetli bir yer. Orayı da bozmaya niyetliler."

"Öyle mi?"

"Evet. Kalkındıracaklarmış. Üstüne tatil merkezi yapacaklar. Doğal yaşamı yok edecekler. Halk buna karşı."

Masasının üstündeki el ilanlarından birini bana verdi. Sade tasarımlı bir şeydi. Yeşil kâğıt üstünde İspanyolca sözcükler.

"Protesto var. Bunun gerçekleşmesine izin verenlere karşı. Ibiza Town'daki Café Mar y Sol'ün önünde buluşuyoruz. Sen de gelsene. Organizasyonda Christina'nın da payı var."

"Ah, bu benim için… tabii, olabilir…" diye saçmaladım. Sonra oraya neden gittiğimi hatırladım. "Başka sorun var mıydı? Christina'yla ilgili yani."

O an matematikle uğraşırken de sık sık gelen bir his, cevabın orada olduğunu, orada, beyninin içinde şekillendiğini bildiğin ama tam göremediğin hissine benzer bir his geldi.

Yine abartılı, yavaş nefes alıp vermeler. Sabine meditasyon yapar gibi gözlerini kapadı. Uykuya dalmış olabileceğini düşündüm.

Üçüncü nefes verişinde, "Alberto Ribas," dedi. "Ancak o bilir."

Akla ilk gelen o korkunç soruyu sordum. "Ölümünden onun sorumlu olduğunu mu düşünüyorsun?"

"Christina öleceğini önceden görmüştü. Ama kimin tarafından öldürüleceğini bilmiyordu. Polis Alberto'yla konuşup onu serbest bıraktı. Ama—" Sabine bu *ama*'nın ardından uzun uzun bana baktı. Sonra baklayı çıkarıverdi. "Bence başına neler geldiğini bilen tek kişi o."

Başımı salladım. Teşekkür ettim. Oradan kalkıp yürürken, gözümün önüne sürekli denizin dibindeki o kolye geldi. Alberto Ribas'la konuşmadan, beni adadan hiçbir şeyin ayıramayacağını biliyordum. Bu yüzden arabaya biner binmez telefona "Atlantis Scuba" yazdım. Fakat navigasyona göre öyle bir yer yoktu. Aramada öteki dalış merkezlerinin bir listesi çıktı. Divestar Ibiza. OrcaSub Ibiza Dalış Merkezi. Centro de Buceo SCUBA. Anfibios Ibiza. Ama Atlantis Scuba diye bir yer yoktu.

Ben de bu kez "Cala d'Hort" yazıp arabayı güneye doğru sürmeye başladım.

Yılan ve Keçi

Bir saat sonra plajdaydım. Kavis şeklinde, kısa ve kalabalık bir kumsal. Bir lokanta vardı. Taze balık ve paella yiyebileceğin bir yer. Yazlık elbiseler ve mayolar satılan, hasır damlı, rustik havalı bir butik. Plajda bir sürü insan, güneş şemsiyesi ve şezlong, denizde birkaç deniz bisikleti vardı (çok zaman önce Korfu'da bu bisikletlerden birinin üstünde Karl'la kavga ettiğimizi, bu arada Daniel'ın arkadan denize atlayıp durduğunu hatırladım.)

Es Vedrà, denizden gayet etkileyici bir şekilde, neredeyse dimdik yükselen o kayalık adacık, plajdan bakıldığında müthiş ve ürkünç görünüyordu. Benek benek seyrek yeşilliklerle kaplı dev bir kalker. Sabine'in resmindeki yer. Uçaktayken beni tedirgin eden. Manyetik özellikleri olduğu söylenen. Plaj boyunca yürürken, hafiften kalçam sızladı. Kavurucu bir sıcak vardı. Üstümdeki uzun etek ve bluzla, iki kilometrelik alan içindeki en giyinik insandım.

Kumlar çakıltaşlarına dönüşünceye kadar yürüdüm. Kumsaldaki kulübelere gelmiştim. Kapıları çıtalardan yapılmıştı ve çoğunun önünde botlarla kürekli sörfler vardı. Birkaç tanesinin oluklu sacla kaplı eğreti damlarına güneş panelleri yerleştirilmişti. Birinin önüne çamaşırlar asılmıştı. Damlardan birine bir çocuk oturmuş kitap okuyordu. Alberto'nun hangi kulübeyi evi olarak benimsediğini bilemedim. Kulübeleri geçip taş bir merdivenden bir lokantanın terasına, oradan toprak bir otoparka çıktım. Benim park ettiğim plajın öteki tarafından –yolun oldukça yukarısına– tırmanmıştım ama yürümeye devam edip kırmızı patikaya ve ötesindeki ağaçlara, çam kokularına ve ağustos böceklerinin dalgalanan cırıltısına ulaştım. Nihayet önünde *Atlantis Scuba - Centro Buceo* yazılı solmuş bir tabela olan küçük bir barakaya geldim. Kapısı incecik ahşaptan, beton bir küptü. Dünyadaki gözden kaçırılması en kolay dalış merkezi.

Duraksadım. Nefes aldım. Nefes verdim.

Kaygıdan bütün vücudumun gerilmesinin verdiği his, panik atak başlangıcı gibiydi. Alışkın olduğum bir histi bu. Varlığımın ani bir rüzgârla kayboluverecek incecik bir iplik gibi olduğu hissi.

Kalbim belli belirsiz ama çok hızlı atıyor, her yerim karıncalanıyordu.

Kapıyı tıklattım. Kulak kabarttım. Ağustosböceklerinden başka bir şey duyamadım.

Dönüp arabama gitmenin ve her şeyi unutmanın tam zamanıydı. Kim olduğumu sanıyordum ki? Harrison Ford mu? Saçmalıyordum işte. Fakat bu kez bir şey duyduğumdan emindim. Böcek vızıltılarının üzerine çıkan bir ses. Kapıyı iterek açtım.

Barakanın içinde hiç kimse yoktu. Daha doğrusu: İnsan yoktu. İçeride sigara ve ekşi bir erkek kokusu, bir de yoğun sıcak vardı. Etrafa bakındım. Bir yazı masası, dalış malzemeleri, raflarda duran çok sayıda eski karton kutu, iki sandalye, bir bilgisayar, bir futon yatak ve yatak örtüsü, çamaşırhanede yıkanmış bir torba giysi, yunuslu bir takvim, eski bir GOLFE HAYIR çıkartması ve gökyüzünü gösteren, üstünde *Alpha Centauri 4.367 años luz* yazan ahşap bir tabela.

Bir de keçi.

Kapkalın boynuzları ve o sıcakta çok ağır gelen keskin bir kokusu olan, ön tarafı siyah, arkası beyaz, kanlı canlı bir keçi.

"Hah, selam," dedim sakin bir şaşkınlıkla.

Keçi cevap vermedi. Bir kaptaki yulafları yemeye devam etti.

Masanın üstünde el ilanlarından dağınık bir yığın olduğunu fark ettim. Hippi pazarında Sabine'nin verdiği el ilanlarındandı. Es Vedrà'ya yapılacak tatil köyüne karşı düzenlenen protestoyu duyuran.

Taksi şoförünün o sözünü hatırladım. "A'yla başlıyor." Christina'nın evine giden iyi giyimli zengin adam. O "A" Alberto'nun A'sı olabilir miydi?

Derken kendi kendine mırıldanan bir adamın ayak seslerini duydum.

Parmak arası terlik ve kot şort giymiş kocaman kır sakallı bir adam barakaya girdi. Pau'nun söz ettiği adam bu değildi. Bu adamın üstü çıplaktı ama kılları sayesinde giyinik gibi görünüyordu zaten. Hindistancevizi kokulu güneş yağı cildini parlatmıştı. Zihnimde yazar fotoğrafındaki adamla aynı kişi olduğunu onaylayabilmem için biraz zaman geçmesi gerekti. Duraksamıştım çünkü –detaylarına birazdan gireceğim gibi– adamın kolunda bir yılan taşıması beni ürkütmüştü. Sarı desenli siyah bir şey olan yılanın yarısı adamın koluna dolanmıştı. O an başını havaya kaldırmış, gözlerini bana dikmişti. Evcil hayvanlardan korkan biri değilimdir. Hatta hiçbir hayvandan korkmam. Ama keçinin üstüne karşıma bir de bu yılanla kıllı bir adam çıkınca, bana fazla gelmişti.

"Ne oldu?" diye sordu adam, kıs kıs gülüşüyle kesilen aksanlı İngilizcesiyle. "Yılan görmüş gibisin!"

Alberto

Alberto darmadağın saçları ve yüzünden fırlayarak dört bir yanı gösteren sakalları, antik bir şehrin kalıntıları arasında yükselmiş güneş misali parlayan gencecik gözleriyle, korsandan çok batan gemiden kurtulmuş bir kazazedeye benziyordu. Gözleri dışında, karşımda çok da hoş bir manzara yoktu. Yok sayamayacağım içgüdüsel bir tiksinmeyi tetikliyordu.

"Yanlış geldim galiba." Neden böyle dedim, bilmem. Korkudan sanırım.

Alberto bu kez neredeyse tam bir Amerikalı gibi konuşarak, "Bu konuda yalnız değilsin, dostum…" dedi.

"Efendim?"

Başıyla öteki koluna geçmeye başlayan yılanı işaret etti. "Yılanlar! İyi dostturlar. Sürüngenlerin en zekisi yılandır. Akılları müthiş felsefi bilmecelerle doludur. Ama burada yılan olmaması gerekirdi! İbiza'da binlerce yıldır hiç yılan yoktu."

"Öyle mi?"

Alberto oraya tarih dersi almak için gittiğimi sanmıştı besbelli.

"Eski Fenikeliler adada ölümcül hiçbir şey olmadığı için buraya yerleşmişti. Tehlikeli hayvan yoktu. Tehlikeli bitki yoktu. Burası kutsanmış bir adaydı. Daha yirmi yıl öncesine kadar hiç yılan yoktu. Ya şimdi? Her yerde yılan, yılan, yılan. Bu iyi bir şey değil. Hiç iyi değil… yani, bize zarar vermiyor olabilirler. *Veneno*ları yok ama…"

"Zehir mi?"

Alberto, "Tam üstüne bastın," diyerek Enigma'nın şifresini çözmüşüm gibi bana baktı. İngilizce söz dağarcığı benden daha geniş olduğu halde nerede olduğumu unutturmamak için cümlelerini olabildiğince çok sayıda İspanyolca sözcükle süslüyordu. "Ama yaşam dengesini bozuyorlar. Kertenkeleleri yok ediyorlar. Eskiden her yerde kertenkele vardı. *Hâlâ da* var ama bu ve arkadaşları sayılarını her geçen gün azaltıyor."

Yulafları yalayıp yutan keçi ağır ağır kapıya doğru gidiyordu.

"Hasta luego, Nostradamus," dedi Alberto, keçiye neşeyle el sallayarak. "Yapma böyle," dedi, keçinin de hemen "hoşça kal" demesini bekler gibi. Sonra bana baktı. Nostradamus değil, Alberto. "İnsan sevmez. Keçilerin çoğu böyledir. Ama yemeğini yemek için yine gelecektir. Hiç sektirmez."

"Ben yanlış geldim galiba," dedim tekrar. Oradan hemen çıkmak istiyordum. Hiç gitmemiş olmayı diliyordum.

Alberto gözlerini bana dikti. Gözlerinde bir güç vardı. "Hayır. Doğru yerdesin. İnan bana. Bu yüzden sana kertenkeleleri anlatmayı bitirmem lazım. Artık ölmeye başladılar. Dört bir yanda. İnsanlar bunun ne kadar önemli bir şey olduğunu anlayamıyor. Bilhassa şu tepelerdeki pislikler."

Bunu söylerken sesinde şiddet dolu bir ton vardı. Hayatla kavgası olan bir adamdı belli ki. Zihnimde Sabine'nin sözü yankılandı. *Bence başına neler geldiğini bilen tek kişi o...*

"Havalı bahçeleri ve zeytin ağaçları olanlar. Yoga matları, sonsuzluk havuzları olan milyonerlerle milyarderler. Bunu sana rahatça söylüyorum çünkü zengin bir kadın olmadığın ortada."

Bu cümleden önce bile ondan hiç hoşlanmamıştım ama şimdi tam olmuştu.

"Doğru," dedim. "Şimdi, eğer sakıncası yoksa, ben artık—"

Böyle dedim ve kaldım. Alberto'nun konuşurken bir yandan da başparmağıyla yılanın boynunun altındaki bölgeye masaj yaptığını, hayvanın bu sayede yavaş hareket ettiğini fark etmiştim.

"Bunlar Montpellier yılanları. İthal edilen ağaçlarla birlikte, ağaçlardaki... deliklerde... delik değil de... nasıl deniyordu.... Yumurtalarını oralara bırakıyorlar işte... Yumurtalar ağaçlarda oluyor... Geldikten sonra da deli gibi çoğalmaya başlıyorlar. Ekolojik sistem sıçmış durumda. Cidden sıçmış durumda. Yunuslar gibi sikişiyorlar. Yunuslar sikişmeyi cidden çok sever. Zevk için yaratılmışlardır. Yunuslar birer zevk makinesidir."

Alberto'nun beni şoke etmeye çalıştığını düşündüm. Bu yüzden, o an çok gergin olduğum halde yüzümü Paskalya Adası'ndaki heykeller kadar ifadesiz ve güçlü tutarak görmeyi umduğunu zannettiğim iffetli kadın tepkisini ucundan bile göstermedim ona.

"Yılanları yakalayıp başlarını taşa çarpanlar var. Ama ona bunu yapamam. Baksana şuna. Aklında sorular dönüp duruyor. Duymuyor olabilirsin ama inan bana, çok meraklı bir yılan bu. Herhalde senin gibi göç etmek zorunda kaldığı için. Ait olmadığı bir yere... Korkma, yılancık. Her şey yolunda... Şimdi onu bir süreliğine uyutacağım. Bak, herif uyudu bile. Gözleri hâlâ açık ama yılan olduğu için. Baksana." Yılan Alberto'nun yukarı kaldırdığı kolundan aşağı kaydı. Alberto çalışma masasına gidip yılanı bir çekmecenin içine koydu ve çekmeceyi kapadı. "Arkadaşımı arayacağım. Bir gece kulübünde güvenlik. Kızı yılan bakmayı seviyor."

O günlerde sohbet ehli biri olduğum söylenemezdi ama bunun anormal bir sohbet olduğunu biliyordum.

"Yılan iyi mi?"

"Sí, sí. Bu tekniği Arjantinli bir generalden öğrenmiştim." Alberto gelip elini uzatınca, ben de tereddüt ederek sıktım. İngilizceyi yarı İspanyol, yarı Amerikan bir aksanla konuşuyordu ve Amerikan aksanını California Üniversitesi'nde edinmişti herhalde.

"Alberto Ribas," dedi. "Hayvanların ve denizin dostu."

"Ben de Grace. Gizemli koşullarda ölen birinin dostuyum. Arkadaşımın başına neler geldiğini öğrenmeye çalışıyorum."

"Ofisime hoş geldin." Alberto yer yatağını gösterdi. "Ve evime."

"Burada mı yaşıyorsun?"

"Evet, evet. Neden olmasın? Başka seçeneklerim de var. Adanın kuzeyinde, kızımın harika bir evi var ve onunla oturmamı istiyor ama burayı seviyorum. Sabah kalkıyorum. Denizde yıkanıp güneşte kuruyorum. Bundan daha güzeli var mı?"

"Su tesisatı?" diyerek fikrimi söyledim.

Beni duymazdan geldi.

"Lütfen," diyerek tekrar şansımı denedim. "Arkadaşıma neler olduğunu öğrenmek istiyorum."

"Adın Grace'ti, değil mi? Grace Kelly'den mi geliyor?"

Çok sinir bozucuydu. Konuşmayı sürekli gitmesini istediğim yerden başka yerlere yönlendirebilmesi sinir bozucuydu ama onu bozmadım.

"Annem çok severdi. *Kahraman Şerif* ben doğduğum yıl gösterime girmiş." Söylediğim doğruydu. Ama oraya bunu anlatmak için gitmemiştim.

"Balayını İbiza'da geçirdiğini biliyor muydun?"

"Hayır. Ayrıca ben—"

"Burada geçirmiş. Araştır, bak. Ünlülerin burayı yeni keşfettiği zannediliyor. Ama öteden beri gelirlerdi. Errol Flynn yatıyla gelirdi. Laurence Olivier. Elizabeth Taylor. Havaalanımız bile yokken. Sonraları, Joni Mitchell buradan ilham aldı. Cormac McCarthy gençliğinde, hippi olduğu dönemde gelip burada yazdı. Bob Marley gelip danslar etti. Onunla tanışmıştım. Tam bir kahramandı."

Alberto'nun yaşını tahmin etmeye çalıştım. Sakalı ve patlıcan rengi teni yüzünden tahmin yürütmek zordu. Altmışla seksen yaş arasında bir yerdeydi. Fakat vücudunun yıpranmışlığına rağmen genç bir havası vardı. Yetişkin olmayı asla öğrenememiş biriydi.

"Bak," dedim, sinirli olduğum halde şaşırtıcı derecede kararlı bir tavırla. "Ben buraya eski bir arkadaşım hakkında birkaç soru sormak için geldim."

Hiç duymamış gibi yaptı. Belki de duymamıştı. Hayır. Duymuştu. Ama tam olarak *bana* değil de, benim *üzerimden* her nasılsa o barakaya sığışmış hayali ve ona tapan bir kalabalığa hitap eder gibi konuşmaya devam etti. Belki de hâlâ kariyer sahibi olduğu bir evrende hayran hayran onu dinleyen öğrencilerle dolu bir amfideydi. "Anlayacağın, burası normal bir ada değil. Bunun sürekli söylendiğini biliyorum ama ben bunun gerçek olduğunu biliyorum. Bu ada normal değil. Özel bir yer. Nasıl bakacağını bilirsen, bunu her yerde görebilirsin. Şu keçi mesela..."

Araya girmeyi denedim. Ardışık sayılardaki çoktan doldurulmuş bir boşluğu doldurmaya çalışmak gibiydi.

"Ona Nostradamus'un adını verdim çünkü İbiza'nın Dünya'daki yaşamın son sığınağı olacağını ilk olarak o büyük Fransız söylemişti. Bunu biliyor muydun?"

Bütün bunların Christina'yla, tüplü dalışla, herhangi bir şeyle ne alakası olabileceğini anlayamadan, gözlerimi boş yulaf kabına diktim.

"Es Vedrà'da da keçiler var. Sürekli onları yok etmenin peşindeler. Onlar için 'malos para el habitat' diyorlar! İnsanlar! Keçilerin habitata zarar verdiğini söylüyorlar! Düşünsene! Virüs insanlar yani!"

Sonra garip bir ses çıkardı. Kurt uluması gibi. Nedenini Tanrı bilir.

Biraz korktuğumu itiraf etmeliyim. Yalnızca kaçık değil, iriyarı bir adamdı. Heyula gibi, yabani, kıllı bir şey. Yaşına göre de –artık kaç yaşındaysa– gayet formda görünüyordu. Yenilenmiş bacaklarımla bile ondan hızlı koşamazdım. Yani plajdan hatta otoparktan bile çok uzaktaki ıssız bir barakada sıkışıp kalmıştım. Çığlık atsam, sesim ağustosböceklerinin hiç dinmeyen çiftleşme çağrılarında boğulurdu.

"Deniz çayırı yüzünden, değil mi?" diye sordu Alberto. Gözlerindeki çocuksu bakışların yerine çok yaşlı birinin bakışları gelmişti. Çok güçlü bakışlar. Beni yere serebilecek türden.

"Efendim?"

"Deniz çayırının resmi. Seni buraya getiren oydu."

Buna ne diyeceğimi bilemedim.

Sitedeki fotoğrafı gözümün önüne getirdim. Aziz Kristof kolyesinin olduğu. İçimde garip bir his vardı. Bir kapıyı açık bıraktığında duyulan his gibi. Ama o kapı bendim. "Nedenlerden biri de oydu."

"Görmen lazım," dedi Alberto, ansızın sakinleşerek ciddileşen bir sesle. "Hayatın değişecek."

"Hayatımı değiştirmek istediğimi nereden çıkardın?" Sesim bana ihanet ederek hafiften çatlak çıkmıştı.

Alberto gülümsedi. Dişlerinin arasındaki boşluk kalker bir yükseltideki küçük bir mağara gibiydi. Yüzünde floş royal açmak üzere olan birinin ifadesi vardı. "Hayatını değiştirmek istemiyorsan, ne demeye hemen hiç tanımadığın birinin sana bıraktığı, işlek bir yoldaki berbat bir evde yaşamak için İbiza'ya taşındın ki?"

Bu kez hiç duraksamadım. Şaşkınlığımı yüzüme hiç yansıtmadım. Bunları Christina'dan öğrenmişti herhalde. Mantıken öyle olması gerekirdi. "Meraktan," dedim.

"Hah," diyerek gülümsedi. "La curiosidad mató al gato. Bu deyimi bilir misin? İngilizcede de var. Kediyi merak öldürür."

"Ben kedi değilim."

Alberto buna çok güldü. Göbeğini hoplata hoplata. Korsanlar gibi. Verilen probleme fazla gelen kahkahalarla. İki kere iki eşittir yedi yüz.

Ardından yine zoraki bir ders verdi. "Iggy Pop'un bir şarkısında da vardır. Bir zamanlar burada çaldığım bir şarkı. Amnesia'da. Biliyorsundur, hani şu kulüp var ya. 1980'de hâlâ çiftlik eviyken ve biz hâlâ kapı gıcırtısına bile oynarken..."

Hakkında bu kadar çok şey öğrenmek istediğimi nereden çıkarmıştı bilmiyorum. Akşam yemeğini bekleyen itaatkâr bir köpek gibi, konuşmak için fırsat kolluyordum.

"Açık fikirli misindir?" Alberto gülümseyerek bana baktı.

Bakışından hiç hoşlanmadım. Bir an için o yılanla birlikte çekmeceye kapatılmış olmayı diledim.

"Matematik öğretmeniydim ben," dedim, bu kez bezgin bir sesle. "Her şeyi çözmeye odaklı bir zihnim var. Bu yüzden arkadaşım Christina van der Berg'in başına neler geldiğini öğrenmeyi cidden çok istiyorum. Onun nasıl öldüğünü öğrenmek istiyorum. Cevabın sende olabileceğini düşünüyorum."

Christina'nın tam adını duymak onu sarstı. Duyunca irkilir gibi oldu. Yüzüne bulut misali bir hüzün indi. Başını salladı. Biraz bekledi.

"Öleceğini biliyordu. Öldürüleceğini biliyordu. O da kendine göre bir çözüm buldu."

"Ne yaptı?"

"Ben burada değildim. Kızım Marta'yla birlikteydim. Madrid'de. Kızım Madrid'de bir astrofizik konferansına katıldı, ben de ona destek olmak için gittim." Neden bilmem ama birlikte konferanslara katıldığı bir kızı olduğunu öğrenmek beni şaşırtmıştı. Bir orangutanın yaptığı suluboya resmi görmek gibi bir şeydi bu. Alberto için çizdiğim sınırların çok ötesinde bir şeydi. "Marta'yla Christina iyi arkadaştı. Bazı işlerde birlikte çalıştılar. Kızım yalnızca astrofizikçi değil, aynı zamanda çevrecidir. Papà'sı onunla gurur duyar." Masasındaki el ilanlarından birini aldı. "Protesto düzenliyor. Perşembe günü. Es Vedrà'da yapmayı planladıkları tatil köyü için."

Başımı salladım. "Duymuştum. Bence çok yüce bir amaç. Ama ben buraya Christina hakkında daha fazla bilgi edinebilmek için geldim."

"Christina çok yetenekli bir dalgıçtı. Bazen tek başına da dalardı. Polis bunların hepsini biliyor. Şimdi sen de öğrendin işte."

"Bildiklerinin hepsi bu kadar mı yani?"

"Hayır. Senin bilmediğin çok şey biliyorum. Anlamana yardımcı olabilecek şeyler."

"Nasıl şeylermiş bunlar?"

Alberto bir süre öylece bana baktı. Beni ölçüp tartar gibiydi. Kendimi değerlendirmeye alınmış gibi hissettim.

Önemli bir şeyin ipucu oradaymış gibi yüzümü inceledi. "Evet," dedi. "Gerçeği görmeye hazırsın sen. Artık eminim…"

"Emin olduğun şey nedir?"

"Potansiyelin." Parmağıyla beni gösterdi. İlk kez birinin parmağını kırmayı istedim. Sanırım sıcağın etkisinden. "Hakkında yanılmamış. Sen bu iş için biçilmiş kaftansın."

Artık tepem atmaya başlamıştı. "Bana patronluk taslamaktan ve lafı dolandırıp durmaktan vazgeçip normal bir insan gibi konuşur musun artık?"

"Lafı dolandırmak. Ne ilginç bir tabir, değil mi?"

"*Sadede gelmek* de öyle. Hiç duymuş muydun?"

"Bak. Normal bir insan gibi yaşamaya devam etmek istiyorsan, buradan hemen gitmen daha iyi. Çünkü bu normal bir deneyim olmayacak…"

"Ne deneyimi?"

"Yarın gece ay yok," dedi.

Ne alakası var? diye düşündüm.

Aklımdan geçeni okumuş gibi gülümsedi. Kendi arkasını işaret etti. "Yarın gece, okyanusta, bu adayla Formentera'nın arasında, arkadaşının başına neler geldiğini öğrenme şansın var. Seni ben götürürüm. Hiç dalış yapmış mıydın?"

"Hayır. Ayrıca gece yarısı seninle birlikte tekneye bineceğimi sanıyorsan, çok yanılıyorsun."

Söylediklerimi yine duymazdan gelmeye başlamıştı. "Yüzme biliyor musun?"

"Evet."

"O zaman dalarsın, dostum. Yüzmeyi bilen dalış da yapar. Sadece suyun altında yüzeceksin. Birkaç şey daha var. Onları da ben öğretirim. Seninle gece yarısı plajda buluşuruz."

"Yetmiş iki yaşındayım ben. Gece yarısı dışarı çıkamam. Dalış da yapmam."

"Saçmalama. Burası İbiza. Burada yaş mefhumu yoktur. Her gece Pacha'da dans eden doksan yaşında bir tip var."

"Süpermiş," dedim. Laf sokmak benim için tik gibi bir şeydi.

Alberto kapıya doğru yürüdü. Ona doğru gelgitli bir çekim hissettim. İstediğim cevaplar ondaydı.

"Nereye gidiyorsun?"

Kapıda durdu. Gülümseyerek bana döndü. O boşluk olmasa bile, dişleri yine de göze çarpardı. Düzensiz mezar taşları gibi farklı farklı açılarda ve aralıklı dişler. Bu adam kaçık mıydı? Yoksa katil miydi? Birinin yüzüne bakarak herhangi bir şeyi anlamak mümkün müydü? Alberto'nun peşinden gitmek mi daha iyi olurdu yoksa rutubetli bir kulübede kanlı canlı bir yılanla birlikte kalmak mı? Sabine'le Rosella'dan onun hakkında duyduğum bütün o tekinsiz sözler geçiyordu aklımdan. Guardia Civil memurunun sözünü de gayet net hatırlıyordum.

Bay Ribas'tan uzak durun...

"Ben arkadaşıma ne olduğunu öğrenmek istiyorum bir tek."

"Öğreneceksin," dedi Alberto usulca. "Söz veriyorum. Ama bazı şeyler anlatılmaz. Gösterilmeleri gerekir. Yarın. Gece yarısı."

Yarın.

Gece yarısı.

Sonra da çekip gitti. Herhalde yirmi dakikadır ilk kez nefesimi bıraktım.

Grace Winters'ın Kaçınılmaz Yalnızlığı

Eve dönerken yaptığım yarım saatlik yolun yarısı engebeliydi.

Kendimi yorgun ve kaygılı hissediyordum; ayak bileklerim voleybol topu gibi şişmişti. Varis ameliyatının hemen ardından böylesi bir stres ve sıcaktan kaçınmam gerekirdi herhalde.

Karl'ın da yanımda olmasını istedim. İbiza'yı severdi. Yaşlı hippileri severdi ve onun sıcakla arası daha iyiydi. Bacaklarını güneşlendirmek için hiçbir fırsatı kaçırmazdı. Şort giymenin, mutluluğunu birkaç derece artırdığına inanırdı. Nisan aylarında deniz şortunu giyip bahçeyle ilgilenen, dibine kadar İngiliz tiplerden biriydi. Yüksek tansiyondan kıpkırmızı olmuş yüzüyle, serasında domatesleriyle ilgilenirken hayal ettim onu. Ama gülümsüyordu. Hep gülümserdi. Yüzünde o yumuşak, hafif tebessümüyle doğmuş gibiydi. Mutluluğunu ifade etmekten ziyade acılara göğüs geren bir tebessümdü bu. Hayat felsefesi buydu. Ne olursa olsun gülümse. Acıya, hüzne, kayıplara karşı gülümse. Sanırım Daniel için gülümsüyordu. Daniel'ın bizi izlediğini hissediyormuş, onun bizim için üzülmesini, acımız yüzünden huzursuz olmasını ya da kendini suçlu hissetmesini istemiyormuş gibi.

Karl'la Daniel'ı düşünmek hüzün verdi. Benim çocukları. Ama bu hüznün teselli edici bir yanı da vardı. Anlatması kolay değil, sen de annenle ilgili böyle hissediyor musun bilmem ama ben bazen hüzne balıklama *dalardım*. Hüzünlenmeyi kendim isterdim. Onlara yakın olmanın tek yolu acı çekmekti sanki. Bu yüzden, yalnızlığımı biraz olsun giderebilmek için, aklım hüzün veren acı tatlı düşüncelere –hatta otuz üç yıl önce ikisiyle birlikte yaptığım, ormanda karahindiba ve düğün çiçeği topladığımız bir yürüyüşe– kaydı.

Go-kart pistini geçtim. Go-kart pisti yapmak için tuhaf, kuş uçmaz kervan geçmez bir yerdi. Ama popüler bir yere benziyordu. Aslında birçok İbiza olduğunu fark ettim. Ailece tatile gidilip go-kart yapılan, at binilen İbiza vardı. Partileyenlerin İbiza'sı. Hippilerin İbiza'sı. Kaplıca otelli İbiza. Dalış yapılan plajlı İbiza. Michelin yıldızlı, yatlı, pahalı İbiza. Leonardo DiCaprio'nun İbiza'sı. Doğa yürüyüşlü, yıldız izlemeli İbiza. Köylerde ve festivallerde geleneksel halk danslarının yapıldığı, kiliselerin, eski halk âdetlerinin olduğu İbiza. Bir de tabii süpermarketlerde, kafelerde, yol kenarında köpek gezdirenler sayesinde az biraz görebildiğim yerleşik, yaşayan, çağdaş İbiza vardı. Görünüşe göre yas tutan yalnız dullar hariç herkes için bir İbiza vardı.

Go-kart arabalarına binmek isteyen turistler kuyruğa girmişti. Ailece gelenler ve grup halinde gelmiş delikanlılar. Karl bunu da severdi. Daniel da. Tatil havasına girmiş gülüşen o insanları düşündüm. Kendimi çok kırılgan hissettim. O ruh halindeyken, yaşayan birine bakmak ve gittiğinde yaratacağı boşluğu hayal etmemek çok zor. Dünyadaki herkesi birilerini bekleyen acı şeklinde görmemek.

Derken eve geldim. Henüz evim diyemediğim o eve. Hâlâ bana aitmiş gibi gelmeyen bir eve. Kapıyı açıp girdim ve küçük kahverengi mutfakta kendime basit bir akşam yemeği hazırladım. Portakal suyuyla birlikte yediğim ekmek, peynir ve domates gayet güzeldi ama pek tat alamadım. Hislerim her zamankinden daha da körelmiş gibiydi. Portakal suyunun tazeliğini bile pek fark etmedim.

Elimdeki nişan yüzüğüne baktım. Karl bu yakut yüzüğü ikinci evlilik teklifinde vermişti. İlk yüzük zümrüttü.

Benim yaşımdayken baktığın her şeyde o şeyle ilgili çok eski anıları hatırlaman ne tuhaf. Yaşam kitabında katıksız bir *şimdi* yok. Önceki sayfada yazılı sözcükleri her daim görebiliyorsun, mürekkepli gölgeleriyle karşındaki şeyi karartıyorlar. En azından bulanıklaştırıyorlar.

Birkaç yıl önce soğan doğrarken yüzük parmağımı kesmiştim. Kanama durmayınca hastaneye gidip koterize ettirmek zorunda kalmıştım. Durdurabilmek için damarları yaktılar. O parmağın ucunda his yoktu artık. Bana da aynı şeyin olduğunu, acının ve suçluluk duygusunun, hayatın beni dağladığını, geride yaşanacak hiçbir şey kalmadığını hissediyordum. Arada şöyle bir bakıp his var mı diye çimdiklenecek eski bir yaraydım sadece.

Geçirdiğim bu kırılgan, paramparça akşamda, dışarısı hâlâ aydınlık, evin içi karanlık ve rutubetliydi. Televizyonu açıp tek kelimesini anlamadığım İspanyolca bir sohbet programını izledim. Öylece oturdum. Televizyona, Christina'nın kitaplarıyla eski plaklarına, duvardaki resimlere bakıp durdum. Fotoğraflardan bana bakan Alberto, aralıklı dişlerini göstererek gülümsüyordu.

"Ne var?" dedim resmine bakarak.

Cevap gelmedi.

Zaman akıp geçti. Televizyonu kapadım. Kesik kesik uğuldayan trafiğin sesini dinledim.

Eklemlerimde ağrı, kulaklarımda çınlama, içimdeki ağır hüznümle birlikte yatağa girdim. Uyuyamadım.

Kendimi dipte hissediyordum. Geceleyin huzur içinde göçüp gitsem ne güzel olur, diye düşündüm. İbiza'ya gelerek yeni bir sayfa açacağımı, örümcek ağlarından ve zihnimdeki ağırlıktan kurtulacağımı sanmıştım aptal gibi. Aslında uçağa binen herkesin düşündüğü şey vardı aklımda: Firar ediyordum.

Ama hayır.

Havam değişsin deyip gittiğin yerde hiçbir şeyin değişmediğini gördüğünde, kapana kısılmışsın demektir. Bana olan da buydu. Sorun Lincoln, o tek katlı ev ya da içinde bulunduğum durum değildi. Sorun bendim. Acıdan ve yalnızlıktan kaçış yoktu. Pıhtılaşmış anılarımla birlikte gün geçtikçe yaşlanan bedenimin içinde kaldığım sürece, ömür boyu kendime mahkûmdum.

Christina'nın başına neler geldiğini öğreneceğim falan yoktu. Tek yaptığım daha nemli bir yerde kendimi gülünç duruma düşürmekti. Gözlerimin yaşardığını hissettim. Bu da bir şeydi.

Ne yapıyorum burada ben?

Bunun cevabını, beklediğimden daha çabuk alacaktım.

Kırılan Radyolar

Şimdi, benim hayata dair bir teorim var ve o kadar yüce gönüllüyüm ki bunu seninle de paylaşacağım. Aslında eski bir teori ama doğru olduğunu yeni anladım sayılır.

En umutsuz olduğumuz an, çoğu zaman gerçeği gördüğümüz andır.

Her şey kötü gittiğinde, değişimin gerçekleşebilmesi için dibe vurmamız gerekir. Çıkış yolunu bulabilmek için bazen kendimizi tuzağa düşmüş gibi hissetmemiz gerekir. Kendimizle güpegündüz, ferah bir ortamda yüzleşemeyiz. Çalan şarkıyı dinleyerek radyonun ne olduğunu anlayamayız. Nasıl yapıldığını görebilmek için bazen de radyoyu kırmak gerek.

İbiza'da geçen ilk birkaç gün, baskı altında tutmayı becerdiğim her şeyi su yüzüne çıkarmıştı. Acıyı, umutsuzluğu, yalnızlığı. Parçalandıkça, kendimi görüyordum. Kırık bir radyo gibi, her şeyim ortadaydı. Kendi bozuk bobinlerim, devrelerim ve transistörlerimle karşı karşıyaydım. Bütün hatalar ve tutarsızlıklarla. Belki de böyle olması gerekiyordu. Paramparça olmuş vaziyette, her nasılsa hem hissiz hem de acı çekerek orada öylece yattığım için olabildi. Sessizce haykırdığında, yardım da sessizce geliyor belki. Evren beni dinliyordu. Sinyali alabildi.

Bilemiyorum.

Ama kesinlikle bir şey oldu.

Zamanlama mükemmeldi.

Işıltı

Saat biri epey geçmişti ki kapıdan içeri süzülen hafif bir ışıltı dikkatimi çekti. Işıklardan birini açık bırakmıştım herhalde. Ama yine de şaşırtıcıydı çünkü her yerin karanlık olduğundan gayet emindim. Bir an ürktüm. Hissizliği delerek geçen bir korku. Bana yaşadığımı hatırlatan bir şeydi. *Ya eve biri girdiyse? Ya Alberto geldiyse?*

Bu saçma düşünceleri kafamdan atıp yataktan kalkarak ışığa doğru gittim ve çok geçmeden kaynağını buldum. Ön kapının oradaki zeytin kavanozu duvardaki resimleri aydınlatmıştı. İçindeki su meşale gibi parlıyor, yukarı doğru çıkan ışık havada konik bir şekil yaratıyordu. Doğrudan kavanoza bakarken gözlerim sulanınca, o ışık demetine baktım. Bir meşalenin yayacağı ışıktan farklıydı mesela. İçinde yaşam vardı sanki. Hafif hafif dalgalanmalar, kaymalar, kıpırtılar. Hiçbir şey anlamadığım halde anlaşılmayı bekleyen bir şeye tanık oluyordum sanki. Anlatabiliyor muyum? Mesaj gibi bir şeydi. Annesinin dudak hareketleriyle büyülenmiş bir bebek gibiydim.

Kendi kendime, "Ne oluyor ya?" diye sorduğumu hatırlıyorum.

Sonunda ışık kayboldu. Ben de yatağa döndüm. Tuhaftı ama kendimi daha sakin hissediyordum.

Ayrıca emin olduğum bir şey vardı. Yarın gece yarısı, ne pahasına olursa olsun, Cala d'Hort'taki plaja gidip bir cevap arayacaktım.

Adı No *Olan Tekne*

Gacır gucur, külüstür bir şey olan ahşap dalış teknesinin motoru da en az kendisi kadar külüstürdü ve yaramaz bir sincaba hırlayan köpek misali kesik kesik çalışıyordu. O derin, aysız karanlıkta bile boyasının yara kabuğu gibi soyulduğu belliydi hatta öyle soyulmuştu ki adının *–Neptuno–* yalnızca son iki harfi okunuyordu. Evrenden gelen işaretlere inanan biri olsam, teknenin adının "no" olmasını o şeye binmemek için güçlü bir neden sayardım. Ama buradaydım işte.

Deniz sakindi. Teknenin gövdesine usulca çarpan suyun sesinde, bütün Akdeniz sesini kesmiş de bir şey olmasını bekliyormuş gibi, garip bir rahatsız edicilik vardı. Az önce ayrıldığımız adadaki ışıklar parlıyor, ufuktaki öbür adadan, Formentera'dan tek tük ışıklar göz kırpıyordu.

Alberto dümende durmuş, kararlı ve acımasız bir korsan gibi dümdüz denize bakarken, ben de üstümdekileri çıkarıp hippi pazarından aldığım batik mayoyla kaldım. Tenim fenerin loş ışığında mavi-yeşil bir renk aldı ve Alberto'nun sırtı bana dönük olduğu, yenilenmiş bacaklarım pürüzsüz göründüğü halde yaşlı vücudumun ortaya çıkması beni huzursuz etti ama o da bir Adonis sayılmazdı. Aslında sanırım Alberto'nun beni sinir eden, ilk fark ettiğim özelliklerinden biri buydu. Vücuduyla barışık olması. O boş vermişliği. Koca göbeği, kılları, önü açık gömlekleri, o gülünç kot şortu. Erkek olduğu için mi yoksa sadece kendisi olabildiği için mi bilmem ama cidden umurunda bile değildi. Benimse, tam aksine, fazla umurumdaydı. Kendi varoluşuma dair için için kaynayan huzursuzluğum öteden beri fiziksel formuma odaklanmıştı. Bütün ömrüm o an nefret ettiğim dış görünümümü, yıllar sonra geriye baktığımda fena bulmayarak geçmişti. Doksan yaşındaki Grace de yetmiş iki yaşındaki halini ne demeye beğenmediğini anlamakta zorlanacaktı şüphesiz. Keşke bütün şimdiki anları gelecekteki aklımızla yaşayabilseydik.

Evet, yaşadığımız her an en yaşlı halimizdeyiz ama aynı zamanda bir daha hiç bu kadar genç olmayacağız. Vücudumu öteden beri pek sevmemişimdir ve en şişik damarlar alındığı halde ondan hâlâ utanıyordum. İngiliz olmak –üstelik Doğu Midlands'lı denen süzme İngilizlerden olmak– kendini fazla önemsemeyi erdem bilerek büyümek demekti. Ama aynı zamanda yaşlı olunca, kadın olunca, böyle davranmaya koşullanmıştım. Çok saçma, değil mi? Vücudumuzu bu şekilde yargılıyor olmamız. Yaşlandıkça daha da görünmez olduğumuz halde kendimiz zannettiğimiz şeye sıkı sıkı sarılmaya devam etmemiz. Bizi bunca zamandır hayatta tutan şeyi lanetlememiz. Tüyleri sararıp solmuş olsa bile, serçelerin kanatlarından rahatsız olduklarını hiç sanmıyorum.

Kuş olmayı sık sık isterdim. Mavi bir kuş. Daniel'ın uzun zaman önce resmini yaptığı o kuş gibi. Ama işte, kendimi hiç bu kadar insan gibi hissetmemiştim. Bir de Alberto'nun –o dalış kıyafetini çoktan giymişti– her an dönüp beni görebileceğini bilmek, kendi dalış kıyafetimle cebelleşirken beni daha da telaşlandırıyordu.

Dalış kıyafetini giymek için uğraşmak dünyadaki en zor işlerden biri, bu arada. Tilki kadar güçlü, akrobat kadar esnek olmayı gerektirir. Eski çağlarda dalış kıyafetleri olsaydı, Herkül'ün on iki görevinden biri de bir dalış kıyafeti giymek olurdu. Sonunda, vücudumun çoğu kapandıktan sonra, Alberto'dan biraz yardım istemek zorunda bile kaldım.

"Sí, sí, tabii... por supuesto..."

Sonra motoru durdurup sırtıma oksijen tüpünü taktı ve başımıza taktığımız fenerleri, diğer ekipmanı nasıl kullanacağımı anlattı. Bir-iki saniyeliğine normal bir dalış hocası gibi davrandı.

Regülatörü nefes almak için nasıl kullanacağımı öğretti. Suyun kaldırma gücünü dengeleyerek sürekli bacak hareketi yapmamamı sağlayacak başka bir araç –yelek gibi bir şey– vardı. Ağırlıklı bir kemer. Gözlerimi olabildiğince açık tutmam gerektiği için çok önemli olduğunu söylediği bir maske. Bir de paletler. Kendimi gülünç mü hissedeyim yoksa dehşete mi kapılayım bilemediğim için iki duyguyu da bastırmamaya karar verdim. Sonra Alberto tekrar dümene geçti ve açılmaya devam ettik.

Orada ne işim olduğunu bilmiyordum. Evet, Christina'ya neler olduğunu öğrenmeyi çok istiyordum ama o teknede olmamın başka bir nedeni de olduğunu hissediyordum ve Alberto'nun hayvani karizmasının bununla hiçbir ilgisi yoktu. Bilinçaltında, ölmeyi istiyordum belki. Kötü bir şey olmasını istiyordum. Böyle güzel bir adaya karşı bile bir şey hissedemediğimi gördükten sonra kaybedecek bir şeyim olmadığını anlamıştım.

Ama küçük bir ihtimal olsa bile, belki de aynı zamanda bunun tam aksiydi. Kalıpları kırmam gerektiğini hissetmiştim. Bunu yaparak araftan kurtulacaktım. Ölebilirdim. Ya da gerçekten yaşamanın bir yolunu bulurdum. Demek istediğim, belki de beni çağıran bir şey vardı. Christina. Ya da başka bir şey. Zeytin kavanozundaki o ışıklı tuhaf suyla ilişkili bir şey.

"Geleceği görebildiğini söylüyorlar onun," dedim bir ara, motorun sesi azaldığında.

"Görebiliyordu," dedi Alberto, ilerideki Formentera'nın alçak siluetine bakarak. "Hayatının tehlikede olduğunu görmüştü. Ama bunun nasıl bir tehlike olduğunu bilmiyorum. Yani onu öldürmek isteyenin kim olduğunu. O da bilmiyordu."

"Gelecek görülebilen bir şey değildir."

"Tabii ki görülebilir. Görebilen çok insan var. Meteorologlar, ekonomistler… En azından deniyorlar."

Sonra güldü. Komik olduğunu zannediyordu. Christina'nın ölümünden henüz söz etmişken bayat bir espri yapmakta sakınca görmüyordu. Kendine karşı yersiz bir hayranlık duyuyordu.

"Demek istediğimi gayet iyi anladın. Sen bilimle uğraşan birisin. Saçmaladığının farkında olmalısın. Durugörü tam bir aldatmaca, sihirbazlık numarası gibi bir şey, gerçekliğini destekleyecek tek bir kanıt yok."

"Eskiden gerçek olmadığı düşünülen birçok şey artık sıradan birer gerçeğe dönüşmüş durumda. Denizbilimcilerin çoğu daha on dokuzuncu yüzyılın sonlarına kadar beş yüz metre derinlikten sonra yaşam olamayacağından emindi. Sonra ta dibe kadar yaşam olduğu anlaşıldı ve bu hepsi için şok oldu. *Büyük* bir şok."

"Aynı şey değil ki."

"Öyle mi dersin? Tarihin süzgecinden geçen her şey kanıksanmış gerçeklere dönüşüyor. Ama o zamanlar uzayda yaşam olduğuna dair kanıt bulmak gibi bir şeydi bu. Tarih hiçbir zaman bitmez. Bilimin sonu da gelmez."

"Uzayda yaşam olduğuna inanıyorsun değil mi? Bu konuda bir de kitap yazmışsın."

"Evet. Burayı hiç görmemiş olsan, Dünya diye bir yer olduğuna inanır mıydın? Fillere, kaplumbağalara, palyaço balığına, zebra köpekbalıklarına inanır mıydın? Adama deli derler."

"Ben bilinen gerçeklikte kalmaya çalışıyorum," dedim.

"Peki zeytin kavanozundaki ışıklı suya ne diyeceksin?"

Donup kaldım. Bundan ona söz etmediğime emindim. Alberto elini cebine sokup minyatür bir rom şişesi çıkardı. İçinde rom yoktu. Belli belirsiz ışıldayan deniz suyu vardı. "Bunu hep yanımda taşırım. İçkiyi bıraktığımdan beri. Yanımda olması hoşuma gidiyor."

"Bu? Nedir ki *bu*?"

"Çok yakında anlayacaksın. Gerçeklik yalnızca bir yanılsama. Çok ısrarcı bir yanılsama. Einstein söylemişti sanırım. Bazı yanılsamalar henüz anlayamadığımız gerçeklerdir."

"Geleceği görebiliyorduysa, neden öldü?"

Alberto gülümseyerek alnını kırıştırdı. "Öldüğünü kim söyledi ki?"

"Herkes," dedim. "Bu yüzden buradayım. Öldüğü için."

"Ölmedi. Yalnızca öleceğini gördü. Burada kaldığı takdirde birinin ona zarar vereceğini biliyordu. O da çekip gitti."

"Nereye?"

"Az sonra göstereceğim."

Ne diyeceğimi bilemedim. "Ben yetmiş iki yaşındayım. Sağlık kontrolünden falan geçmem gerekmez mi?"

"Sağlığın yerinde mi?"

"Pek sayılmaz." Tam bir liste çıkarmak hiç içimden gelmedi. Sorunlu damarlar, kalça ağrıları, ayak bileklerinde şişme, kulak çınlaması, kireçlenme, tansiyon, zaman zaman depresyon, anhedoni... *Savaş ve Barış*'ın sesli kitabı daha kısa sürerdi.

"İyi işte. Ne güzel."

"Güzel mi? Niye ki?"

Doğal nedenlerle ölmüş gibi gösterebilmek için mi?

"Görürsün," dedi Alberto. Pek içim rahatlamadı.

Nolletia chrysocomides

Güvertedeki banka oturup bekledim.

Alberto kıç tarafa gidip duran motoru tekrar çalıştırıncaya kadar İspanyolca küfürler savurdu.

Güneye doğru yol alıp Es Vedrà'yı geçtik. Yakından bakınca, o karanlıkta, ürkütücü bir görüntüsü vardı. Kaya sanki sonsuza kadar yükseliyor, geceye karışıyordu. Bitki örtüsü kenarlarını ufalanmış gibi gösteriyordu. Orada birinin yaşayabileceğine inanmak zordu. Keçilerin bile. Kayanın boyutunun işe yarayabileceğini düşündüm. Arkasına geçip görünmeden her şeyi yapabilirdin. İyice sinirlerim gerildi.

Ağızlığı ağzıma alıp nefes almayı denedim.

Telefonumun titreştiğini duyunca bayağı rahatladım. Üst üste yığdığım giysilerimi didikleyip Karl'ın kız kardeşi Sophie'den WhatsApp mesajı geldiğini gördüm. Sarı çiçekli bitkinin fotoğrafına yanıt yazmıştı.

Uzun bir mesajdı. Daha doğrusu, uzayıp giden bir dizi mesaj. Alışılmadık bir durumdu bu. Sophie bitkiyi tanıyamadığı için resmi botanikçi sevgilisi Sarika'ya gösterdiğini yazmıştı. Sarika fotoğrafa aşırı tepki vermişti:

Çok ÇOK şaşırdı.

Fotoğrafı internetten aldığını sandı. Yapay zekâya yaptırıldığını falan.

Bize yolladığın bitkinin *Nolletia chrysocomides* diye çok havalı Latince bir adı var –bunu kopyala yapıştır yaptım– ve Avrupa'da resmen nesli tükenmiş!!! İspanya'da 10 yıldır hiç görülmemiş. Sari bu konuları çok iyi bilir... bitkilere takık... nesli tükenmekte olan ve tükenmiş bitkilerle çiçekler konusunda uzman. Yani –evet– çok acayip bir tip!!

Bu fotoğrafı (sakıncası yoksa) UWAdaki arkadaşına (Perth'teki üniversiteye) yollayıp onun da fikrini alacak. Her neyse, umarım iyisindir ve İbiza'nın keyfini çıkarıyorsundur. Kimi zaman sosyalleşmekte ve canının istediği gibi davranmakta zorlandığını biliyorum. Ama Karl öyle yapmanı isterdi bence. Konuşuruz. xxxx

WhatsApp'i kapatırken, Alberto hâlâ konuştuğu halde kulağım onda değildi. Kalbim hiç atmadığı kadar hızlı atıyor ve aklım o âna kadar kordon altında olan, eskiden fantastik bularak yok saydığım kavramlarla fikirlere doğru yol alıyordu. Aklıma gelen düşüncelerden biri de şuydu: O bitki kapının dibinde kendiliğinden büyümemişti. Suyu döktüğüm yerden çıkmıştı. Zeytin kavanozundaki suyu. Sihirli suyu. Işıklı suyu.

Başımı kaldırıp Alberto'ya baktım. Bir şeye yoğunlaşmam lazımdı.

"Okyanus hakkında hâlâ çok az şey biliyoruz," diyordu o sırada. "Evrenin bilinmediği söylenir ama bizim gezegen için de durum aynı. Aya giden insan sayısı okyanusun en derinlerine inebilenlerden daha fazla. Mariana Çukuru, dostum. Duymuş muydun? Dibine ulaşabilmek çok zor. Bırak haritasını çıkarmayı, okyanusun çoğu insan gözüyle görülmemiştir bile. Mars'ın yüzeyi hakkında daha çok şey biliyoruz resmen. Burası gibi sığ sularda bile, gizem olarak kalan çok şey var. Bunu unutmamak lazım çünkü..."

Bu konuya çok ilgi duyduğu belliydi. Bunları anlatırken bayağı bir canlanmış, daracık dalış kıyafetinin izin verdiği ölçüde el kol hareketleri yapmaya başlamıştı. Şimdiye dek keşfedilmiş şeylerden ve hepsinin nasıl da sihirli şeyler olduğundan söz etti: deniz altındaki dağlar, Büyük Kanyon'dan daha büyük vadiler, Karadeniz'deki

–Thames'ten daha geniş, yanında ağaçlar olan– bir denizaltı nehri. Beni öldürmeye niyetliyse denizdeki yaşam hakkında bilgilendirmek için bu kadar uğramazdı herhalde, diye düşündüm.

"Tabii bir de deniz çayırı var," dedi Alberto. "İnanılmaz bir şey. *Posidonia Oceanica*. İbiza'dan ta Formentera'ya kadar uzanır, kimbilir kaç yüzyıldır buraya has bir mucize tarafından korunan, kendini kopyalayan tek bir organizma... Hatta binyıllardır var."

"Öyleyse neden gündüz gözüyle görmemi istemedin? Aşağısı karanlık olmaz mı? Fenerlerimiz olsa da?"

Alberto buna güldü. Sorumu tekrarladı. "Aşağısı karanlık olmaz mı? Bilakis, dostum. Göreceksin."

"Deniz çayırı bu kadar büyükse, neden bu kadar açılmamız gerekiyor?" diye sordum.

Dümenden bana doğru döndü. Motorun gürültüsü yüzünden sesini yükseltti. "Çünkü bir cevap istiyorsun, değil mi? Tam o fotoğrafın çekildiği yere gitmek istiyorsun. Ona verdiğin kolyeyi görmek istiyorsun..."

Ona verdiğin kolyeyi...

Birkaç sözcükle çok şey anlatıvermişti. "Kolyeyi benim verdiğimi biliyor muydun?"

"Sí, sí. Por supuesto. Tabii, tabii. Söylemişti. Hayatta tanıdığı en iyi kalpli insan olduğunu söylerdi. Yalnızca iyi değil, güçlü de olduğunu söylerdi. Bunlar en gerekli iki özelliktir, Grace. Başka şeye gerek yok. Akıl gücü ve empati yeteneği. Sana iyilik hakkında bir şey anlatayım. Beni burada, Santa Agnès de Corona köyünde ninem büyüttü. Ressamdı. Ama herkese karşı çok iyiydi. Ben doğmadan önce Almanya'dan kaçıp İbiza'ya sığınan birçok sanatçıya yardım etmişti. Evimiz küçüktü ama penceremin önünde badem ağacı vardı ve o ağaç çiçek açtığında inanılmaz güzellikteki bir dünyada olduğumuzu hatırlardım hep. Fakirdik ama İbiza'da başka zenginlikler vardı. O günlerde doğayla çok haşır neşirdik. Yalnızca iki asfalt yol vardı ve elektrik yok sayılırdı ama müziğimiz, ilginç sohbetlerimiz ve denizimiz bize yetiyordu. Ninem beni her yere yanında götürür ve hayattan zevk almamı isterdi. Çocukken Figueretas'taki plajda caz dinleyip dans ettiğimi hatırlıyorum. Her şeyimi onun iyi kalpliliğine borçluyum ve iyiliği gördüğümde, onu ödüllendirmek isterim. Onun sayesinde, üç şeye sahip oldum. Doğa sevgisi, güç ve empati. Bu özellikler onda da vardı. Sende de var."

"Ninen iyi biriymiş."

"Öyleydi. Christina da öyleydi. Bu özelliklerin sende de olduğunu görmüştü."

"Ama Christina beni tanımıyordu ki," dedim. "Tanıyor sayılmazdı. Kopmuştuk."

"Hah, o *her şeyi* bilirdi."

Alberto motoru durdurup başını sallaya sallaya pruvaya kadar giderek çıpayı suya bıraktı. Denize doğru baktım. O serin, tuzlu havayı içime çektim. Sonra bir şey gördüm. Denizin derinlerindeki karanlıkta parlayan bir şey. Bir an için. Ardından okyanus yine karardı.

"Bu denizde hiçbir yerde olmayan bir güzellik var," dedi Alberto, şöyle bir gülümseyerek. "Ama bunu çok az insan görebiliyor. Suyun içindeki ışığı. Çok özel bir şey ama hipnotize edici de olabilir. Dikkatli ol. Ona doğru yüzme sakın… O sana gelir."

Regülatörü ağzıma yerleştirip Alberto'nun arkasından denize atlamak üzere küçük platforma çıktım.

Ne yapıyorum ben? Neler olacak?

Hayatın büyük bir kısmının gizemlerden oluştuğunu fark etmiştim. Matematik bile gizemlerle dolu. İkiden fazla olan bütün çift sayıların iki asal sayının toplamı olduğunu biliyor olabiliriz ama bunun nedenini bilmiyoruz. Gizemler dört bir yanımızda. Bütün duyarlı varlıkların zihninde, bütün denizlerin altında. Bazen tek yapmamız gereken, denize atlayıp kendi gözlerimizle görmek.

Bir yanım çok korkuyordu. Ama sonra Lincoln'daki o bomboş, acı hatıralarla dolu evi hatırladım ve gözlerimi açık tutmam gerektiğini hatırlayarak bacağımı kaldırıp suya atladım.

Ani Karanlık

Alberto'nun önden yüzmesi iyiydi çünkü fenerimin ışığında onu görebiliyor, gizli gizli oksijenimle oynamadığından emin olabiliyordum. Hafif bir eğimle deniz çayırına doğru yüzdük.

Alberto sağ tarafı gösterince nefes almayı bir an için unutup döndüm ve fenerim büyüleyici bir şekilde dalgalanarak ilerleyen sarı benekli, mor bir yılanbalığını aydınlattı. Sonradan nefesimi düzeltmekte biraz zorlandım. Bacaklarım karıncalanıyordu. Bunu yapmamı hiçbir doktor önermezdi herhalde. Ama oraya kadar gitmişken, yüzmeye devam ettim.

Denizin dibine yaklaştıkça, karanlığın içinde bir yaşam çeşitliliği olduğunu fark ettim. Gümüş rengi balıklardan oluşan bir balık sürüsü belirli bir düzen içinde ileri doğru atılır, balıkların gölgeleri çayıra ve alttaki kumlara vururken, yine iki yılanbalığı bitkinin yeşil yaprakları arasında süzülüyor, denizatları, rengârenk bir denizhıyarı görülüyordu. Bir balık, yaralı bir orfoz, suyun içine kan akıtıyordu.

Fenerin yapay ışığında deniz çayırını net olarak görebiliyordum. Hem çok güzel hem de ürkütücü bir şeydi. Her yöne doğru sonsuza kadar uzayıp gidiyormuş gibi görünen, zümrüt yeşili uzun ince yapraklar. Hayatta kalmanın sırrı ondaymış gibi, sadeliğine rağmen çok mühim bir şey gibi görünüyordu. Çiçek açmaya, gelişim göstermeye, işi karmaşıklaştırmaya gerek yok. Sonsuza kadar aynı şablon.

Derken Alberto'nun bir yeri işaret ettiğini gördüm. Aynı fotoğraftaki gibi, küçük ve altın rengi bir şey. Oraya kadar yüzüp o şeyi elime aldım. Kırk beş yıldır el sürmediğim kolyeyi. Çocuk İsa'yı nehirden geçiren Aziz Kristof kabartmasına baktım. Kolyeyi kayıp bir hazine gibi avucumda sıkarak oraya nasıl düştüğünü gösterecek bir ipucu aradım. İtişip kakışma yaşanmış mı diye baktım. Ama orada başka bir şey yoktu ve deniz çayırı yaşanan herhangi bir mücadele yüzünden ezilip bozulmuş, dağılmış görünmüyordu.

Derken farklı yönlere doğru gitmekte olan balıklar ve deniz yaratıkları her nedense birdenbire tek bir yöne doğru gitmeye başladı. Paniğe kapılmış, görünmeyen bir varlıktan hızla uzaklaşıyor gibiydiler. Ben neler olduğunu anlamaya çalışırken, bir şey daha oldu.

Alnımdaki fenerin ışığı titreşmeye başladı.

Başımı çevirip o titrek ışıkta Alberto'ya bakınca, onun fener ışığının da titreştiğini gördüm. Dalış malzemeleri yüzünden emin olamadım ama sanırım gülümsüyordu. Derken, bir saniye sonra fenerler tamamen söndü. Zifiri karanlık. Hiçbir şey görünmüyordu. Dört bir yana bakındım.

Alberto'nun elini kolumda hissettim.

Lütfen Bay Ribas'tan uzak durun.

Kolumu sımsıkı tuttu.

Adam kaçığın teki.

İyice sıktı.

Başına neler geldiğini bilen tek kişi o.

Sonra kolumu bıraktı.

Birden her şey değişti.

Işık

Birden her yer ışık oldu.

Bulut ve Küre

O an gördüğüm ışık başlarımızdaki fenerlerden gelmiyordu. Onlar hâlâ sönüktü.

Hayır, bu ışık yüz metre kadar ilerimizden geliyordu. Fosforluydu. Bir şeyden hızla kaçar gibi fırladığını gördüğüm balıklar da aslında tam aksini yapıyordu. Hızla ışığa doğru gidiyorlardı.

Çayırın üzerinde parlayan bir *şey*, hem parlak hem de mat görünen bir renk, ilk başta bulut şeklindeyken şimdi küre şeklini almıştı. Geometrik açıdan kusursuz bir küre. Eukleides ve Arkhimedes'in binlerce yıl önce sözünü ettiği ama Dünya'da yalnızca soyut bir fikir olarak var olan, doğada var olmayan türden. Görüldüğü anda hem doğaüstü hem de dünyadışı bir şey olduğu hissini yaratarak şekli belirsiz bir bulutla tam bir küre arasında gidip geliyordu. Çok büyük sayılmazdı; tenis topundan biraz büyük, futbol topundan küçüktü. En azından başlangıçta. Boyutları akciğerinkine benzer bir hareketle değişiyor, büyüyor, küçülüyordu. Rengi beyaz değil maviydi ama tam deniz mavisi de değil; boyutları ve şekli gibi, rengi de değişkendi. Balıklar yüzerek o şeyin, ışığın içine girdi.

Böyle muğlak şeyler yazdığım için kusura bakma ama Dünya'da referans alacak hiçbir şey yokken, bunu anlatabilmek çok zor. Bir şeyle kıyaslamaya kalktığım anda, o şeye hiçbir şekilde benzemediğini anlıyorum. Bunu anlatmak zorlu, çelişkili bir duyguyu anlatmak gibi. Yaşlandıkça, bu türden duyguları daha çok hisseder olacaksın. Kimi zaman hüzne ya da gözyaşlarına uzanan, acıyla yan yana yaşayan o tuhaf memnuniyet hali gibi. Ya da her şeyin geçici olduğunu bilmenin verdiği o acı tatlı his gibi.

Büyüleyici bir şeydi, bunu söyleyebilirim. Sonuç olarak,

hayatımda gördüğüm en inanılmaz şeydi. Dönüp Alberto'ya bakınca, maskesiyle ağızlığının ardında gülümsediğini gördüm. Feneri tekrar yanmaya başlamıştı. Benimki de yanıyordu. Alberto'nun tebessümü bana en sevdiği filmi izleten bir akrabanın yüzünde görebileceğim türden, o filmi gayet iyi bilen ya da biliyor olmakla gururlanan bir tebessümdü. İnanılmaz gelen şey, yalnızca görüntüsü değil *varlığıydı da* çünkü ona bakmak bir duyguya bakmak gibiydi.

Evet. Aynen öyleydi. *Bir duyguya bakmak gibi.*

Sana çok saçma geleceğini bilsem de, ancak bu şekilde anlatabiliyorum. Her nasılsa sevgiye ya da umuda bakar gibiydim. Daha doğrusu adı olmayan ama derinden hissettiğimiz, derinlerde gömülü tuttuğumuz ve bizi birbirimize bağlayan bir duyguya. Tabii ki dışarıdaki bir şeye bakıyordum ama bir şekilde kendi içime bakar gibiydim.

Uzun zaman öylece bakmış olmalıyım ki birden Alberto'nun bulutu işaret ettiğini ve ardından seri şekilde başparmaklarını kaldırarak oldu bu iş hareketini yaptığını, sonra da avuçlarını gösterdiğini gördüm: Sonuncusu dikbaşlı bir labradora olduğu yerde *kalmasını* söylerken yapacağın türden bir hareketti. Ben de öyle yaptım. Olduğum yerde kaldım. O parlak bulutun bir kez daha parlak bir küreye dönüşmesini, ardından yine yavaşça şekil değiştirmesini, âdeta bir kol gibi uzanarak öylesine değil nereye gideceğini bilir gibi tek bir yöne doğru uzayışını izledim. Işık bir çizgi halinde uzayıp yaralı balığa, o orfoza doğru giderek yarasına "dokundu". Sonra neredeyse aynı hızda geri çekilerek dalgalanıp duran bulut-küreye karıştı ve balık aynı yerde kaldı ama iyileştiği şüphesizdi. Zinde bir tavırla yüzerek uzaklaşırken, benekli derisinde yara izi falan yoktu.

Dönüp tekrar baktığımda, Alberto benim kadar şaşkın görünmüyordu. Bir kafede günbatımını izler gibi gülümsüyordu hâlâ. Tekrar o tarafa döndüğümde, olay çoktan başlamıştı. Küre buluta dönüştü ve bulut şeklinde kaldı ama sonra bulutun bir kısmı yeniden uzun ince bir kol gibi uzamaya başladı. Fakat bu kez yaralı bir balığa doğru gitmiyordu.

Bana doğru geliyordu.

Özgür

Sonrasında her şeyi hatırlayamadım.

Yani buraya kadar yazdıklarımı hatırlıyordum. Fakat denizin altında yaşanan o anla hastanede uyandığım an arasındaki boşluk öyle tuhaf ki. Hakkında yazdığım şeyin doğası, öteden beri insanların çılgın hayallere ya da derinlere kök salmış bir şüpheciliğe kapılmasına neden olmuş bir alan olması yüzünden, yalnızca kendi yaşadıklarıma odaklanmam gerektiğini düşünüyorum.

O mavi ışığın bana ulaştığını söyleyebilirim sana. Yine dalgalanıp duran, uzun ve bulutsu bir *ışık konisine benzeyen o kol.* Bana dokunduğu anda bütün okyanus yok oldu sanki.

Etrafımda tek bir yaratık ya da bitki yoktu. Alberto yoktu. Hiçbir şey yoktu. Yalnızca su ama tuhaf bir su: O ışıltılı, parlak, doğada olmayan mavi renkte. Bu kadar rahatlatıcı bir his olamazdı. Rahatlatmanın da ötesinde. Başka bir şey. *Özgürleştiriciydi.* Kendimi özgür hissettim. Kolye bir ara elimden düşmüş olmalı ama ne zaman düştüğünü hatırlayamıyorum.

Derken, göz açıp kapayıncaya kadar, karaya benzeyen bir yerde buldum kendimi. Doğanın içinde. Ama hiç görmediğim bir doğanın. Ağaca benzemeyen ağaçlar vardı. Uzun, ince, beyaz yapraklı. Kumsala benzemeyen bir kumsal. Denize benzemeyen bir deniz. Öyle bir havayı hiç solumamıştım. O denli saf ve tatlı bir havaydı ki nefes almayı zorunluluk olmaktan çıkarıp hayatın amacı haline getiriyordu.

Ağaçların arasında varlıklar gördüm. Dimdik duruyorlardı. O mesafeden bakınca, insan bile olabilirmiş gibi görünüyorlardı. Üzerlerinde giysiye benzer şeyler vardı. Ama suluboya resimlerdeki figürler gibi bulanık, öylece dururken, bedenlerinden buhar salar gibiydiler. Beni sakinleştirdiler. Koruyucu rehberler gibi.

Kumsalda kum vardı ama yanık turuncu gibi bir renkteydi. Deniz maviydi ama Dünya'da göremeyeceğin türden bir mavi. Denizin altındayken ilk kez gördüğüm o parlak mavi renkteydi.

Ne düşündüğünü biliyorum. "Ah, ilginç bir rüyaymış işte," diyorsun. Sonuçta ben de rüya olmadığını söyleyemem. Ama rüyaysa bile, yetmiş iki yıllık ömrümde hiç böylesini görmemiştim. Her şey çok netti. Hatta bütün duyularım o kadar yoğunlaşmıştı ki o âna dek yaşadığım hayatın rüya, asıl gerçeğin bu olduğuna inanmak işten değildi. Evet. Verdiği his buydu. Rüyadan uyanmış gibiydim.

"Neredeyim?" diyerek sesli düşündüm.

Tek bir sözcük.

Neredeyim?

Turuncu kumların üzerinde bir şey gördüm. Parlak bir şey. Kolye değil, bir yüzük. Karl'ın öğrenciyken gittiğimiz o Hint restoranında evlenme teklif ederken verdiği zümrüt yüzük. Kabul etmediğim ilk teklifte.

Derken okyanus gürledi. Ağaçların arasından akan şiddetli bir selin sesi duyuldu. Yine o ışıklı suydu. O tarifsiz mavi renkteydi.

Her Şey Yok Olmuştu

Her şey yok olmuştu.

Döne Döne Yükselmek

O ışıklı denize karışmış var gücümle nefes almaya çalışır, döne döne yükselirken, kendimi bir anda bir hastane yatağında, temiz bir pikenin altında sırtüstü yatarken buldum ve gözlerimi kırpıştırarak uyandım.

Nasıl Olduğunu Bilmeden Birinin Adını Bilmek

Uyandım.

Dalış kıyafeti hâlâ üstümdeydi ama şimdi temiz ve beyaz bir odada, sol elimin işaretparmağında nabız ve oksijen ölçerle, yatakta yatıyordum.

Ne olmuşsa olmuş, artık katı gerçekliğe dönmüştüm. Dezenfektan kokusuna ve bipleyen cihazların da eksik olmadığı, aydınlık bir hastane odasına. Duvarda turuncu, ince bir çizgi vardı. Turuncu bir sandalye. Hangi ülkelerde hangi renklerin kullanıldığını görmek her zaman ilginçtir. İspanya'nın gözdesi turuncu. Turuncu mobilyalar. Turuncu ağaçlar. İbiza'daki kumlar bile turuncu. Dökülen çam iğnelerindeki tanen yüzünden.

Hemşire vardı, doktor vardı, Alberto Ribas vardı. Uyandığımı görmek hepsini sevindirdi. Albeto'nun dalgıç kıyafeti hâlâ üstündeydi. Gülünç görünüyordu. İçimden onu tokatlamak geldi. Tabii ki neler olduğunu anlayamamıştım ama hastanedeydim ve her ne olmuşsa büyük ihtimalle onun yüzünden olmuştu. Bu yüzden gözlerindeki ışıltıyı görmesem de olurdu. Çalılıkta kibrit yakıldığını görmek gibiydi. Tehlike demekti.

Ibiza Town yakınındaki Can Misses Hastanesi'nde olduğumu ve üç saattir bilinçsiz yattığımı söylediler. Ciğerlerimi çoktan kontrol etmişlerdi ve sudan hiç hasar almamış olmaları doktorları şaşırtmıştı.

"Fiziksel olarak nasıl hissediyorsunuz?" diye sordu doktor kusursuz İngilizcesiyle.

"Garip ama çok iyiyim," dedim. Hatta öylece yatarken anlayabildiğim kadarıyla, her zamankinden daha sağlıklı gibiydim. Çok zaman önce, Daniel'ı ilk ve son kez yurtdışına –Korfu'ya– tatile götürdüğümüzde yüzmüş, deniz bisikletine binmiş, zeytinlikleri gezmiş, o kadar hareketli ve mutlu günler geçirmiştik ki oradayken hayatımda hiç uyumadığım kadar iyi uyumuştum. Sabahları uyandığımda kendimi çocukluğuma dönmüş gibi hissediyordum. Sonradan, tabii Daniel'ı kaybettikten sonra da, bir daha hiç öyle uyuyamadım. Ama şimdi seksenlerde yapılan o tatildeki kadar zinde hissediyordum kendimi.

"Bilincinizi yitirmenizden öncesine dair neler hatırlıyorsunuz?"

"Bir ışık gördüm," der demez ne kadar saçma bir şey söylediğimi fark ettim. *Bir ışık gördüm.* Bunu duyan Alberto bile irkilir gibi oldu. En çok o irkildi.

"Nasıl bir ışıktı bu?"

Düşünmeye çalıştım. "Üzgünüm, Paula, anlatması çok zor. Hareketli bir ışıktı. Bulut gibi görünüyordu, bir küre—"

Doktor donup kaldı. Yanlış bir şey demişim gibi. "Pardon, adımın Paula olduğunu nereden biliyorsunuz?"

"Yaka kartınızdan," dedim.

Paula şüpheyle bana bakarak öne düşmüş bir tutam saçı kulağının arkasına attı. "Yaka kartım yok ki."

Bu kez benim de aklım karıştı. "Ha, bilmem." Uyurken konuştuklarınızı duydum herhalde. Radyoda bununla ilgili bir şey duymuştum. Uyurken farkında olmadan çok şey öğrenebiliyorduk.

Alberto gözlerini bana dikmişti.

"Sara hastalığınız var mı?"

"Yok," dedim. "Yani, dedem nöbet geçirirdi."

Paula başını salladı. "Migren?"

"Evet. Ondan çekmişliğim var."

Paula yine başını salladı. "Beyefendinin anlattıklarına uyuyor." Başıyla Alberto'yu işaret etti. "Nöbet gibi bir şey geçirdiğinizi ve sizi tekneye çıkarmak zorunda kaldığını söylemişti. Kanınızdaki oksijen düzeyi çok iyi ama birkaç test daha yapmamız lazım..."

Dik Çıkışlar

Alberto'ya bekleme salonuna gitmesi söylendi. Dalgıç kıyafetini çıkarıp Alberto'nun hastaneye getirdiği giysilerimi giydim. Kan testi yaptılar. Tansiyonumu ölçtüler, normal çıktı. Sonra elektroenfalogram çekip beyinde olağandışı elektriksel aktivite var mı diye baktılar. Doktor başıma taktığı sensörleri macun gibi bir şeyle sabitledi ve ekranda yükselip alçalan hareketli çizgilere baktı. Çizgilerin normalden daha hızlı hareket ettiği belliydi.

Doktor ekranı gösterdi. "Tam şuradaki çıkışlar çok dik ve birbirine fazla yakın..."

"Bu ne demek oluyor ki?"

Doktor bana baktı ve göz göze geldiğimiz anda, açık bir pencereden bütün salonu görür gibi, onunla ilgili her şeyi öğrendiğimi hissettim. Gördüğüm anılar yara izleri kadar netti. Hasta kardeşinin yaşadığı son paranoya atağı sırasında onu ürkütmemeye çalışarak konuştuğunu gördüm. Sevilla'daki Plaza de España'da, artık hiç hoşlanmadığı kocasıyla el ele, gülümsediğini gördüm. San Antonio'da en güzel günbatımının izlendiği, kış vakti bomboş kalmış Ses Variades'te köpeğini gezdirir, kapalı Cafè del Mar'ın önünden geçerken, ölen annesinin ardından ağladığını gördüm. Tuvalette, kolunda yeni çıkan bir beni kaygıyla incelediğini gördüm. Park edilmiş arabasının içinde direksiyonun üzerine yığılmış vaziyette bir iş gününü daha nasıl atlatacağını düşünürken gördüm onu. Bunların hepsini bir anda gördüm. Nasıl olduğunu bilemesem de, her şeyi anladım. Bir seferinde, Louvre'da gezerken, *Venus de Milo*'nun salonun öbür ucunda durduğu, Yunan heykelleriyle dolu antik eserler sergisine girdiğimde duyduğum hisse benzer bir histi. Yoğun bir şeyin bir anda sindirilişi. İnsana fazla gelen ama aynı zamanda gayet doğal bir durum. Karl'ın varsayımına göre sanat, müzik ve gelmiş geçmiş her şey aslında kendi içimizdeydi. Bir şarkının ya da heykelin iyi olmasının nedeni bizim içimizdeki bir şeye hitap edebilmesiydi. Yaşadığım, böyle bir histi işte. O doktorun yüzüne bakmak düşüncelerin sergilendiği bir galeriye girmek gibiydi. Hepsini bana aitmiş gibi algıladığım düşünceler.

La Presencia

Emar'a gönderildim.

Hastanelerde bir şey vardı. İnsana hem geleceği hem de geçmişi düşündüren. Okuldan daha okul gibi kokuyorlardı. Koridorlar labirent gibiydi ve her yerde oklu tabelalar vardı.

Triaje. Radiografia. Neurologia. Ultrasonido. Emergencia.

Bekleme salonunda dalgıç kıyafetli Alberto'nun yanına oturdum. Otomattan yeni aldığı cipsi yiyordu. *İyi bir adam o.* Aklıma neden geldiğini anlayamadığım bu fikri geçiştirmeye çalıştım. Orada oturan bir adam daha vardı. Kısa kollu gömleğini kemerli pantolonunun içine sokmuş, şık giyimli, halsiz görünen yaşlıca bir adam. Yüzünde sakin olmaya çalışan birinin vakur tebessümü vardı. Ben de ona gülümsedim. Hastanelerdeki bekleme salonlarında görmeye alışkın olduğumuz kırılgan bir tebessüm.

"Hata ettim," dedi Alberto usulca, ciddi ciddi.

"Efendim?"

"Buradan çıkman lazım," diye fısıldadı bu kez, bomba imha eden birinin telaşıyla. "Hemen. İkimiz de buradan çıkmak zorundayız."

"Niye ki?"

Bir cips daha yedi. "Sen bana güven."

"Sana son güvenişimde az kalsın boğulacaktım."

"Boğulmayacaktın. Doktor bile söyledi. Ciğerlerinde suyun verdiği bir hasar yok. Bir şey oldu ama o türden bir şey değildi."

"Ölecektim. Christina'nın da öldüğü gibi. Nereden bileceğim, belki o da senin hatandı."

Alberto sakalını kaşıdı. Gergindi. Tedirgindi. "O başına gelecekleri biliyordu. Yaşadığı her şey kendi seçimiydi."

"Ne demek bu?"

"Bak, üzgünüm. Sinceramente. Yapabildiğim kadar açık olmaya çalıştım. Eski arkadaşına ne olduğunu öğrenmek istiyorsan, benimle gelmen gerektiğini söyledim..."

"Christina'ya ne olduğunu hâlâ bilmiyorum."

Yine beni duymazdan gelip konuşmaya devam etti. "*Mierda*. Hastanelik olacağını bilmiyordum ki. Yemin ederim, hiç böyle bir şey olmamıştı. Seni başkalarından daha çok sevdi herhalde. Ya da seninle... daha fazla ilgilenmesi gerekiyordu."

Artık tiye aldım. "Kimin?"

"La Presencia."

"Ne?"

"Biz ona öyle deriz."

"O mu?"

"Varlık anlamına geliyor. Ama La Presencia daha iyi."

"Tabii tabii."

"Gördüğün o ışık."

"Auraydı. Doktor öyle dedi. Migrenin tuttuğunda ya da nöbetlerden önce görebiliyormuşsun."

"Sen nöbet geçirmedin. Ben de oradaydım. Ama onlara söyleyecek halim yoktu. Detayları bilmeseler de olur. Hem iki kişinin aynı anda aynı aurayı gördüğünü duydun mu hiç? Hayır, tabii ki duymadın. Ayrıca bu onu herkesin görebileceğini de göstermez. Kendini kolayca gizleyebilir. Onu yalnızca görmesi gerekenler görebilir."

"Tanrım," dedim.

"Hayır. Tanrı değil o."

"*Aman* Tanrım demek istedim," diye patladım. "Dalgıç kıyafetli adamlar yanına oturup saçma sapan şeyler söylemeye başladığında dersin ya hani."

Alberto nefesini bırakırken hafif bir ıslık sesi çıktı. Birden tur rehberi gibi abartılı bir sesle konuşmaya, bütün salona hitap etmeye başladı. "İbiza'da Jesús, yani İsa diye bir köy vardır. Ama biz heyzeus der gibi telaffuz ederiz."

Yaşlıca şık adam bize baktı. Yine gülümsedim. Bu kez gülüşüme karşılık vermedi. Kargaşaya yol açabilecek tehlikeli insanlara dönüşmeye başlamıştık sanki.

"Çok zor bir insansın," dedi Alberto. "Söyleyen olmuş muydu hiç?"

Evet, diyemedim. *Hem de kaç kez.*

"İnsanlarla konuşmaktan olabildiğince kaçınmaya çalışırım," dedim onun yerine. "Nedenini şimdi hatırladım."

Alberto cips ikram etti. Aç olduğum halde başımı iki yana salladım. Rüzgâr kadar inatçısın, derdi annem.

Alberto omuz silkip ağzı doluyken konuştu. "Kırmızı biberli. Çok iyi. Sana sunulan zevkleri kabul etmeyi pek beceremiyorsun, değil mi?"

Biraz sessizlik. Sonra yine dayanamadı. "Çok normal. İnkâr aşamasındasın. Christina'ya da böyle olmuştu. Sana dokunduğu zaman yok sayamayacağın bir şey oluyor ama sen rüyaydı diyorsun çünkü işine öyle geliyor. İçten içe rüya olmadığını bildiğin halde. Bu arada, normalde tekneye taşınman gerekmez. Normalde çok çabuk olur. Bir anda oluverir. Fakat senin etkileşimin daha güçlü oldu. Bu yüzden buradan hemen çıkıp eve gitmen lazım. Çünkü beyin taraması yaparlarsa, anormal bir şey bulacaklar."

"Beyin taramasının *amacı* budur."

"Belki de hiç görülmemiş bir şeyden söz ediyorum ben. Son testten daha kapsamlı bir şey olacak. Çıkan şey onları şaşırtacak. Ne biliyoruz, belki de seni başka bir yere götürecekler."

Ters ters Alberto'ya baktım. Kapımın önündeki kuru toprak yoldaki çatlaktan biten, soyu tükenmiş çiçeği düşündüm. Kendiliğinden deniz suyuyla dolan kavanozu düşündüm. Kafamda nereye oturtacağımı bilemediğim tüm o mantıkdışı şeyleri düşündüm. Her nasılsa, bir tek şöyle diyebildim: "Senin yılana bakman gerekmiyor mu?"

Attın, Tuttu

"Bak, şu an adada başka bir güç daha var," dedi Alberto. "La Presencia değil, henüz anlayamadığımız bir şey. Christina'nın yalnızca ucundan köşesinden görebildiği bir şey. Güçlerini bize karşı kullanan bir şey ya da biri." Alberto'nun gözü koridorda yürüyen birine takıldı. Bir doktora. Saçının birazı kelebek tokasından kurtulmuş, ciddi ve rahatsız bir yüz ifadesiyle yürüyen uzun boylu bir kadına. Birden aklı başka yere gitmiş gibi göründü. "Buradan hemen gitmemiz lazım. Dikkatleri bu şekilde üstümüze çekmek hataydı. Hiçbir zaman çekmemeliyiz. Bu bir sır olarak kalmalı..."

"Ben peri masallarına inanmam."

"Gitmemiz lazım. Hemen." Alberto başını öne eğmişti. Gelip geçen doktorların ayaklarına bakıyordu.

"Olmaz."

Alberto başını salladı. "Peki," diyerek resepsiyondaki kadını işaret etti. "Resepsiyondaki kadın on beş saniye içinde gözlüğüne dokunacak. Yirmi saniye sonra arama yapmak için telefonu açacak."

Çok komikti bu. *Hiç komik değil.*

Gözlerim duvardaki saatin tıklamadan ilerleyen saniye ibresiyle resepsiyondaki gözlüklü kadının hareketleri arasında mekik dokudu. Gözlüğünü yukarı ittiğini gördükten beş saniye sonra bankonun üstünden uzanıp hafifçe ayağa kalkarak sabit hatlı telefonu kendine doğru çekti ve tuşlamaya başladı.

Attı, tuttu, diye düşündüm. Ben de okuma gözlüğüme sürekli dokunurum. İnsanların belli zamanlarda gözlüklerine dokunduklarına dair bir araştırma mutlaka vardır. Telefona gelince, resepsiyonistler günde beş yüz arama falan yapıyorlardır herhalde.

Alberto, "Güzel tespit," diyerek içini çekti.

"Ben bir şey demedim ki."

"Sí. Claro."

"Peki. Oyununa katılacağım. Olacakları önceden görebiliyorsan, beni hastaneye getirmenin kötü bir fikir olduğunu neden göremedin?"

Alberto başını salladı. "Sí. Bu da güzel tespit. Çünkü korkmuştum. Gerçekten öleceğini sandım." Yüzü cidden kaygılı görünüyordu. "Çoğu şeyi kesin olarak bildiğimden emin olamıyorum. Evet, birini yakından gözlemlediğimde birkaç eğlenceli numara yapabiliyorum ama aslında yeteneklerim son zamanlarda oldukça köreldi. Bir zamanlar bütün güç bendeydi ama artık işler değişti. Bazen düşünceleri okuyabiliyorum. Ara sıra birkaç dakika sonra olacakları görebiliyorum ama o kadarla kalıyor. La Presencia seni seçse bile, yalnızca bir kez dokunur. Teknemi her gün Formentera'yla İbiza arasında çabalayıp tam aynı yerde dalış yapsam da, bana bir daha dokunmayacak. Benimle işi bitti. Zaten yalnızca şöyle bir değmişti. Sen öyle değilsin. Yeteneklerin geliştiğinde müthiş olacaksın. Christina'yı bile geçeceksin. Denizin altında çok uzun kaldın çünkü."

Söyleyeceğim şeyin hakkını vermeye çalışarak, "Tam bir saçmalık," diye homurdandım.

"Saçmalıksa, doktorun adının Paula olduğunu bilmene ne diyeceksin?"

"Sihirli gücüm sayesinde bildim tabii," dedim gayet alaycı bir sesle. Ama içimden bir matematik işlemi yapıyordum. Duvardaki saate göre sabahın yedisini yirmi beş dakika geçmişti. Yirmi beş kere yedi yüz yetmiş beş ederdi.

"O sayıları neden çarptın?"

"Sen bunu nereden—"

Yeni bir gerçekliğe doğru kayıyordum ve tutunacak yer yoktu.

Alberto omzunu silkti. "Sihirli güç yok. Sihir yok. Ama evet, bu da bir güç. Dünyadışı bir varlık tarafından ikimize de verilmiş bir güç. La Presencia. Varlık. Salacia'dan gelen."

"Salacia mı?"

"Varlığın geldiği gezegene bu adı verdik. Güzel isim, değil mi? Romalı deniz tanrıçası."

"Ben böyle şeylere inanmıyorum."

"Şu an için bir tek evrendeki yaşama dair her şeyi bilmiyor olabileceğimiz ihtimaline inanman yeterli. *Tarihin bu anında* bilinmesi gereken her şeyi bildiğimiz bir noktaya ulaştığımızı zannedecek kadar kibirli olmamamız gerektiğine inan. Mümkün mü acaba? Şimdi, lütfen, beş dakika sonra her şey için çok geç olacak. Geliyor musun, gelmiyor musun?"

Alberto böyle deyip ayağa kaktı. Ben kalkmadım. Karşımızdaki yaşlı adama bir kez daha bakmakla yetindim. Karısını bekliyordu. Kadına tümör şüphesiyle tarama yapılıyordu. Adam endişeden uyuyamamıştı. Bunları bilemeyeceğimi bildiğim halde biliyordum.

Alberto otomatik kapıdan dışarı çıktı. Christina'nın başına ne gelmiş olabileceğini düşündüm. Belki de askeri üsse falan kapatılmıştı.

Ellerime baktım. Bir gariplik vardı ama ne olduğunu anlayabilmem için birkaç saniye geçmesi gerekti. Derken gördüm: O yüzüğü. Yakut yüzük değil, zümrüt olan. Karl'ın bana kütüphanede evlenme teklif ettiği günden beri hep taktığım nişan yüzüğünün yerinde, çok yıllar önce Hull Üniversitesi'nin yakınındaki Raj Pavilion restoranda reddettiğim teklifinde verdiği yüzük vardı. Plaj olması mümkün olmayan o plajda gördüğüm yüzük.

Adrenalin patlaması yaşadım. Hissettiğim korkuyla, birden alarm durumuna geçtim.

Oradan çıkmak için bir dakikadan daha az zamanım vardı.

Böylece ayağa kalktım ve resepsiyondaki kadın hâlâ telefonda konuşurken hızla kapıya doğru yürüdüm. Otomatik kapıdan içeri yeşil üniformalı bir adam giriyordu. Tanıştığım Guardia Civil memuru. Şu çatık kaşlı, suskun adam. Adamla göz göze gelmemeye çalışarak yanından geçerken adının Carlos Guerrero olduğunu bildim birden. Alberto Ribas'ın bir dalış kazası yüzünden hastaneye getirdiği kadınla ilgili bir telefon aldığı için oraya geldiğini biliyordum artık. Akşamları bira içerek yarışma programı izlemeyi sevdiğini. Kirden hoşlanmadığı için evindeki kanepenin naylonunu çıkarmadığını. FC Barcelona'yı ne kadar seviyorsa Real Madrid'den o kadar nefret ettiğini ama çoğu zaman futbolu çok da umursamadığını. Sıcak havalarda bacak içlerinin kaşındığını, siyatik yüzünden bel ağrısı çektiğini. Kıpırdamaktan korkarak bir aslanın altında yattığı, aslanın onun üzerine işediği bir rüyayı tekrar tekrar gördüğünü. Kimi zaman rüyanın ulaştığı cinsel boyutun dehşetiyle kan ter içinde uyandığını. Alberto'yla konuştuktan sonra onu soruşturmanın dışında bıraktığını biliyordum. Fakat aynı zamanda birinden rüşvet aldığını da biliyordum. Ona ait olmayan pahalı bir villada, yüzü olmayan birinin verdiği parayı alırken gördüm adamı. Parayı veren kişinin yüzü vardı tabii, sadece ben göremiyordum.

"Disculpe, señora," dedi polis yanımdan geçerken.

Ben zannettiğin kişi değilim, diye düşündüm ve bu düşüncede öyle bir güç vardı ki sanırım onun kendi düşüncesine dönüştü çünkü Guardia Civil memuru başını iki yana sallayıp çikletini çiğnemeye devam ederek resepsiyona doğru yürümeye devam etti.

Talimatlar

"Beni dinle," dedi Alberto, kızını eve bırakan kaygılı bir baba gibi. "Birkaç gün boyunca kendinde bazı değişimler olduğunu göreceksin."

"Yetmiş iki yaşındayım. Değişimlere alıştım artık."

"Bunlar şaşırtıcı, belki de çok belirgin değişimler olacak."

"Boynuzum çıkar mı?" diye düşünürken, çok da dalga geçmiyordum.

Alberto hiç gülmeden başını iki yana salladı. Bu işi şakaya almıyordu. "Hayır. Boynuz çıkmaz. Fiziksel görünümünde değişim olmaz. Ama değişeceksin. Dokunduğu herkeste değişim yaratır."

Dram yaratmakta üstüne yoktu. Alberto'nun bir bakıma *tam da* göründüğü gibi olmayan, resmin daha büyük bölümünü görebildiği bir yerde sonsuza kadar hapsolmuş gibi her şeyi uzaktan gözlemleyen biri olduğunu en nihayetinde anlayacaktım.

"Nasıl? Nasıl bir değişim geçireceğim?"

Alberto omzunu silkti. "Quièn sabe! Tam olarak bilebilmek kolay değil. Kişiden kişiye değişen bir şey. Ama artık yarı Salacia'lısın. Sana Salacia'ya has yetenekler verdi ve öyle bir dokundu ki gayet köklü bir değişim yaşayacağını zannediyorum. Fakat mühim olan, bunu kimseye sezdirmemen. Şimdilik. Sen kontrolü tamamen sağlamadan önce olmaz. Kimseye söyleme, gösterme, görmelerine izin verme. Bu çok önemli."

O anki hislerime dair koca bir kitap yazabilirdim.

Artık yarı uzaylı olduğum ve paranormal yeteneklere sahip olduğum söylendikten sonraki hislerime dair. Yaşadığım o şok. Kafa karışıklığı. Ama daha çok inkâr vardı. Bunların hiçbirine inanmak istemiyordum.

Ne zamandır kimse bana çocuk gibi davranmamıştı. İçimden lav gibi bir kızgınlığın yükseldiğini hissettim. "Senin yüzünden az kalsın ölecektim. Sana neden inanayım ki?"

"Çünkü inanmak zorundasın? Tamam? Şimdi, ben yarın seni görmeye gelirim. Evde yiyeceğin, içeceğin var mı?"

Sıcaktan yüzümü buruşturarak başımla onayladım. Hava cidden çok sıcaktı. Teninin resmen közlendiğini hissettiğin günlerden biriydi.

"Güzel. Evden çıkma. Kendini koruman lazım."

"Neden korunacağım?"

Artık beni aydınlatacağını sandım. Ama yapmadı. Sadece şöyle dedi: "Kendinden."

"Niye? Kendime ne yapabilirim ki?"

"Henüz adapte olmadığın yetenekler verildi sana. Senin için çok tehlikeli bir dönem. Her şey olabilir. Ama ben yarın seni görmeye gelirim."

"Gerek yok."

Esas demek istediğim şuydu: Her şeyin normale dönmesini istiyorum. Yeni eklenenlerin hepsini toplamdan çıkarmak istiyordum. Alberto dahil. Kısacası, bayağı bir korkmuştum. Korkuya verdiğim tepkiyse inkârdı.

Alberto üstüne numarası yazılmış bir kâğıt parçası uzattı. "Fikrini değiştirdiğinde ararsın." *Değiştirirsen* değil, *değiştirdiğinde.*

Sonra arabaya binip gitti ve Sekizinci Mucize Oteli'nin reklamını yapan panonun, küçük fotoğraftaki o tertemiz otel odasına bakakaldım. Oda kusursuz görünüyordu ama bu kez kusursuzluğu beni rahatsız etti. Sindirmem gereken onca şey varken ne demeye bundan rahatsız olduğumu anlayamadım. Ama rahatsız ediciydi. Eve girmek için arkama dönünceye kadar.

Sonsuzluk Oteli

Eski matematik öğretmenim Bay Sole bana sonsuzluktan da daha büyük bir şey olduğunu söylediğinde gülmüştüm. O da bana Küme Teorisi'ni anlamamda yardımcı olacak bir düşünce deneyi vermişti. Derslerde söz etmişimdir. Uzun zaman önce ölen Alman dâhi David Hilbert'in, Cantor'un sonlu ötesi sayılarla anlatmak istediği şeye açıklık getirebilmek için uydurduğu otelle ilgili bir deney. Eski inançların çoğunu yıkan bir şeydir. Hem çocukların bile anlayabileceği kadar basittir hem de şeytani bir karmaşıklıktadır. Temelde, sonsuzluğun gerçekte tam olarak kavranamayacağını kanıtlar. Şöyle bir şeydir:

Sonsuz odası olan bir otel düşün. Bütün otellerde olduğu gibi, her odanın bir numarası var. 1 Numara, 2 Numara, 3 Numara, 4 Numara... Sonsuza kadar böyle gider. Şimdi bütün odaların dolu olduğunu düşün. Olur ya. Otel çok tutmuş. Sonsuz sayıdaki odada sonsuz sayıda insan kalıyormuş. Ama bu otele bir kişi daha geliyor. Adı Marjorie olsun. Marjorie yorgun. Uzun bir uçuş yapmış. Bacakları ağrıyor. Varislerinden çekiyor. Oda tutması lazım.

Resepsiyondaki adam bu durumda ne diyecek? Sonsuzluk Oteli'nde boş oda kalmadığını söyleyemez ki, değil mi? Marjorie hemen TripAdvisor'a girip otelin notunu düşürebilir. GÜYA SONSUZLUK OTELİ???????!!!!! SONLULUK OTELİ DEMİYORLAR DA!!!!!! ŞAKA GİBİ!! (Bir yıldız.)

Ama öyle olmuyor. Resepsiyondaki adam herkesi bir oda kaydırıyor. Yani 1 Numaralı Oda'daki 2 Numaralı Oda'ya, 2 Numaralı Oda'da balayı yapanlar 3 Numaralı Oda'ya geçiyor. Tamam, mükemmel bir çözüm sayılmaz ama oldu diyelim. Sonuç olarak Marjorie'ye de bir oda bulunuyor ve hiç kimse odasız kalmıyor. Böylece otel artık sonsuz artı bir odadan oluşuyor.

$$\infty + 1 = \text{otel}$$

İlk baştaki otel yeterince büyük olmadığı için sonsuzluğunun bir sınırı vardı. Peki ya insanlar gelmeye devam ederse? Sonsuz sayıda uçakla sonsuz sayıda insan gelip sonsuz sayıda taksiyle havaalanından otele giderse? O zaman da şöyle olacak.

$$\infty + \infty + 1 = \text{otel}$$

Özet olarak: Sonsuzluk kümeler halindedir. Daha büyük bir sonsuzluk olması mümkündür. Sonsuzluk ikiyle, üçle, dörtle, beşle çarpılabilir ve bu böyle devam eder. Sonsuz sayıda sonsuzluk olabilir. Hiç yeni müşteri gelmese bile, Sonsuzluk Oteli'nde farklı boyutlarda sonsuzluklar vardır. Sonsuz bir otelde tabii ki sonsuz sayıda tek sayı, sonsuz sayıda çift sayı vardır ve bütün otellerdeki toplam oda sayısı tek (ya da çift) sayılı odaların sayısından daha fazladır. Sonsuzluğun ötesine *cidden* geçilebilir., Buzz Işık Yılı, *Oyuncak Hikâyesi*'ndeki gizli dehaydı.

Neden bunları anlatıp duruyorum? Bir inanç sisteminin bu hızla değişebilmesi çok korkutucu bir şey de, ondan. Dünya'da dünyadışı yaşam olabileceğine inanmak benim için sonsuzluğun da ötesindeydi. İnsan benim yaşıma geldiğinde, öğrenecek mühim bir şey kalmamış gibi hissediyor. İşine yarayabilecek bütün bilgileri edinmişsin. Otelin dolmuş. Ben de kendi sınırlarıma ulaşmıştım. Fazladan bir odaya hiç hazırlıklı değildim. İçimde yaşanan deprem ancak yas acısıyla kıyaslanabilirdi. Fakat yas acısını biri öldüğünde yaşarsın, bu kez gerçeklik olarak kabul ettiğim her şey ölmüştü. Senin de mektubunda yazdığın gibi, insan yaşlandıkça kalıpları kırabilmek daha da zorlaşıyor. Resmen enkaz altındaydım. Kim olduğuma, nasıl bir dünyada yaşadığıma dair hiçbir fikrim yoktu. Kendimi yeniden doğmuş gibi hissediyordum. Yeni doğan bütün bebekler gibi ağlamak istiyordum. Ya da çığlıklar atmak.

Tuhaflıklar

Küçük evde dolanıp durdum.

Dakika başı oturmak zorunda kalmayışım benim için alışılmadık bir şeydi. Enerjim vardı. Tam olarak *yeniden doğmuş* değildim –yetmişli yaşlarda olduğumu unutturmayacak sızılar ve hafif gıcırtılar yine eksik değildi– ama yıllardır olmadığım kadar dinç ve hayat doluydum.

Senin için çok tehlikeli bir dönem.

Alberto'yu aklımdan çıkarabilmek için televizyonu açtım. İngilizce bir haber kanalı buldum. Hiç görmediğim bir muhabir vardı ama adamın boşanmanın eşiğinde olduğunu her nasılsa biliyordum. Binlerce kilometre uzaktaki orman yangınlarından söz ediyordu.

Tabii ki üzücü bir haberdi ama daha önce de yüzlerce kez gördüğüm, normalde yirmi birinci yüzyıla ait kasvetli ve hareketli bir duvar kâğıdı gibi bön bön bakacağım görüntülerdi. Fakat bu kez, o sarı kepçelerle dalsız kalmış tomruklara bakarken öyle bir midem bulandı ki öğürüverdim. Mide bulandıran tuhaf bir açlık hissettim ve ağzım birden tükürükle dolmaya başladı. Biri zorla sabun yedirmiş gibi. Televizyonu kapayıp benek benek küflerle bezenmiş banyoya koşarak lavaboya kustum.

Resmen midem kalkmıştı.

Yediğim bir şey yüzünden değil, sırf haberlere baktığım için; az önce ekranda gördüğüm harap durumdaki doğa manzarası içsel bir tepkiye yol açmıştı sanki. Evde olsam, ağzımı gargarayla çalkalayıp o tattan kurtulurdum. Mecburen dişlerimi fırçaladım.

Kusura bakma. Bunları anlatmadan önce seni uyarmam gerekirdi. Ama kustuktan sonra kendimi yine iyi ve sağlıklı hissettim.

Derken tuhaf bir şey daha oldu. Yoldan gelip geçen her arabanın kendine has bir sesi olduğunu fark ettim. Arabalar hiç ilgimi çekmemiştir. Oğlum Daniel beş-altı yaşlarındayken hepsini farlarından ayırt edebiliyordu. Gece vakti arabayla büyükannesinin evinden dönerken bile. "Ford Cortina," diye mırıldanırdı arka koltuktan, transa geçmiş gibi. "Vauxhall Cavalier... Metro... Ford Sierra..."

Ben Daniel gibi, modelleri ayırt edemesem de, hepsi gözümün önüne geliyordu. Seslerini duymam yetiyordu. Şekillerine ve renklerine kadar görebiliyordum.

Aslında bunun sesleri sayesinde olduğundan da emin değilim. Yaşadığım şeyi ancak dejavuya benzetebilirim. Ama tersine bir dejavuydu.

Böylece camdan dışarı bakmaya başladım ve *sarı araba* diye düşündüğümde pencerenin önünden mutlaka sarı bir araba geçti. *Mavi araba.* Mavi araba. *Beyaz taksi.* Beyaz taksi. *Büyük ve parlak kırmızı-sarı otobüs.* Büyük ve parlak kırmızı-sarı otobüs. Çok çok acayip ve bulabildiğim bütün açıklamaların çok çok ötesinde bir şeydi bu. Sonra biraz susadım. Buzdolabına gidip portakal suyunu aldım. Böyle yazınca, çok normal bir şeymiş gibi oldu. Ama hiç de normal değildi. Fazlasıyla olağanüstü bir şeydi. Hatta öyle olağanüstüydü ki bunu ayrı bir bölümde anlatacağım sanırım.

Portakal Suyunun Sonsuz Hazzı

Birkaç yudum içip aya doğru uluyan bir kurdun adanmışlığıyla gözlerimi kapadım. Yetmiş iki yıllık hayatımın çoğu portakal suyu içerek geçmişti –hatta çoğu zaman taze sıkılmışından içmiştim– ama dürüst olmam gerekirse, ne içtiğimin farkına varmamıştım hiç. Bütün meyve suları içinde, portakal suyu en su gibi şeydi benim için. Her zaman olan bir şey. Vanilyalı dondurmayla ve kızarmış ekmeğin yanında çay içmekle aynı kategoride, gayet hoş ama artık kanıksanmış, varlığı fark edilmeyen bir şeydi.

Ama bu kez farklıydı. Hayatımda içtiğim en muhteşem şeydi. Birbiriyle yarışan tatlıyla acı arasında en kaliteli Zinfandel şaraplarında görülebilecek derinlikte, mükemmel bir denge vardı. Her yudumun keyfini çıkardım. Sonunda bütün şişeyi bitirdim.

Garip olan, o şişeden son içişimde güzel ama anında unutulabilecek bir portakal suyu tadı almış olmamdı. Ama bu kez tanrıların nektarından içmiş gibiydim. Hayatın tek amacı turunçgillerden kutsal bir meyvenin veziküllerinden çıkarılmış sıvıyı ağzımda hissetmenin tadını çıkarmaktı sanki. Muazzam bir rahatlama ve deşarj olma hissiydi. Çocukken eski arkadaşım Sarah'yla temmuzun sıcağında tenis oynayıp eve döndükten sonra bir bardak suyu kana kana içmekten daha da tatmin edici bir his.

Kısacası, o portakal suyu hayatımda tattığım en güzel şeydi.

"Çok zevkliydi," dedim kendi kendime çünkü bunu dile getirilmesinin çok önemli ve zorunlu olduğunu hissettim.

Sonra dank etti: Aylardır ilk kez bir şeyden zevk almıştım, gerçekten *zevk* almıştım. Hatta yıllardır. Evet, beni oyalayabilen şeyler vardı –eski filmler, Wordle, çapraz bulmacalar, internette satranç oynamak, bulmaca kitapları, arada bir belgesel izlemek, ayrıca İbiza'ya gelmenin de beni bayağı bir oyaladığı doğruydu– ama bu farklı bir zevkti. Anhedonim bir bardak portakal suyu sayesinde geçivermişti sanki. Peşinden bir de bisküvi yedim. Portakal suyu kadar iyi olmadığını itiraf etmeliyim ama yine de görülmemiş bir şeydi.

Kitap

Richard Feynman engin bilgiye sahip, matematik konusunda da çok yazmış Amerikalı bir fizikçi. Eskiden çok okurdum. Kitaplarında kuantum mekaniği gibi göz korkutan şeyleri görece anlaşılır kılardı. Her neyse, Feynman son zamanlarda üstünde çok düşündüğüm bir şey demişti: "Yeterince derinine inildiğinde, hemen her şey fazlasıyla ilginçtir."

Yeterince derinine inildiğinde, hemen her şey fazlasıyla ilginçtir.

Çok doğru. Bana olmaya başlayan şey de buydu aslında. Hiç çaba harcamadan her şeyin derinine iniyordum. Portakal suyu, trafik sesi, uzaklarda havlayan bir köpek. Birdenbire her şey sonsuz bir yoğunluk ve karmaşıklık kazanmış ya da ben zaten var olan bu yoğunluk ve karmaşıklığa bir anda erişebilir olmuştum. Havlayan köpek dünyadaki en ilginç şey olabilirdi. Sesini duyduğumda gözlerimi kapadım. Gözümün önüne cinsi belirsiz, uzun, kahverengi, ahırın yan tarafına bağlanmış havlayan bir köpek geldi. Hatta havladığı atı bile gördüm.

Dikkatimi başka yere odaklamayı denedim.

La vida imposible'yi açtığımda, kitap yabancı dilde değildi sanki. Okuyabiliyordum. İngilizce kadar iyi olmasa da, sözcüklerin çoğunu anlıyordum. Radyodaki bir belgeselde yabancı dilleri sadece bakarak öğrenebilen bir adamdan söz ettiklerini hatırladım. Görünüşe göre, aynı yeteneği ben de kazanmıştım. İbiza adasını çevreleyen suların başka bir âlemin çok gelişmiş sakinleri tarafından Dünya'daki üsleri olarak seçildiğini okudum kitapta. Dışarı çıkıp tekrar o çiçeğe baktım. Soyunun tükenmiş olması gereken bitkiye. Çiçeğin hakkındaki her şey bana bilgi olarak geldi. Son örneği de bir otele yol açan buldozerin altında kaldıktan sonra soyunun tamamen tükendiğini gördüm. Bir süre büyülenmiş gibi öylece kaldım. Artık hava kararmıştı ama bir şey fark etmiyordu. Yalnızca bitkiye bakıyor ve hiç çaba harcamadan onu anlıyordum. Dile getiremediği amacını anlıyordum. Yalnızca var olmak için var olduğunu.

Zamanın farkına vardım. Gecenin biri olmuştu. Birdenbire bunca şeyin güçlü bir şekilde ayırdına varmışken, daha büyük şeyleri –mesela saatin kaç olduğunu, hatta hangi tarihte ya da günde olduğumuzu (ayın 17'si miydi? 18'i mi? 19'u mu? Günlerden cumartesi miydi? Pazar mı? Pazartesi mi?)– boşlamış olmam çok tuhaftı. Bir nefes aldım. Çiçek kokusu artık yalnızca bir koku değildi. Bütünüyle bir lisan, yaşamın reklamını yapan bir şeydi.

Yatmaya hazırlandım. Yatağa girdikten sonraysa, gözlerimi tavana dikip trafik seslerini dinledim.

Beyaz taksi.

Gece otobüsü.

Gümüş rengi kiralık arabanın içinde tartışan bir çift.

Hiç yorgun değildim. Benim için alışılmadık bir durumdu. Hayatımda hiç uykusuzluk çekmemiştim. Gençlik yıllarımda bile, uyku benim doğal halimdi. Uykuya kolayca dalamadığım zamanlar da olmuştu ama yine de her seferinde dalardım. Şimdiyse tamamen uyanıktım.

Yataktan kalktım.

Christina'nın gençliğinde çekilmiş o fotoğrafa ve yanındaki uzun saçlı adama baktım. Plaj arabalı olana. Bir tek duvardaki imgesine bakarak Christina'nın evliliğine dair her şeyi anladığımı fark ettim. Evlendiği adam buydu. Johan. 1987'de bile inatla 67'deymiş gibi yaşayan bir hippi ve kariyeri istediği gibi gitmemiş bir müzisyendi. İşlerin kesat olduğu sezonda, Santa Eulalia'daki Buenavista Hotel'de sarhoş bir kalabalığa eski Carpenters ve Carole King şarkıları söylediği bir gecede, Christina'ya vurulmuştu. Christina ondan ayrıldıktan bir ay sonra, Ibiza Town'daki eski evlerinde kalmaya yetecek parası olmadığı için bu eve taşınmıştı. Johan zengin değildi ama havuz bakımı yaparak fena kazanmıyordu.

Çoğu Hollandalı gibi Johan da dil öğrenme konusunda iyiydi. İngilizce, İspanyolca, Fransızca, Almanca ve biraz da Portekizce biliyordu. Hatta Katalancayı bile öğrenmiş ve buralılar gibi İspanyolca, Katalanca karışık bir dil konuşmaya başlamıştı. Birlikte müzik yapmışlardı. Çocuk yapmışlardı. Babası gibi poliglot olan Lieke sonradan müzikte annesiyle babasının ulaşamadığı başarıyı elde edecekti. Fotoğrafların birindeki pelüş ayılı, zoraki gülümseyen küçük kız oydu. İlan panosundaki o güçlü, enerjik süperstarla arasında dünyalar kadar fark vardı.

Johan da, Christina da eğlenceli denebilecek, müziği, dansı ve yaşamayı seven insanlardı ama çok kavga ediyorlardı ve ikisi de fevri tiplerdi. Birinden birinin sorumluluğu eline alması gerekiyordu ama ikisi de bunu yapacak durumda değildi. İkisi de başkalarıyla kaçamaklar yapmıştı ve en iyi günleri bile çoğu zaman bir esrar bulutunun, alkol selinin içinde kaybolmuştu. Daha önce boşanmaları gerekirdi. Geçmişe baktıklarında, özellikle de ayrıldıklarında on üç yaşında hassas bir çocuk olan ve babasıyla birlikte Amsterdam'a giden Lieke böyle düşünmüştü. Johan'la Christina bir daha hiç görüşmemişlerdi. Lieke annesiyle görüşmüştü ama Christina'nın sonradan edindiği garip inançlar onu utandırdığı için çok da sık değil.

Aşkın nadir bulunan bir şey olduğu söylenir. Ben bundan çok emin değilim. Esas nadir bulunan, aşktan daha da çok arzuladığımız bir şeydir. Anlaşılmak. Eğer anlaşılmıyorsak, sevilmenin de bir anlamı kalmıyor. Böyle insanlar kendi zihinlerinde yarattıkları, sen olduğunu zannettikleri bir fikre âşık oluyorlar. Onlar aşka âşık. Kendi âşık hallerine. Ama *anlaşılmak*. Yalnızca o da değil, anlaşılmak ve anlaşıldıktan sonra kabul edilmek. Mühim olan bu. Ne yazık ki Christina ve Johan bunu başaramamıştı. Kendi zihinlerindeki fikirlere âşık olmuşlardı ve nasıl bir aile kurmaları gerektiğine dair de fikirleri vardı ama çocuk doğduktan sonra gerçeklerle yüzleşmişler ve bu gerçeklerle ikisi de baş edememişti.

Fleetwood Mac

Canım müzik dinlemek istedi.

Seksenlerden kalma eski müzik setinde kasetçalar da vardı. Christina'nın kasetlerine göz gezdirdim. Blondie (tabii ki). The Carpenters. Bob Marley. Fleetwood Mac. Fleetwood Mac'in kasetini koydum.

"Everywhere"i dinledim.

Duyduğum en güzel, dolu dolu, özenle işlenmiş şarkıydı. Nedense yere uzandım. Ben salonda yere uzanırken zeytin kavanozundaki su yine ışıldadı. Bendeki duygu senfonisiyle uyum içinde salınan o değişken, parlak ışık, o âna dek hissettiğim bütün olumlu duyguların özetiydi. Müziği renk ve dokunma hissi halinde, hem dinlenebilen hem de görülüp hissedilebilen bir şey gibi algıladım.

Gözüm kitaplıktaki bir kitaba takıldı. Agatha Christie'den *Mavi Trenin Esrarı*. Mavi kitabın sırtı üzerinde beyaz harfler. Kitabı hareket ettirebileceğime dair güçlü bir his geldi. Yani hiç dokunmadan. Başka bir deyişle, hayal gücümün gerçekliği yönlendirebilme etkisi olduğunu hissettim. Perdedeki aralıktan Sekizinci Mucize Oteli'nin yolun karşısındaki ilan panosuna konmuş reklamını görebiliyordum. *Hayal et, gerçek olsun.* Ben de bunu yaptım. Kitap milim milim ilerleyip tam yere düşecekken havada öylece kaldı, hayır, öylece *tutuldu* çünkü o ağırlığı içimde, söylememen gereken bir şeyi söylediğinde beliren gizli bir yük gibi hissediyordum. Kitap havada daire çizerken başıma ağrı girince tutmayı bıraktım ve Christine McVie'nin, kusursuzluğuyla insanın içini sızlatan sesi eşliğinde, karoların üstüne düşüverdi. Derinlikli, hem bu dünyaya hem de başka âlemlere ait bir ses.

Başımın ağrısı geçip sonraki şarkı başlayınca doğrulup yerdeki kitaba bakarken az önce olan şeye gülsem mi, ağlasam mı bilemedim ve hem ağlayıp hem güldüm. Derken cam kavanozdaki ışık da yok oldu ve tekrar yatağa gidip sabaha kadar uyumadan öylece yattım.

Christina'nın bana bıraktığı mektup Guardia Civil memurunun elinde olsa da, her bir sözcüğü ve noktalama işaretini hatırlıyor, artık yazdıklarına yeni bir gözle bakıyordum, özellikle şu kısmına:

Ha, bir de en önemlisi: Cala d'Hort'taki Atlantis Scuba'ya git. Alberto'ya benim gönderdiğimi söyle. Senden para almaz. Gidip deniz çayırını gör. Dünya'daki en yaşlı canlı organizmayı.

Bir de lütfen, oradayken, her şeye açık ol. Orada gerçekleşecek bütün değişimler iyi yönde olacaktır. İnan bana.

Bunları içimden on kez tekrarladıktan sonra gözlerimi kapadım ve hayalimde kumların üzerinde seğirten bir ıstakoz canlandı.

Güneş ve Karpuz

Ertesi sabah Santa Gertrudis'teki vegan kafenin önünde otururken hâlâ gördüğüm o ıstakozu ve bu imgenin ne anlama gelebileceğini düşünüyordum.

Alberto evde kalmamı söylemişti ama dışarı çıkma *ihtiyacı* hissetmiştim. Kendim için tehlikeliysem, o zaman nerede olduğumun bir önemi yoktu demek. Tehlike hep yanı başımdaydı zaten.

Ayrıca onun sözlerine güvenebileceğimden hâlâ emin değildim. Tek bildiğim, içimde bana ve Christina'ya olanları araştırıp anlamak için çok güçlü ve ısrarcı bir istek olduğuydu. Cevapların dışarıda olduğuna dair güçlü bir his. Bir de, her şeyin ötesinde: Dışarıda olmak istiyordum. Benim için alışılmadık bir şeydi bu. Karl'ın ölümünden beri dışarı çıkıp bir şeyler yapmayı hiç istememiştim. Ama şimdi içimde öyle güçlü bir merak patlaması vardı ki en derinlerde bir yerde pırpır eden küçük bir motor varmış gibi hissediyordum.

Açık havada, güneşin altında otururken, doğru seçimi yaptığımı biliyordum. Meyve salatam geldiğinde, meyveyle dolu tabağa Matisse tablosuna bakar gibi baktım. Formlar ve renkler beni büyülemişti. Hilal şeklindeki portakalların baştan çıkarıcılığı. Kivilerin canlı yeşili. Dağınık bir güneş sistemindeki gezegenler gibi çarkıfelek meyvesinin etrafında dönen yabanmersinlerinin o yuvarlaklığı. Küp küp papaya. Bir dilim karpuzun siyah çekirdeklerle beneklenmiş kırmızımsı pembe üçgeninde ayrı bir nefaset vardı. Güneşin altında oturup karpuz yemek öyle harika bir histi ki hayatımın daha büyük bir kısmını buna ayırmadığıma şaştım. Neden herkes bunu yapmak için can atmıyordu? Gezegendeki bütün başarılı işinsanları istifa edip sonsuza kadar güneş altında karpuz yiyebilecekken ne demeye ofislerine gidip bilgisayarlarına bakarak çalışmaya devam ediyorlardı ki?

Fakat aklıma giren bazı düşünceler vardı. Kendi düşüncelerim değildi bunlar. Murcia'daki arkadaşlarını ve memleketini özleyen garsonun düşünceleriydi. Müşterilerden birinin düşünceleri de vardı. Gazetede sıcaklıkların tüm dünyada rekor düzeylere ulaştığını okuyan bir İbizalı. Kadının yalnızca iklim yüzünden değil, annesinin sağlığı kötüye gittiği içinde duyduğu kaygıyı hissediyordum. Onun kaygısını kendi kaygımmış gibi hissettim. Üstümden bir bulut gibi geçti. Fakat aynı zamanda otobüsten yeni inmiş yakındaki uluslararası okula giderken oradan geçen üç oğlanın çekingen mutluluğunu da hissediyordum.

Her şey çok tuhaftı. Alberto haklı çıkmıştı. "Çok belirgin değişimler olacak," demişti ve kesinlikle öyle olmuştu. Kalbim çok hızlı atıyordu. Vücudum titriyordu. Beni dipdiri yapan ve dehşete düşüren bu şey yüzünden öleceğimi sandım.

Bunu sözcüklere dökmek çok zor çünkü sözcüklerin çoğu beş duyu için yaratılmış; altıncı, yedinci, otuz sekizinci ya da bu kaçıncı hisse artık, bunları anlatamıyorlar. Ancak derin ve tarifsiz bir *aşinalık* hissiydi diyebilirim. Tüm dünyayı ve içindekileri yakın bir akrabam kadar iyi tanıyordum sanki. Herkesi ve her şeyi tanıyordum ve birini anlayabilmem için ona bakmam yetiyordu. Her şeyin arasındaki bağlantı görünür hale gelmişti. Nasıl bakacağını bilirsen, zaten hep oradaydı.

Öteden beri sevdiğim en ilginç, beni en duygulandıran gerçek hepimizin yıldız tozu olduğudur. Tüm evren içimizde. Bizdeki tüm elementler yıldızlarda da var. Nitrojen, kalsiyum, hidrojen, oksijen, fosfor ve tüm diğer şeyler. Biz de derin boşluktan ve derin zamandan yaratılıp süpernovalar halinde (daha havalı söylenişiyle, supernovae) şekillendirilmişiz. Elementin kendinden daha basit bir şeye ayrıştırılamayan madde olduğunu elbette biliyorsundur. Elementler kozmosun temel taşlarıdır.

Biz elementlerden yapılmışız.

Ayrıştırılamayan ve ebedi olan şey bizim içimizde de var.

Evren bizim kanımızda ve kemiklerimizde.

La Presencia benimle temas ettikten sonra uykudan uyanmış, kozadan çıkıp uçmuş ve her şeyden meydana gelmekle kalmayıp her şeyi görüp anlayabildiğim yeni bir bilinç haline ulaşmıştım sanki. Hem bütünüyle saçma hem de fazlasıyla mantıklı bir şeydi. Fakat dünyaya gelmiş olmak kadar da saçma değildi sanırım. Yoktan var olmak belki de bundan daha büyük bir mucize ama herkesin yaşadığı bir mucize insanın gözünde değersizleşiyor. Arz talep meselesi.

Son yabanmersinini de yedim. Masaya biraz para bıraktım. Adayı tamamen tanıdığım takdirde buraya neden getirildiğimi de anlayacağımı idrak etmiş vaziyette arabaya doğru yürüdüm. Mutlaka bir nedeni vardı çünkü. Biliyordum. Arabaya binerken bir kez daha gözümün önüne gelen ıstakoz imgesini zihnimden uzaklaştırarak kontağı çevirdim.

Yepyeni bir gezegendeydim.

Teknik olarak aynı gezegendi tabii. Aynı Dünya'daki aynı İspanyol adası. Fakat aynı zamanda: Her şey yepyeniydi.

Her şey aniden yoğunluk kazanmış ve bir mucize gibi görünmeye başlamıştı. Geçmişte çok nadir, an an –bir tilki gördüğümde ya da sığırcıkların mırıltılarını duyduğumda– yaşadığım o hissi artık *her şeyde* yaşamaya başlamıştım. Yalnızca portakal suyu ve karpuzda değil (ama özellikle meyvelerde daha önce hiç fark etmediğim bir ihtişam görmeye başlamıştım birden). Doğanın bütün kategorilerinde, hatta insan doğasında bile.

Üstelik hiç deneyimlemediğim kadar müthiş bir yoğunlukta. Dışarıda değişen bir şey yoktu. Dünya geçen yılki ve ondan bir yıl önceki dünyaydı yine. Ada dünkü adanın aynısıydı.

İşte, yeni bir dünyaya gitmek istiyorsan, uzay aracına ihtiyacın yok. Bakış açını değiştirmen yeterli.

Bakış açım tamamıyla değişmişti.

Her şeyde iç sızlatan bir güzellik vardı.

O masmavi gök. Çam kokusu. Ağustosböceklerinin sesi. Yolla göğün birleştiği yerde dalgalanan ısı. Hepsi birden çok gerçek ve çok sihirli görünmeye başlamıştı.

Radyoyu açtım. Yine o elektronik müzik çıktı –canlı parçanın Alok diye Brezilyalı bir DJ'e, daha önce adını bile duymadığım birine ait olduğunu anında bildim– ama sinyal sürekli kesilip durduğu için İspanyol bir pop müzik kanalı buldum. Hiç duymadığım bir şarkı çalıyordu ama her nasılsa şarkıya dair her şeyi biliyordum. Adının "Despechá" olduğunu biliyordum. İspanyol şarkıcı Rosalía'nın söylediğini ve 2002'de çıktığını biliyordum. Sanırım boşlukları doldurarak edindiğim bir bilgiydi bu. Resmi ne olduğunu tahmin etmek için yapbozun bütün parçalarını yerleştirmeye gerek olmaması gibi. Fakat şimdi tek bir parçaya dayanarak bütünü görür gibiydim. Pop müziğe dair her şeyi bilmem için tek bir pop şarkısı dinlemiş olmam yeterliydi. İspanyolca şarkının sözlerini anlıyordum. Şarkıcının dans ederek gönül yarasından kurtulmaktaki kararlılığını duyuyor ve ne kadar eğlendiğini hissediyordum. Acının neşeye dönüşme şekli hoşuma gitti. Anında havaya girdim. İlk kez duyduğum bir müzik türü olduğu halde omuzlarımı bile oynatmış olabilirim. Ardından rapçi 21 Savage'ın bir şarkısını çaldılar ve şarkıya bayıldım. Sesi açıp başka jenerasyondan, yaşam tarzı ve psikolojisi bambaşka biriymişim gibi başımla ritim tuttum.

Kalıplar her yerde mevcut. Geçmişte şahit olduğun bir şey –mesela uçaktaki bir sohbet– hafiften şekil değiştirmiş bir halde şimdiki ânın içine giriveriyor. Bir kadının tişörtündeki şarkıcı dinlediğin bir melodiye dönüşüyor. Ardından Taylor Swift'in "Mirrorball"* diye eski bir şarkısı çaldı ve o şarkıdan bir şekilde keyif almış bütün insanlar bendim. O şarkı benim de disko topu olduğumu anlamamı sağladı ama tersyüz edilmiş haliyle. Topun iç tarafı aynalarla kaplanmıştı. Dünya beni yansıttığım açılarla görmüyordu da, dünyanın kendisi disko topuydu, ben yer çekirdeğiydim ve dünya bütünüyle, eşzamanlı olarak, dört bir yandan bana parıldıyordu ki şu an bu çok ürkünç geliyor ama o an için bana müthiş bir coşku verdi. Şarkı bitince reklamlar başladı ve reklamlar da –haberler gibi– artık hafiften midemi bulandırma potansiyeline sahip oldukları için klasik rock çalan bir kanal buldum ve bulduğumda AC/DC'nin "You Shook Me All Night Long"u çalıyordu. Karl'ın sayesinde çok duyduğum, başımı ağrıttığı için sesini kısmasını istediğim bir şarkıydı. Ama bu kez sesi ben açtım. Sonuna kadar. Camı indirip şarkıya eşlik ederken o güne dek arabada hiç şarkı söylememiş olduğumu fark etmek hem komik hem de üzücü geldi. Öyle iddiasız bir güç vardı ki bunda,

* (İng.) Disko topu. *(e.n.)*

keşke Karl da olsaydı, bundan söz etseydik, diye düşündüm. Hayat buydu. Hayat AC/DC'ydi. Hayat bendim.

Doğru gözle bakılıp doğru kulakla dinlendiğinde her şey güzel olabilir, Maurice. Bütün müzik türleri. Bütün hüzünler ve bütün hazlar. Alınan ve verilen her nefes. Her bir gitar solosu. Bütün sesler. Asfalt kenarındaki her bir bitki.

Mary Shelley'nin bir sözü aklıma geldi. *Frankenstein*'dan. *Monte Cristo Kontu*'ndan sonra en sevdiğim ikinci kitaptır. Söz şöyleydi: "Ruhumda anlayamadığım bir şey iş başında."

Beyaza boyalı kilisenin olduğu meydana geldiğimde radyonun sesini kıstım ve vegan bir kafenin önündeki hasır koltuklara yayılmış gülümseyerek mavi smoothie'lerini içen, belden aşağılarına canlı renklerde batik kumaşlar sarmış, tenleri güneşten kayış gibi olmuş, yaşlı ve zengin bir hippi çift gördüm. Arabayla yanlarından geçerken, halinden memnun rahatlıklarını kendime ait bir hismiş gibi algıladım; verilen bir nefes gibi zihnime ulaştı. Yaşlı bir adam bir kapı aralığında durmuş kırışık, şaşkın gözlerle dışarıdaki dünyaya bakıyordu. Adamın çocukken, muhtemelen ellili yıllarda o sokakta oynadığını, asker gibi giyinmiş sert bir Guardia Civil mensubunun temkinli bakışları altında tenekeden yapılmış sepetli bir oyuncak motosikleti taş yolda ittiğini gördüm. Görünürde tek bir vegan kafe yoktu.

Santa Gertrudis'ten çıkarken, radyoda klasik müzik kanalı buldum. Radio Clásica. Elgar'ın E Minör Viyolonsel Konçertosu'nun ilk bölümü çalıyordu. Bu da bildiğim bir şeydi. Evdeyken sık sık klasik müzik dinlerdim ama bu kez müziği iliklerime kadar hissettim. Yaylıların sesi yükselen bir dalgaydı ve ben o dalganın üstünde süzülüyor, yükseliyor, ayaklarım yere basmadan, hiçbir bağım olmadan, hayatta olduğum bilgisi dışında tutunacak hiçbir şeyim olmadan, duygulardan oluşmuş bir akıntıda sürükleniyordum.

İki işçinin bir yatağı bu iş için uygun olmayan küçük bir minibüsün arkasına sığdırmaya çalıştığı küçük bir garajın önünden geçtim. Oradan geçerken, gülüşen adamların mutluluğu içimde dalgalandı.

Kedi

Yoldan yavaşça ve çalımla geçen, zihni şaşırtıcı derecede sakin ve yol kavramına yabancı yabani bir kedi vardı. Öyle güzel, görkemli, muhteşem bir yaratıktı ki durup kediye yol verdim.

Derken ruh halim değişti.

Nasıl olduğunu anlamadım ama direksiyonu tutarak öylece otur, kedinin geçmesini beklerken, aklımdan bana ait olmayan anılar geçmeye başladı. Birçok anı bir anda gelip geçti.

Bu güç -yetenek- adı her neyse, gitgide artıyordu. Baş döndürücü bir hızla. Christina'yı hissediyordum. Arabada değil plajdaydı ve onun kocasıyla kavga ederken duyduğu öfkeyi, küçük bir kızken kumdan kale yapıp birden ağlamaya başlayarak kaleye vururken, kaleyi yerle bir ederken duyduğu suçluluk hissini tattım.

Ardından, daha yakın bir zamanda, siyah saçları darmadağın görünen gözlüklü bir kadınla birlikte gördüm Christina'yı. O arabadalardı. Es Vedrà'ya yapılacak otelden söz ediyorlardı.

"Bu işin arkasında kim var?" diye sordu kadın.

Christina cevabı bilmiyordu. "Göremiyorum. Yoklar."

"Her şeyi görüyordun ama."

"Bunu göremiyorum."

Bu anı her nedense başka bir anıya bağlandı. Christina'yı bir adamla konuşurken gördüm. Adamın yüzünü göremiyordum. Guardia Civil memuruna rüşvet veren adamda olduğu gibi. Ama aynı kişiydi. Emindim.

Anılara öyle dalmışım ki arkamda huysuz kazın çıkardığı sesler gibi korna öttüren bir kamyon olduğunu geç fark ettim.

Yola devam ettim. Christina'yı aklımdan çıkarıp arabayı sürmeye odaklanmaya çalıştım ama kolay olmadı. Sorun yalnızca Christina da değildi. Dört bir yanımda bilgi vardı. Yalnızca arabaları değil, düşüncelerle duyguları da geçiyordum. Aşk, nefret, kayıtsızlık.

Hayat denizinin içine dalmıştım. Bir arabada uyuşturucu araması yapan Guardia Civil memurlarının ve havalandırma deliklerine bakmamalarını dileyen kaygılı sürücünün yanından geçtim. Yanından geçtiğim bir köpeğin yalnızlığını hissettim. Başımda çoğu beyazlamış 123.210 tel saç olduğunu bildiğim gibi, önünden geçtiğim bir ağacın 86.427 yaprağı olduğunu da bildim her nasılsa.

Fakat kapıldığım dehşet yavaş yavaş dindi.

Derken üstü açık bir Jeep'i geçtim ve şoförünü tanıdım. Bu bilgi yeni yeteneklerim sayesinde mi geldi yoksa onu ilan panolarındaki resimlerinden mi tanıdım, bilmiyorum. Ama kesin oydu. Lieke. Christina'nın kızı. Büyük bir bahçe merkezinin –Eiviss Garden'ın– önüne park ediyordu ve çok fazla düşünmeden hemen U dönüşü yapıp ben de oraya park ettim.

Lieke

Lieke'yi bir arada sergilenen çeşit çeşit saksılı sukulente bakarken buldum.

"Merhaba," dedim. "Rahatsız ettiğim için özür dilerim. Ama sen Lieke'sin, değil mi?"

Lieke uzun boylu, annesinden daha uzun bir kadındı ve gözünde güneş gözlüğü, üstünde uzun bir yelek, başında o sıcağa rağmen platin rengi saçlarını gizlemeyen bir bere vardı. Burnundaki halkayı o anda fark ettim. Bir DJ olarak boynuna "Silence"* dövmesi yaptırması tuhaf geldi. Gözlerini annesinden almıştı ama daha sert bir havası vardı. Dayanıklı, güçlü biri gibi görünüyordu. Ama aynı zamanda bunun bir zırh olduğunu hissettim. Aslında o da herkes kadar kırılgandı. Fakat buruk bir başkaldırının ve hüznün notalarını yayan zihni doğruyu söylüyordu.

Lieke başını salladı. Sesini çıkarmadı.

İnsanların onu tanımasına alışkındı ama ben alışkın olduğu tiplerden değildim herhalde.

"Ben Grace. Grace Winters. Annenle yıllar önce kısa bir arkadaşlığımız olmuştu."

Bu kez o hüznün içinde dikenler belirdi. Benimle konuşmak istemediği belliydi. Yanına gittiğime pişman oldum. Ama gitmiştim artık. Ben de diyeceğimi, olabildiğince çabuk, deyiverdim.

"Annen evini bana bıraktığı için kendimi garip hissediyorum. Hani yani. Hiç doğru gelmiyor. Kendi ailesi varken. Bana bırakmış olması. Demek istediğim, o eve ihtiyacın olursa ya da gelip kalmak istersen, kapısı sana her zaman açık. Bu konuda konuşmak istersen de—"

* (İng.) Sessizlik. *(e.n.)*

"Aramız iyi değildi," diye sözümü kesti Lieke, bir para ağacının kalın, diri ve mükemmel yaprağına dokunarak. "Hem artık kendi evim var. Tepelerin birinde. Sorun değil. Kendinizi kötü hissetmenize gerek yok."

Garip bir aksanı vardı. Venn şemasında Amerikan ve İngiliz İngilizcesi, Hollandaca ve İspanyolca birbirleriyle kesişmiş ama aynı zamanda hiç kesişmemiş gibi.

Lieke'nin tepedeki evini gördüm. O cümleyi söylerken düşüncesine erişebilmiştim. Havuzda yüzdüğünü, erkek arkadaşının hamaktan onu izlediğini gördüm.

Burada durmam gerekirdi. Eskiden olsa sohbeti burada keserdim şüphesiz. Fakat yeni halim birden her şeyi fazlasıyla umursar olmuştu. Bu yeni araştırmacı ruhla sordum: "Aranız neden iyi değildi?"

Bu kadar kişisel bir soru sormam kabalıktı ama bilmem gerekiyordu ve erişmem gereken çok fazla karmaşık düşünce vardı. Bir yere varmak istiyorsan, bazen de dümdüz gitmen gerekir.

"Onunla birlikte olmak çok zordu."

"Güçlü inançları mı vardı?"

"Sorun yalnızca inançları değildi. Yalnızca çok fazla ot içmesi değildi. Çok gerçek bir şeydi. O şey onu ele geçirmişti."

"O şey dediğin nedir?"

İç çekti. Nefesi kesik kesikti. Bir kalp atışı gibi. Sonra sel gibi aktı içindekiler.

"Bir deneyim yaşamıştı. Okyanusta. Ondan sonra, başka şey düşünemez oldu. Normal insan gibi davranamıyordu. Her konuşmamızda geleceğimle ilgili şeyler söylüyordu. Her dediğinin doğru çıkması durumu daha da kötüleştiriyordu. Yani, insan bütün olacakları bilirken, hayatına nasıl devam edebilir ki? Ben bilmek istemedim. Bundan vazgeçmesini söyledim. Normal insanlar gibi yaşamasını söyledim."

"Normal insan bulmak kolay değil," dedim. "Ama üzüldüm. Senin için çok zordu herhalde."

"İlişkimiz başından beri sorunluydu. Boktan bir anneydi. Bu sonuca varabilmek için terapiste on bin avro saydım. Ama boktan bir annem olmasıyla baş edebilirdim. Baş edemediğim şey, geleceği görebildiği için bana sürekli ne yapmam gerektiğini söylemesiydi, anlatabiliyor muyum?"

"Tanrı'nın annen olması gibi bir şeymiş. Tanrı'nın annesi olmasını kim ister ki, değil mi?"

"Annen Tanrı olduğunda, cennetten kovulmaktan başka şansın kalmıyor. İlişkiyi sürdürmek imkânsız hale gelmişti. Yalnızca yaptığım müzikten, işimden, erkek arkadaşımdan hoşlanmadığını söyleyip durduğu için de değil, hayatı hayat yapan şeyi elimden alıyordu. Yani *öngörülemezliği*. Evi size bırakacağını söylediğinde, sorun yok dedim. O küçücük boktan evini istemediğimi söylemem hiç hoşuna gitmedi. Es Vedrà'da yapılacak otele karşı düzenlenen protestoya destek olduğunu söyledi ve umurumda bile olmadığı için bana çok kızdı..." Lieke'nin sesi değişmemiş ama pişmanlığı su yüzüne çıkmaya başlamıştı. "Sonumuz kötü oldu..."

Yüzü duygularını ele vermese de, düşünceleri kor gibiydi. Bir anlık boşlukta, annesine zarar vermek istemiş olabileceğini düşündüm. Zihnine girdiğimde tek gördüğümse, tartışmanın sonunda Christina'nın attığı tokat oldu. Buna inanmak zordu. Christina. Barışsever, müzisyen Christina.

"Çok zor. Bu son konuşmanız mıydı?"

"Yok."

"Öldürüldü mü sence?"

"Öldürüleceğini görmüştü. Ama bir planı olduğunu söylüyordu. Zaten her zaman bir planı vardı. Söylediği son şey buydu. Buradan daha iyi bir dünyaya gidip ortadan kaybolacaktı ve geride kimleri bıraktığı umurunda bile değildi. Beni başından beri pek umursamamıştı. Ben de duygularına karşılık vermeye çalıştım işte."

"Cenneti mi kastediyordu? Daha iyi bir dünya derken yani."

Lieke başını iki yana salladı. "Hayır. Başka bir gezegeni kastediyordu. Başka gezegene gidebileceğine inanıyordu." Gözlerini kocaman açtı ve bu hareketin ardındaki düşünceyi sezdim. Basit bir düşünceydi: *Biliyorum, hepsi delilik.*

Lieke başını çevirdi. Market arabasına bir bitki koydu. Gitmemi istiyordu.

"Kusura bakma, rahatsız ettim."

Bu sözümle yumuşadı. Yaprakların arasından güneş görünmüş gibi. "Sorun değil."

Aklımda doğruluğundan emin olduğum, taş kadar sert bir bilgi vardı. Onunla paylaşmam gerekiyordu. "Annen seni seviyordu."

"Evet. Biliyorum. Seni de severdi."

Bunu çok gülünç buldum. "Beni tanıyor sayılmazdı ki."

"Senden çok söz ederdi. Ben çocukken. Hayatını senin kurtardığını söylerdi."

Kafamı salladım. "Yalnızca biraz arkadaşlık etmiştim."

Lieke'nin yüzünde sonsuz karmaşıklıkta bir tebessüm belirdi. "Bazen tek ihtiyacımız da budur."

"Doğru. Peki. Hoşça kal."

Ben yürümeye başlamışken, Lieke tekrar konuştu. "O evi sana boş yere bırakmadı. Seni davasına ortak etmek içindi. Tuzak kurdu. Onun yerine geçeceksin. Ama sen onun gibi olma, tamam mı?"

"Elimden geleni yaparım."

"Tekno müzik sever misin bilmiyorum ama istersen yarın için seni Amnesia'nın davetli listesine yazdırabilirim." Benimle yaşımı ve dış görünümümü sorun etmeden, bu şekilde konuşması hoşuma gitmişti. Eşine az rastlanır biriydi. Önyargıdan yoksun bir insan. "Carl Cox, Amelie Lens ve Adam Beyer da çalacak... terasta Paco Osuna var. Hepsi de müthiş DJ'lerdir. Bu yazın en unutulmaz gecesi olacak. Yanında birilerini de getirebilirsin. Grace Winters artı iki."

Dans ettiğimi düşündüm. Çok da itici bir fikir değildi. Amnesia'ya giderken ne giyileceğinden haberim yoktu. Marks & Spencer pantolonum ve işlemeli bluzumla gitsem olur muydu acaba?

Sonra her nedense, ben, emekli matematik öğretmenin şu cevabı verdi: "Aa. Teşekkür ederim. Harika olur."

Zihnime Sığmayan Şey

Oradan Cala d'Hort'a gittim. Arabayı toprak otoparka bırakıp tabelasında *LÜTFEN DEĞERLİ EŞYALARINIZI ARABADA BIRAKMAYIN, ÇALINABİLİR* yazan bir restoranın önünden geçtim.

Atlantis Scuba'ya kadar yürüyüp Alberto'yu aradım ama hiçbir yerde yoktu. Bir tek koca boynuzlu siyah-beyaz keçi Nostradamus vardı.

Atlantis Scuba kulübesinin önünde, kil rengi toprak yola konmuş bir kap yulafın tadını çıkarıyordu. Alberto, Nostradamus'un insan sevmediği konusunda haklıydı. Hayvanın yaydığı insan sevmezlik titreşimleri ağır kokusuyla birlikte bana kadar ulaşıyordu.

Onu anlayabildiğimi fark etmek ürkütücüydü. Keçilerin düşüncelerini insanların kullandığı herhangi bir dille ifade edebilmek çok zor. Bu insan sevmezliğin dışa vurumu olan huysuzluğun mizah yüklü bir huysuzluk olduğunu söyleyebilirim ancak. Keçiler her şeye belli bir bakış açısından bakar. Uyum sağlayamadıkları şeylere yalnızca tahammül eder gibidirler. Alberto'nun ona Nostradamus demesindeki ironiyi de o an anladım. Gelecek, keçilerin umurunda değildi. Gelecek de onları bağlamıyordu, geçmiş de. Her daim hoşnutsuzluk duydukları bir şimdiki ânın içindeydiler. Nostradamus'u tahıllarıyla baş başa bırakıp plaja kadar yürüdüm ve lokantalardan birinin yakınında, giyinik vaziyette kuma oturdum.

Nereye baksam birilerini görüyor, hepsinin düşünceleriyle duygularını hissediyordum. Bütün bunları anlatabilmek için Karl'ın da yanımda olmasını diledim. Biriyle birlikte olmanın en iyi yanlarından biri budur. Yaşanan deneyimin çılgınlığına karşı tampon görevi görürler. Ve o an yaşadığım deneyimden daha çılgını olamazdı.

Kumda oynayan bir çocuk, beş yüz küçük kediyle tek bir kaplan kapışsa, kavgayı kimin kazanacağını düşünüyordu. Annesi kumsalda yürüyen genç bir adamla ilgili hayaller kurarken, babası okuduğu gerilim romanına odaklanmaya çalışıyordu. Başkanı öldürme planına dahil olan hain bir CIA ajanının hikâyesine.

Es Vedrà denilen o kayaya ve ondan daha küçük, daha düz görünen kardeşi Es Vedranell'e baktım. Küçük adacığın üzerinde yükselen büyük adacık çocuğunu koruyan bir anne gibiydi.

Adacıkları çevreleyen denize baktım.

Zihnim artık hemen her şeyi biliyor gibiydi ama bir tek denizi tam anlayamıyordu. Deniz gizemini koruyor, bir tek ona bakmak bile beni sakinleştiriyordu. Zihnime sığmıyormuş gibi görünen tek şey oydu.

İmkânsız Hayat

Kumda otururken, hayatımın böyle imkânsız bir yola girmesini komik bularak sessizce kıkırdamadan edemedim. Belki de başından beri imkânsızdı. Uzayda dönüp duran bir kayanın üstünde yaşamanın ne kadar garip olduğunu hiç düşünmeyişimiz; belki de esas komik olan buydu. Yoktan var olmamız, bütün evrenin yoktan var olması, var olması imkânsız *bir şey* olarak boşlukta belirip o evrenin içinde yaşamamız. İmkânsız hayat. Her an hatırlanması gereken bir şans.

Keçi Vakası

Restoranlardan birine çok yakındım ve çok geçmeden orada yemek yiyenlerin konuşmalarına, köpürerek iç içe geçen farklı dillerde laklak eden bir derenin akıntısına kapıldım. Uçakta duyduğumu hemen hatırladığım iki yaşlı insanın sesini duydum. Kitaptan İbiza'daki yürüyüş rotalarını inceleyen yaşlı çift oradaydı. Istakoz tankının yanında oturmuş balık çorbası içiyor, öğleden sonra yakındaki Roma kalıntılarına kadar yürümeyi planlıyorlardı.

Kadın kitaptan bir şey okudu. Adları söylenmediği halde artık ikisini de tanıyordum. Cotswolds'taki bir köyde yaşayan Olive ve Michael. Hayatlarının çoğu birlikte geçmişti ve Olive evlerine, İngiltere'ye döndüklerinde öğrenecekleri, Michael'a ait biyopsi sonuçlarını düşünmemeye çalışıyordu. Michael da sonuçları düşünmemeye çalışıyordu ama içinde kötü bir his vardı. Bunu gizlemeye çalışmasının verdiği yorgunluğu hissettim. Aralarındaki sevgiyi de gördüm; yanık turuncu gibi, günbatımında görülen, ufukta batarken daha da güzel görünen güneşin yaydığı türden, sıcacık bir renkteydi. *Belki de hayal ediyorum*, diye düşündüm. Evet. Belki de her şeyi hayal etmiştim. Ama hayal ediyorsam, olacakları nasıl biliyordum? Arabaları. Söylenecek bütün sözleri. Garsonun geleceği ânı. Dönüp bakmadan önce, garsonun olduğu gibi gözümün önüne gelişini. Bütün bunlar hayalse, bütün dünya hayaldi.

Ortaya çıkan bu yeni his cidden çok korkutucuydu. Tekrar denize odaklanmayı denedim ama bir silah sesi duydum. Çok uzaktan gelen belli belirsiz bir sesti ve benden başka kimse duymamıştı. Midem kasıldı. Deniz bisikletlerinin ötesinde bir tekne gördüm. Gözüme Es Vedrà'nın ötesindeki beyaz bir nokta gibi göründü. Fakat zihnimdeki imge daha netti. Es Vedrà'nın dibinden göreceğim kadar net görebiliyordum. Küçük bir kamarası vardı ve yan tarafında *Sekizinci Mucize* yazıyordu. Evin önünden geçen yolun karşısındaki ilan panosunu hatırladım. Oradan kilometrelerce uzaktaki Cala Llonga'ya yapılacak Sekizinci Mucize Oteli'nin reklamını.

Teknenin güvertesinde bir adam vardı. Adamı çıplak gözle görebilmek neredeyse imkânsızdı. Çok uzak mesafedeki birinin başındaki tek bir saç telini seçebilmek kadar zordu.

Ama ben adamı görmeden görebiliyordum. Anıları görmeden görebildiğimiz gibi. Şimdiki anda yaşanan bir anı gibiydi ve bu anı bana ait değildi. Adam güneşin sert ışığına karşı gözlerini kısmış, denizin üstünden tüfeğinin dürbünüyle o gizemli kalker kayacın, Es Vedrà'nın dik bir yamacının ortasında duran keçiye bakıyordu. Keçi Nostradamus'tan farklı renklerdeydi. Siyah beyaz değil, kahverengi beyazdı ve boynuzları daha küçüktü. Adam teleskopik mercekten keçinin dosdoğru onlara baktığını görebiliyordu. Az önce başka bir keçinin ölümüne tanık olan hayvan neler olduğunu anlamıştı.

Adamın adı Nicolau'ydu. Canı çok sıkkındı. Kız arkadaşının buna ne diyeceğini düşünüyordu. Ama kız arkadaşı bunu asla bilmeyecekti. Sonuçta, kati bir dille kimseye bir şey söylememesi emredilmişti.

Nicolau internetten keçinin çok zeki bir hayvan olduğunu, insan yüzlerini ve yüz ifadelerini hatırlayabildiklerini duymuştu. Keçinin kendi yüzünü göremeyeceği kadar uzakta olduğunu umuyordu. Bu işi yapmak istemiyordu ama patronu iyi para vermişti ve yaptığı şey yerel yönetim tarafından da onaylanmıştı. Adacığı bütün hayvanlardan arındıracaklardı. Nedeni belirsizdi, patronu söylememişti. Ama yapılacak tatil köyü için olduğu ortadaydı; bu kadar zor bir yere nasıl otel inşa edileceğini anlamamış olsa da. Meslektaşı Hugo'nun elini omzunda hissederken, Nicolau yapması gerekeni biliyordu yani.

Bense tam aksine, o kalabalık plajda tek başıma otururken, onun ne yapmak üzere olduğunu biliyordum. Her nedense, buna izin veremedim. Çünkü hem adamın neler hissettiğini biliyordum hem de keçinin. Arkadaşının ölümü yüzünden duyduğu acıyı hissediyordum. Nabız gibi atan bir karanlığa benziyordu. Dilek tutar gibi gözlerimi kapadım.

Birden Nicolau'nun zihnine girdim. Zihnini görmekle kalmıyor, etkileyebiliyordum da.

Nicolau nefesini tutup parmağını tetiğe değdirdi. Tetiğe basmayı denedi ama yapamadı. Tüfek bozulmuş olabilir, diye düşündü. Emniyet mandalına baktı ama onda da sorun yoktu. Tekrar tetiğe basmayı denedi ve bu kez sorunun tüfekte olmadığını anladı.

Öteki adam –Hugo– arkadaşının haline güldü. Sorunun ne olduğunu sordu.

Kafasını sallayarak tüfeği arkadaşından alan Hugo daha zorlu çıktı. Onun zihnine giremedim. Kapalı bir kapı vardı.

Yapma, dedim Hugo'ya. Vicdanının sesi oldum. *Tetiğe basma. Bırak keçiyi, yaşasın.*

Hugo ansızın yaşadığı sorunun nedenini anlayamadan gözlerini kırpıştırdı; sonra tekrar kırpıştırarak beni aklından attı. Bir an dikkatim dağıldı. Yakınımdaki çocuk kız kardeşi kalesini bozduğu için yaygarayı basmıştı.

Sonra ateş sesi geldi. Es Vedrà'nın öbür yanında olduğu için, dünyanın en iyi görüşüne sahip olsam bile görmem mümkün değildi. Buna rağmen zihnimde plajdan ve bozulmuş kaleden daha canlı bir görüntüsü belirdi. Adacıktaki uçurumdan hızla düşerken kayaya iki kez daha çarpan keçi sonunda suya düştü.

Yine midemin kasıldığını hissettim.

Hugo pişmanlık içinde şöyle bir denize baktıktan sonra başını çevirdi.

Kendime kızarak öylece oturdum. Bir canlının ölümüne engel olmaya çalışmış ama başaramamıştım. Gözlerimi bozulmuş kumdan kaleye dikerken, lokantadan gelen sesler yine bana doğru akmaya başladı. İspanyolca, Katalanca, İngilizce, Felemenkçe konuşanların seslerini duyarken, o sesleri çevreleyen ve seslerin içerdiği düşüncelerle anıları da hissediyordum; sözcüklerin her biri bir düşüncenin paketiydi ve ben o paketleri anında açabiliyordum sanki. Ama hepsinin içinde öne çıkan tek bir ses, tek bir zihin vardı. İngilizce konuşan birinin sert, asabi sesi. Düşünceleri de sertti, bana doğru duman gibi sürüklendiklerini hissettim.

"Pardon," dedi, Cotswold'lı çiftin iki masa ötesinde oturan adam. "Paellamızın içinden bu çıktı."

Garson şaşkın şaşkın adama baktı. Adam garsonun gözlerinin içine baktı.

Adam –adı Brian'dı– o saç telini az önce Kleopatra'nın mezarından bulup çıkardığı tarihi öneme haiz bir şeymiş gibi havaya kaldırarak, "Saç," dedi. "Göreceğiniz gibi, bizim saçımız da değil."

Londra'da yaşayan Brian, danışmanlığını yaptığı sigorta şirketindeki çalışan sayısının azaltılması gerektiği konusunda taviz vermediği gibi, yine taviz vermiyordu.

"Ah, çok özür dilerim, efendim. Hemen mutfağa bildiriyorum."

Brian'ın konuştuğu garson, Vicente diye bir adamdı. Vicente'nin hüzünlü bir havası vardı. Ekvador'dan İspanya'ya gelmeden önce bile sürekli hissettiği, bir çeşit vatan hasreti. Kendini bir yere ait hissedememe hali. Gözlerimi kapayınca, Vicente'nin daha dün yaşadığı bir şeyin taptaze anısını, adanın batısındaki Cala Bassa'da kiraladığı evin mutfağında, uzaktaki bir inşaatın gürültüsü pencereden içeri dalarken bakakaldığı mektubu, mektubu evsahibinin o küçük daireyi bir seyahat şirketine satacağını ve kendine başka bir yer bulması gerektiğini haber vermek için yolladığını gördüm. Bütün bunları bilerek uzun boylu, sıska Vicente'nin zalim bir kralın önünde reverans yapan bir saray mensubu gibi Brian'ın karşısında eğildiğini gördüm.

"Bunu yiyemeyiz. Parasını da vermiyoruz."

"Tabii ki. Çok özür dilerim."

"Özür yeterli olmuyor, maalesef."

Vicente adama bir an boş boş baktı. Brian buna iyice köpürdü. Dişlerini sıkarken çok öfkeliydi ama zihnimde kibirle üstten bakan, incitme isteğiyle yüklü mor bir bulut şeklinde beliren tuhaf bir öfkeydi bu.

"Siz beni dinliyor musunuz?"

Kocası elindeki çatalı sallarken, karısı elini Brian'ın koluna koydu. Kadının zihnine girmeyi denedim ama koyu gölgeler altındaki birini görmeye çalışmak gibiydi.

"Evet, elbette. Durumu derhal mutfağa bildireceğim ve—"

"Ve?"

İçimden yükselen öfkeyi hissettim. Böylesi bir duygu normalde zihnimde dönüp durur ve bir hedefe ulaşmazdı. Orada kalır, daireler çizerek dökülmüş yaprakları havalandırırdı. Ama tabii ki artık normal değildim. Zihnim bedenlenmiş gibiydi ve bedenlenmiş şeyler fiziksel alanda nasıl hareket edebiliyorsa, benim zihnim de birdenbire canının istediği yere bizzat girip çıkabilen, trafik ışıklarını takmayan rüzgâr misali bütün engelleri aşan bir şeye dönüşmüştü sanki. Başka bir deyişle, bana gelen bilgiyi yalnızca almıyordum. Bilginin üstünde oynayabiliyordum. Onu eğip bükebiliyordum. Bir dileğin enerjisini güce dönüştürebiliyordum.

Brian çatalı zavallı garsona doğru sallayarak konuşmaya devam ederken –müdürü görmek istediğinden, sağlık ve hijyen kurallarından, hesabın tamamını ödemeyi reddettiğinden, TripAdvisor'a bir yıldızlık yorum bırakacağından, böyle bir yerde çalıştığı için Vicente'nin utanması gerektiğinden dem vururken– içimden bir dileğin yükseldiğini hissettim.

Dilek şuydu: *Kes sesini, Brian.*

Israrcı bir dilekti. *Kes kes kes kes kes, Brian, kes sesini.*

"Yani," dedi Brian, ben zihnimde mor renkten başka şey göremezken, "görülmüş şey değil. Cidden. On yedi avroyu böyle bir—"

O anda oldu. Mor renk, okyanus mavisine dönüştü. Brian susuverdi. Nasıl bir hayrete düştüğümü anlatamam. Düşüncelerim tezahür etmişti. İçsel olan şey dışarıyı kolayca şekillendirmişti.

Brian'ın dudakları birbirine yapışmış gibiydi. Konuşmaya çalışıyor ama konuşamıyordu. Şiddetli kabızlıktan çekiyormuş gibi, garip bir homurtu çıkarmaya başlamıştı.

"Brian?" dedi karısı. "Brian, iyi misin? Brian?"

Charlotte. Kadının adın Charlotte'tı. Kendi yarattığım bu karmaşanın içinde aklımdan bu isim geçiverdi.

Ama Brian iyi değildi çünkü bu kez de elindeki çatal özgürlüğünü ilan etmiş gibiydi. Konuşmakta zorlandığı gibi, çatala hâkim olmakta da zorlanıyordu sanki. Çatal canlanmış gibi görünüyordu. Âdeta ona başkaldırıyordu.

O sırada telekineziye dair hiçbir şey bilmiyordum. Telekinezi gücü için demirin bilhassa uygun bir malzeme olduğunu, paslanmaz çelik demir içeren bir alaşım olduğundan, çatal gibi basit ve hafif bir şeyin kolayca yönlendirilebildiğini bilmiyordum. Tam bir sürpriz oldu. Brian garsona sallayıp durduğu çatalı şimdi kendi eliyle bacağına saplıyordu. *Olamaz. Zavallı Brian.*

Lokantadaki herkes şarap içmeyi, aioli'lerine ekmek banmayı bırakıp öylece bakakalmıştı.

Charlotte şok, endişe ve öfke karışımı tuhaf duygular içerisindeydi. "Brian, ne yapıyorsun sen?"

O anda bıraktım. Brian da bıraktı ve gevşeyip kocaman açılan ağzından bir feryat çıkarken bacağına saplı çatala bakakaldı. "Siktöööörrrr," diye bağırdı.

O acıyla çığlık atarken, ben de attığı çığlığı içimde hissederek Brian'ın çocukluğunu gördüm. Isırganların içine düşmüştü. Hayır. Hayır, itilmişti. Brian ayağa kalkmak için debelenirken öteki çocukların güldüğünü, onunla alay ettiğini gördüm ve ben bunları görürken çatal bacağından uçup yerde biraz kaydı; karısıyla garson Brian'ı sakinleştirmeye çalıştı. Kendimi suçlu hissettim. Fakat dikkatimi dağıtan bir şey vardı. Katıksız bir korku, klostrofobi ve azap. Bu hissin benden gelmediğini anladım. Hatta Brian'dan ve garsondan da gelmiyordu.

Istakoz tankından geliyordu.

İçimi dehşet kapladı, kalp atışım giderek hızlandı ve ansızın nefes almakta zorlanmaya başladım. Radyoda ıstakozun da içinde olduğu kabukluların acıyı hissedebildiklerini ve strese girdiklerinde sığınacak bir yer aradıklarını duymuştum bir seferinde.

Vücudum zihnimden kaynaklanan bu yoğunlukta bir acıyı yalnızca Wragby Road'un ortasında dizlerimin üstüne çöktüğümde, Daniel'ın hâlâ hayatta olması için dua ederek avaz avaz ağladığımda tatmıştı.

Kalkıp kumların üzerinden arabaya doğru yürüdüm ama tanktaki hayvanlardan gelen his bana fazla gelmeye başladı. Su tankındaki bir ıstakozun yaşadığı his, panikle karışık trajik bir engellenmişlik hissi. Istakozlarda DNA'larını koruyan bir enzim var. Telomeraz enzimi. Bunu nereden bildiğimi bilmiyorum ama biliyordum işte. Daha da önemlisi, yaşadıkları trajediyi hissediyordum. Bunlar hiç yaşlanmayan yaratıklar. Biz rahat bıraksak, ölümsüz olabilirler. Doğal yolla yıpranmazlar. Sonsuzlukları ellerinden alınmıştı ve sonsuzluğunun elinden alınmasını kim isterdi ki? Istakozlar özgür olmak istiyordu. Özgür olmalarını ben de istedim. Buna nasıl bir özlem duyduklarını ve ne kadar aciz durumda olduklarını hissettim. Bu isteğe karşı koyamadım ve tekrar dönüp lokantaya doğru yürüdüm. Yemek yenilen yerle plajın arasındaki yolda durup gözlerimi transa girmiş gibi su tankının içindeki hayvanlara diktim. O an deli gibi görünüyordum herhalde.

O his arttıkça artıyor, büyüdükçe büyüyordu. Derken cam çatlayarak paramparça oldu. Karo kaplı zemini cam kırıkları ve aniden hareketlenen on-on beş tane sert kabuklu dekapodla yüklü bir sel kapladı.

Brian ve çatal olayı yüzünden zaten biraz gerilmiş olan müşteriler, bu kez düpedüz şoka uğradı. Hepsi ayağa kalktı hatta bazıları ıstakozlardan kaçmak için sandalyelerin tepesine çıktı.

Kabuklu hayvanlar incecik bacaklarıyla bu kaosun içinden geçerek plaja doğru yürüdü. Kıskaçları birdenbire bantlardan kurtulmuş, duyargaları deli gibi oynamaya başlamıştı. Brian'ı ve ağlamaya başlayan birkaç çocuğu sakinleştirmekle, yerleri süpürüp paspaslayarak deniz manzaralı, resim gibi lokantalarına düzeni biraz da olsa geri getirmekle meşgul olan çok sayıda garsonun arasından geçerek dümdüz ilerlediler. Istakozlardan birini tam olarak daha önce gördüğüm şekilde, kumların üstünde koşarken gördüm.

Ne yaptım ben? diye düşündüm, kendimi o trans halinden çekip çıkarırken.

"Neler neler," diye bir ses geldi arkamdan. Dönüp yolda duran Alberto'ya baktım. Düştü düşecek kot şort ve yaşlı kurt gülüşü. "Şimdi," dedi Alberto, kumların üstünde seğirten ıstakoza bakarak. "Lütfen. Benimle geliyorsun. Bu sefer soru yok."

Ben bir soru sormaya yeltenmişken, dönüp yürümeye başladı.

Alberto Ribas'ın Kokusu

"Tam bir saçmalık," dedim. Fiat'ın içindeydik. Alberto'nun sinyal yerine geçen kaotik el hareketlerini takip ediyordum. Ama zaten her şeyi anlıyor ve bütün manzarayı bir bakışta çözebiliyordum sanki. Baktığım her yerde o güzelim şarkısını söyleyen doğayı görürken, katıksız bir dehşet içindeydim. "Tam bir saçmalık."

"Yine de," dedi Alberto, önü açık gömleğinin altındaki kıllı göğsüne pat pat vurarak, "tam bir saçmalık olduğu söylenemez."

"İstemiyorum," dedim. "Bu gücü istemiyorum. Neden böyle hissediyorum ki? Daha iki gün önce yaşayan ölü gibiydim. İçim bomboştu. Hiçbir şey hissedemiyordum. Şimdiyse tam tersi. *Her şeyi* hissediyorum. Üstelik dün gece hiç uyumadım."

"Evet, olağan bir yan etki. Ben on beş yıldır tek bir gece bir saatten fazla uyumuş değilim. Çoğu zaman hiç uyumuyorum. Christina gecede on dakika uyurdu. Yunus gibi bir şeydi yani."

"Yunus mu?"

"Evet. Yunus. Eskiden onları incelerdim. Yunusların özelliği beyinlerini ikiye ayırmalarıdır. Yani beynin bir kısmı uyurken, bir kısmı uyanık kalır. Tek yarım küresel yavaş dalga uykusu. Aslında deniz memelilerinin çoğu böyledir. İnsanlar memelilerin en uykucularındandır. Fillerle zürafalar neredeyse hiç uyumaz. Ama endişe edecek bir şey yok. Reel anlamda, uyanık geçirdiğin zamanı yaklaşık üçte bir oranında artırmış oldun. İyi haber, değil mi?"

"Bunları bana söylemen gerekmez miydi sence? Önceden yani."

"Gayet açık konuştum. Seni uyardım. Hatırlıyorum."

Aslında ben de hatırlıyordum. Tabii ki hatırlıyordum. Her şeyi hatırlayabiliyordum. Alberto'nun sesi zihnimde yankılandı.

Normal bir insan gibi yaşamaya devam etmek istiyorsan, buradan hemen gitmen daha iyi. Çünkü bu normal bir deneyim olmayacak.

Kaşlarımı çattım. "Biraz üstünkörüydü. Kamu spotu gibi bir şeydi. Daha net olmalıydın."

"Hah, sen de buna inanacaktın, öyle mi?"

Alberto'nun üstündeki kot şortun püsküllenmiş paçalarına baktım. O şortun bir kez olsun çamaşır makinesine atıldığından şüpheliydim. Burnuma Alberto'nun kokusu geliyordu. Alberto Ribas kokusu diye bir şey vardı. Miskimsi bir kokuyla karışık nefes, keçi ve vücut kokularının altında hafif hafif hissedilen bir Hawaiian Tropic notası (genel estetik anlayışı uygarlık yüzü görmemiş mağara adamıyla korsan arası bir şey olduğu için, aslında uyumsuz bir notaydı). Kokuya takılmamaya çalıştım. Duyularım kelimenin gerçek anlamıyla olağanın üstündeyken ve kliması doğru dürüst çalışmayan küçücük bir Fiat Panda'nın içine tıkılıp kalmış vaziyetteyken, bunu yapmak hiç kolay değildi.

"Neye inanırdım bilemiyorum," dedim. Ama haklı olduğunu biliyordum. Söyleyeceklerinin tek kelimesine inanmayacağımı biliyordum.

"Bir nedeni vardı, biliyorsun. Her şeyin bir nedeni vardı. La Presencia sana nedensiz yere gelmez. Onunla ilk karşılaşmamda, yaşlı bir ayyaştım. Eşim Julia öldükten sonra yaşamadığım sorun kalmamıştı ve bana o yardım etti. İçkiyi bırakmak için ihtiyacım olan şeyi bana o verdi. Bu yüzden hep yanımda taşıyorum." Alberto elini kot şortunun cebine sokup deniz suyuyla dolu minyatür rom şişesini çıkardı. Deniz suyundan daha fazlası olan deniz suyuyla. Suyun hafifçe ışıldadığını gördüm. "La Presencia'dan armağan. Christina da o zeytin kavanozunu bu yüzden edinmişti. Hep yakınında olmasını istemişti. Ben de yakınında olmak istiyorum. La Presencia'nın. O gizemli fotonların. Gücümü yitirmeye başladığımda hissediyor. Işıldayarak bana güç veriyor. Gördüğün gibi, hiçbir şey tesadüf değil. Buraya gelmen, beni görmeye gelmen, dalış yapman. La Presencia seni istedi. Christina seni istedi. Bu değişimler sana yardımcı olacak. Yeteneklerin. Gitgide güçleniyorlar, değil mi? Birkaç gün boyunca güçlenirler. Sonunda kontrol etmeyi başarırsın. Sende de olacağını söylemiştim. Hatırlıyor musun? Hastanedeyken. Ama La Presencia'nın dokunduğu herkeste aynı yetenekler aynı şekilde ortaya çıkmadığı için bilmek istiyorum... Şimdiye kadar neler oldu? Hangi duyu ötesi güçler belirdi? Telepati? Telekinezi? Durugörü? Geleceği görme?"

Terimler çok saçmaydı. Gerçeğin kendisi daha da saçmaydı. O ıstakozu düşündüm. Önceden gördüğüm ıstakozu. "Evet, evet, evet ve -galiba- evet."

"Bu arada bu becerilerin hiçbiri sana özel değil," dedi Alberto. "Dünyadaki herkeste var. Sokakta birine rastlayıp, 'Ben de tam seni düşünüyordum,' deriz ya hani. La precognición... önceden bilme. Hep olan bir şey. Sürekli. Ya da birini görmeden önce pencereden bize baktığını hissetmemiz. Telepati. Hep yaşarız. Dejavu olduğumuz her seferinde. Aklımızdan geçen bir sözcüğü radyoda duyduğumuz her seferinde. Bunlar tesadüflerden daha sık yaşanan şeyler. Jung'u bilir misin?"

"Psikiyatr Jung'u mu? Evet."

"Jung 'la coincidencia significativa - anlamlı tesadüf'ten söz etmişti. Psikiyatri camiası bunu duymaya hazır değildi ama öyle bir şey vardı ve kendi hastalarında tekrar tekrar gözlemlemişti. La actividad paranormal es *normal.* Normal'in başına para'yı biz ekliyoruz çünkü kendimize dair anlamadığımız şeyler bize utanç veriyor. La Presencia'nın yaptığı şey, bizdeki bu yetenekleri açığa çıkarıp güçlendirmek. Kendimiz olmamızı sağlamak."

"Hımm," diye mırıldandım şüpheyle. "Peki ya telekinezi. İnsanların çoğunun zihin gücüyle bir şeyleri hareket ettirebildiğini mi söylüyorsun?"

"Hayır. Es verdad. Haklısın. Telekinezi çok da yaygın olmayan bir yetenek. Ama yine de zaman zaman, istek çok güçlü, nesne küçük olduğunda gerçekleşebilir. Hasta çocuğunun yaş günü mumunun sönmesini isteyen bir baba bunu yeterince yoğun düşündüğünde, çocuğun nefesi daha güçlü çıkabilir... Telekinezi işte... olabiliyor." Alberto parmak ucuyla tık tık kafasına vurdu. "Herkeste olan bir şey. Sendekiler şu an canlanmış durumda. İnsan zihni karanlık bir okyanus. Mariana Çukuru. La Presencia onu aydınlatıyor."

Işık Zerrecikleri

Saçmalık, diye düşündüm kendi kendime. Ama tabii ki kendi kendime düşünmüş sayılmazdım.

"Evet, bence de," dedi Alberto. "Cidden. Çok saçma. Geçmişte de saçma görünen birçok şey gibi. Dünyanın güneş etrafında dönmesi gibi. Hayvanların zeki varlıklar olması gibi. Ama bilim hepsini kanıtladı."

Ciddi ciddi bilimsel detaylara girmeye başladı.

Cornell Üniversitesi'nde yapılan bir çalışmanın, geleceği önceden bilme ve telepatinin laboratuvar ortamında ölçülebilen şeyler olduğunu gösterdiğinden söz etti. İnsanların aslında telepatik yaratıklar olduğunu ve ışık ampulün içinde ne kadar kalabiliyorsa, sessiz düşüncelerimizin de zihnimizde ancak o kadar kaldığını söyledi. Kurumsallaşmış bilimin hâlâ Aristoteles'in zamanında yaşadığını, sebep sonuç gibi modası geçmiş fikirlerin, özellikle zaman bağlamında sorgulanmasına hâlâ kâfirlik gözüyle bakıldığını söyledi. Kuantum fiziğinden ve kuantum dolanıklığından söz etti. Ters nedensellikten, geçmiş nasıl geleceği etkiliyorsa, geleceğin de geçmişle etkileşim içinde olduğundan söz etti. Fotonların –ışık zerreciklerinin– uzay/zamana dair önceden belirlenmiş kurallara uymamakla ün yaptıklarından söz etti. Işığın esasen zamansız olduğundan söz etti. Bu zerreciklerin bizim vücudumuzda da olduğunu söyledi. Vücudumuzun içsel ışık yarattığından. Biyofotonlardan. La Presencia'daki biyolüminesan fotonların bizdeki biyolüminesan fotonlarla etkileşime girdiğini çünkü ışığın her şeyin içine girebildiğini ve her şeyin içinden geçebildiğini anlattı. Bu yeni fotonların dudak uçuklatacak kadar karmaşık bir hormonal tepki ve bir çeşit biyolojik bilgi transferi yoluyla potansiyelimizi açığa çıkardığını söyledi. Bunun kişiden kişiye değişen farklı şekillerde tezahür ettiğini ama genelde gizli şeylerin görünmesini sağladığını söyledi. Zihinlerin, geleceklerin, âtıl kalmış ya da bloke edilmiş hazlarla duyuların.

"Bu olunca da, amiga mía, cesur yeni bir dünya bizi bekler."

Alberto'nun çok bilmiş tavrı sinirime dokunuyordu. Belki de sıcak ve arabadaki boğucu hava yüzünden, bir de gerçeklik algımla oynanmasından hoşlanmadığım için gergindim. Hayır. Bence onun yüzündendi.

"'Cesur yeni dünya' lafının nereden geldiğini biliyor musun?" diye sordum.

"Evet. Tabii ki. Aldous Huxley'den. Hippilerin tanrısıdır."

Başımı iki yana salladım. "William Shakespeare. *Fırtına*. Oyun sihirli bir adada kini yüzünden ortalığı karıştıran, kendine âşık, kaçık, insanları kullanan bir adamın hikâyesini anlatır."

"Muy bien," diyerek göğsündeki beyaz bir kılı kopardı. "Muy bien. Tam ben. Kaçık... insanları kullanan... daha kötülerini de duymuştum." Sonra ilerideki bir dönemeci gösterdi. "İşte," dedi. "A la derecha. Es Cubells'e."

"Nereye gidiyoruz biz?" diye sordum.

"Kiliseye," dedi gülümseyerek. "Umarım şimdiye kadar fazla yaramazlık yapmamışsındır."

Birinin suratına tokat atmayı, hayatımda yalnızca iki kez istedim. İkisinde de Alberto Ribas'a.

Alberto'nun üstüne atlayamayacaksam, belki zayıf bir noktasını bulabilirdim. Zihnine girmeyi deneyip duruyor ama fazla bir mesafe kat edemiyordum. Hatta neredeyse onu ilk görüşümde olduğu kadar ulaşılmazdı. Yaşı, sevdikleri, korkuları, anıları benim için hâlâ muammaydı. Tek fark –ve ona biraz olsun güvenmemi sağlayan tek şey– içinde sakladığı hafif bir hüzün olduğunu sezebilmemdi. Suçluluk duygusuyla yüklü bir hüzün değil, daha varoluşsal bir şeydi. Zihnimde griyle yeşilin haşlanmış lahanada görebileceğin yumuşak tonlarında beliren, derisi güneşten kayışa dönmüş yüzündeki sabit tebessümle ve Zeus sakalıyla tam tezat içinde, sürekli bir yas duygusu yayar gibiydi.

Psişik güçlerimle bir şey anlayamayınca, sormak zorunda kaldım. Aklıma gelen ilk soruyu: "*Neden* kiliseye gidiyoruz?"

"Çok önemli bir araştırma için. Sayende daha iyi anlayabileceğiz."

"Neyi?"

"La Presencia'yı."

"Ben La Presencia'yı anlamak istemiyorum. Millete çatal saplamak istemiyorum." Suluboya resim gibi görünen o yarı somut, buharsı yaratıkları düşündüm. "Yarı Salacia'lı olmak istemiyorum. Istakozların Süper Kahraman'ı olmak istemiyorum. Arkadaşıma ne olduğunu öğrenmek istiyorum ben."

"Aynı şey. La Presencia'yı anlarsan arkadaşına ne olduğunu da anlayacaksın."

"O mu öldürdü yani? Christina'yı okyanustaki o şey mi öldürdü? O dalışı beni de öldürsün diye mi yaptırdın?"

Alberto kapı gıcırtısı misali bir ses çıkararak iç çekti. "Seni öldürmek istemedim, Grace. Evet, bazen tam bir baş belası olabiliyorsun ama seni öldürmeyi falan istemedim. La Presencia sana zarar vermek için dokunmadı. La Presencia'nın tek istediği yardım etmek ve yardım almak. O seni seçti ve seni seçeceğini Christina da biliyordu."

"Başka kaç kişiyle temas etti?"

"Çok araştırma yaptım... kitap için... *La vida imposible* için... Çok insana sordum... Çok şey okudum... Çok az sayıda insan olduğu düşünülüyor. Ben, sen ve Chritsina dışında, bildiğimiz bir avuç insan var. Otuzlu yıllarda Joan Bonanova diye bir balıkçı. Göreceğin gibi, on dokuzuncu yüzyılda da bir temas yaşanmış. Daha yakın bir zamanda, kırk yıl önce, bazılarının hâlâ hatırladığı bir temas yaşanmış ama o farklı..."

"Ne farkı var?"

"Yani, her şeyin ötesinde, gündüz vakti yaşanmış. La Presencia'nın güpegündüz görüldüğü tek olay. Dokunduğu kişi yetişkin değilmiş. Çocukmuş. İngiliz bir oğlan. Burada tatil yapıyormuş. Az kalsın boğulacakmış. Plajdan denize girip çok fazla açılmış ve kimse yardımına yetişemememiş. Babası onu gördüğünde artık çok geçmiş. Çocuk dibe çökmüş. Yedi dakika boyunca suyun altında kalmış. Resmen ölmüş..."

Gözümün önüne Daniel geldi. Asfaltın üzerinde hareketsiz yatışı. O kırmızı bisiklet ve kanlar.

"Sonra ne olmuş?"

"Işık," diye cevap verdi Alberto. "Görgü tanıkları söylüyor. Çocuğun babası dahil. Denizin altında masmavi ışıldayan bir daire görmüşler. Yedi dakika sonra da çocuk yüzeye çıkmış. Hayattaymış."

"Çocuğa ne olmuş peki?"

Alberto omuz silkti. "İngiltere'ye dönmüş. Yetenekleri ortaya çıkmışsa bile, gizli tutmuştur... Ama bu tamamen farklı bir durum. Seni o seçti, Grace. Hayatın tehlikede değildi."

İç çektim. "Neden kiliseye gittiğimizi hâlâ anlayamadım."

"Kilisede elyazması bir kitap var. Çok önemli bir kitap. Francisco Palau yazmış. Çok önemli bir adam. Hem rahip hem de..." diyerek kapüşonunu takar gibi yaptı Alberto, "... keşişmiş. Bu adada yaşamış ve zamanının çoğunu Es Vedrà'daki bir mağarada geçirmiş..."

Yoldaki taşlar çoğalınca, yavaşladım. Tekerler kırmızı toprağın ve taşların üstünde hırlamaya başladı. Marketteki Rosella'nın bu keşiş din adamından söz ettiğini hatırladım. *Çok yıllar önce orada yaşayan bir keşiş varmış. Mağarada. Bir din adamı. Rahip. Suyun içinde ışıklar gördüğünü yazmış. Bütün denizi aydınlatan ışıklar.*

Alberto gülümsedi. Bağlantıyı kurduğumu anlamıştı. Dişlerinin arasındaki boşluk gizemli bir mağaranın girişi gibi göründü. Sonra arabayı yavaşlatıp durmamı söyledi ve ilerideki muhteşem, beyaz, kübik kiliseyi gösterdi. "Mira, Grace. Geldik. Güzel, değil mi?"

Kilise

Doğru diyordu.

Es Cubells'teki kilise net geometrisiyle çok güzel bir yapıydı. Kübik gövdesinin iki yanında eşit aralıklı payandaları olan, göz kamaştıracak kadar beyaz bir şeydi. Denize yukarıdan bakan kilise gayet basit tasarımıyla insana aşkın bir dinginlik veriyordu ve öğleden sonrasının güneşinde saatlerce ona bakabilirdim.

Ben arabadan inerken, Alberto bir çalılığa doğru gitti. "Benim cidden, nasıl diyordunuz... ejderhanın suyunu sıkmam lazım."

Sırtımı ona döndüm. "Öyle bir şey demiyoruz. Yok öyle bir laf."

"Etin suyu mu sıkılıyordu?" diye üsteledi hiç utanmadan.

Hayatımda gördüğüm en hayvan adamdı. Toprak yolda bekledim ve Alberto çişini yapıp yanıma geldi.

Kilisenin kapısına doğru yürürken, ayağımın dibinde bir kertenkele gördüm. Ancak bir kertenkelenin durabileceği kadar kıpırtısız duran hayvanın çelişkili ruh halini hissettim. Bazı dillerde ötekilerde olmayan sözcüklerin olması gibi, bazı türlerde de insanların hiç tanımadığı duygular var. Kertenkeleler örneğin, hem tamamıyla tetikte hem de derin bir dinginlik içinde, çevresiyle tam bir uyum içinde, hem her şeyden korkan hem de her şeyi dibine kadar seven yaratıklar.

Yaklaşıyorsun, dedi bana kertenkele her nasılsa. *Geldin sayılır*.

"Gördün mü?" dedi Alberto. "Artık hayvanların düşüncelerini anlayabiliyorsun. Bu da bir yetenek, değil mi?"

"Buna rağmen, Bay Ribas, sizin düşüncelerinizi hâlâ okuyamıyorum. Çok enteresan, değil mi? Saklayacak şeyleriniz sürüngenlerinkinden daha mı çok?"

"Sürüngenlerle kıyaslanmak aşağılayıcı bir şeymiş gibi konuştun, dostum. Sürüngenler en sahici, en asil, en bozulmamış yaratıklardır. Eski çağların bilgeliğini içlerinde taşırlar. Nasıl var olunacağını iyi bilirler. Sana bir şey söylediklerinde, aslında çok şey söylerler. Düşünceleri haikulardan daha nettir. Onlar..."

Alberto orada, o toprak yolda, tek bir gölgenin olmadığı kavurucu sıcakta epey bir durarak, İspanyol ve Amerikan, hafiften İngilize benzer bir şey arasında gidip gelen, bir tek ona mahsus aksanıyla bana kertenkeleler üstüne nutuk çekti. Duyu ötesi algılarım ne kadar gelişmiş olursa olsun, anlattığı şeye kendimi veremeyecektim. Ben de gözümü uzaklara diktim. Uçurumun, ardıçların ötesine, gizem dolu denize baktım. Sonunda susup tekrar yürümeye başladı.

Kapıya dokunmadan, kilitli olduğunu hissettim. Bunu Alberto'ya da söyledim. "Kilitli." Büyük ihtimalle o da hissetmişti. Kaşlarını çatmış kapıya bakıyordu. Hatta gözlerinden ateş saçarak. Kapıyı zihin gücüyle açmaya çalıştığını -ciddi ciddi bunu yapmayı denediğini- anlamak beni çok eğlendirdi.

"Bak," diye homurdandı Alberto, "eskiden bütün kilitleri kolayca açardım ben. Ama son zamanlarda yeteneklerim azalmaya başladı." Ezilip büzülerek söylemişti bunu. Bana demek istediği bir şey varmış gibi. "Bizi daha güçlü yapıyor ama hepsi bu. Ölümsüzleştirmiyor." Savunma mekanizmasındaki ufacık bir çatlak. Zihnine girmeme ramak kaldı ama tam giremedim. Alberto göğüs geçirdi. Kendini toparladı. "Ama inan bana, bu yapabileceğimiz araştırmanın en önemli kısmı ve yapabilecek tek kişi sensin, o yüzden kapıyı açmamız lazım..."

"Yani araştırmanı yapmak için mi buradayım?"

"Evet," dedi. Sonra bir kez daha düşündü. Kaşlarını çattı. Kendine kızmıştı. Yüzünü güneşe karşı gereğinden biraz fazla buruşturdu. "*Hayır*. Araştırma tabii ki önemli. Çünkü La Presencia önemli. Ama sana bildiklerimi anlatmamın bir anlamı yok çünkü ne bildiğimi ben de bilmiyorum."

"Ama şimdiye kadar öğrenmiş olacağımı söylemiştin. Christina'nın başına gelenlerle ilgili her şeyi öğrenmiş olacaktım. Seninle gece yarısı kumsalda buluşmamın tek nedeni buydu."

Alberto altdudağını sarkıttı. "Hah. Öyle mi? Ben de karşı konulmaz çekiciliğim yüzünden sanmıştım."

"Çok garip ama: Hayır."

"Yaa." Öyle mahzun göründü ki neredeyse onun için üzülecektim. Neredeyse.

"O dalışı yapmayı sorularıma cevap bulmak için kabul ettim. Cevapları bulacağıma söz vermiştin. Aldığım tek cevap, 'denizde kayboldu'..."

"Sana onun söyleyeceğini zannettim," dedi. "La Presencia'nın."

Saatine baktı. "Çabuk olmamız lazım. Kilise açılmadan önce buradan gitmiş olmalıyız." Sabit fikirli bir sivrisineği kovdu. "Dinle bak, evet, seni kullanıyorum, Grace. Ben seni kullanıyorum. Kabul. Çok fazla yeteneğin var ve bana yardım edebilirsin. Christina ölülerin, Francisco Palau'nun zihnine erişemiyordu ama sen yapabilirsin..."

"Yani bu yüzden mi öldü? Artık işine yaramadığı için mi? Araştırmalarında sana yardım edemediği için mi?"

Alberto buna çok öfkelendi. Bizim yaşlı Pomeranian köpeğinin, Bernard'ın tasmasını her takışımızda onun suratı da aynı böyle asılırdı.

"Çok aptal birisin sen," diye homurdandı.

"Evet," dedim. "Gayet farkındayım. Dünyanın en aptal kadını benim. Öyle olmasa, cevapları bulmak için sana gelmezdim."

Öyle bir tepem attı ki yürümeye başladım. Sana da olur mu hiç? Öyle öfkelenirsin ki yürümeden duramazsın ya hani. Yürümeye başladıktan sonra da, aslında olduğun yerde kalıp derin bir nefes almış olmayı dilesen bile, cidden gitmek istiyormuş gibi davranarak yürümeye devam etmek zorunda kalırsın. Çünkü bir uçurum kenarından ve içinden çıktığına şükrettiğin fırın gibi bir arabadan başka yer yoktur gidecek.

"Sen matematikçisin. Cevap istiyorsun, değil mi?"

"Evet. Gerçek cevaplar istiyorum."

Alberto'nun ağzından laf almak, deveye hendek atlatmaktan daha zordu. Fakat baklayı çıkarmak üzere olduğunu sezdim. Sırtım ona dönük öylece durarak denize ve çalılara bakmaya devam ettim.

"Christina aysız bir gecede okyanusun içinde kayboldu. Bu ondan başka kimin başına geldi dersin? Francisco Palau'nun... Bu kilisede onun kendi eliyle yazdığı üç yüz sayfalık bir kitap var. Evet, La Presencia'yı anlamak istiyorum. İstemez olur muyum hiç. Ama La Presencia'yı anlamaya çalışmakla Christina'ya ne olduğunu anlamak aynı şey. Şimdi, lütfen. Istakozları özgürlüklerine kavuşturabiliyorsan, kilit de açabilirsin. Girelim hadi."

Daha Fazlasına İnanmak

İçerisi serindi. Zemin parlak karolarla kaplıydı. Kırk beş derecelik açıyla baklava deseni şeklinde döşenmiş kareler. Arada ve kendi aralarında geniş boşluklar bırakacak şekilde, nef boyunca özenle dizilmiş sıralar. Son yıllarda kiliseye daha çok gitmiş olmayı dilememe neden olan bir huzur.

Sanırım elde edilmesi zor kadını oynuyordum. Tanrı'ya karşı yani, O'nun bana gelmesini istiyordum. Var olduğunu kanıtlamasını. Ama bu işin böyle olmadığını artık anladım. Kendi hikâyelerimiz gibi, inancımızı da kendimiz yaratıyoruz. İnanmak istediğimiz şeye inanıyoruz ama bunun için çaba harcamak gerekiyor.

"Çocukken buraya gelirdim," dedi Alberto. "Annem çok dindar bir kadındı. Adadaki bütün kiliselerin ayinlerine katılmışımdır. Ama daha çok Santa Agnès de Corona'daki kiliseye giderdik. Bizim köydeki. Kilisenin önünden geçen yolun karşısında otururduk. Bir kurbağam vardı. Benekli yeşil Balear kurbağası. Adını El Capitán koymuştum. Onu da yanımda götürürdüm. Cebimde taşırdım."

"Zavallı kurbağacık," dedim.

"Sí. Es verdad. O zamandan beri kurbağalarla konuşur ve vaazlardan pek hoşlanmadıklarını bilirim. Cepte taşınmaktan da."

"Dindar mısındır?" diye sordum.

"Sayılır. Ama benim inancıma göre, bir Tanrı varsa bile, ona kiliseye giderek ulaşamazsın. Okyanusa ve ormanlara giderek ulaşırsın. O kurbağadan çok şey öğrendim."

Katolik eğitimi almış biri olarak başımı iki yana salladım. "Ben kiliseleri severim," dedim. "Sakin, sessiz, ciddi yerlerdir. İnsan onlardan çok şey öğrenebilir."

Kilise, sunağın tepesindeki büyük ve detaylı İsa portresi dışında sade, minimalist bir yer olduğu için elyazmasını bulmamız uzun sürmedi. Girişe çok da uzak olmayan, kutsal su haznesinin yanındaki cam bir dolabın içindeydi. Dolapta sergilenen tek şey oydu. Kilitli olduğunu söylememe gerek yok ama kapıyı açtığım gibi, o kilidi de ürkünç bir kolaylıkla açıverdim. Kilit dilini zihnimde hissedip özgüvenle hareket ettiğini hayal etmem yetti. Sonra dolabı açıp sayfa kenarlarındaki iğne deliklerinden geçirilen kurdelelerle birbirine tutturulmuş sarı sayfaları elime aldım. İlk sayfanın tepesindeki tarihe bakılırsa, Francisco Palau tarafından 1855 Ekim'inde yazılmış elyazması kitabı.

"Parmaklarını sözcüklerin üstüne koy," dedi Alberto. "Hem oku hem de parmaklarınla dokun. Tekniği böyle... Psikometri deniyor. Birinin dokunduğu bir şeye dokunarak zihnini anlayabilme yeteneği. Yaşamla ölüm arasındaki sınırı bile aşabilen, çok derin ve yoğun bir zihin okuma. Bu şekilde o kişinin zihnini okumakla kalmazsın –birçok duyu da işin içine girer– ve âdeta o kişiye *dönüşürsün*. O mekândaki ve o andaki haline. Aslında zaman yolculuğudur..."

"Lütfen," dedim, "biraz sessiz olur musun?"

"Sözcüklere bak," diye fısıldadı Alberto.

"Hişt."

Her neyse, o sözcüklere iyice baktım. Geçmişte yaşamış rahip, eski Katalancayı kullanarak anakaradan İbiza'ya gelişini anlatmıştı. Buraya sürgün edilişini.

Harfleri hafif geriye yatık, rüzgârla eğilmiş, kalemin hızıyla yarışmış gibi gösteren zarif bir el yazısı vardı. Zamanının çok azaldığını bilir gibi.

"Hayır," dedi Alberto. "Orası değil. Son sayfayı aç. Es Vedrà'ya son gidişini anlattığı yere."

Parmak uçlarımı sözcüklerin üzerinden geçirerek psikometrinin başlamasını ya da –daha bilimsel bir anlatımla– biyofotonik yeteneklerimin aktive olmasını bekledim.

Gözlerimi kaparken belli belirsiz bir deniz sesi geldi. Uçurumun dibindeki kumsala vuran, çok yakınımızdaki gerçek denizden gelip gelmediğini anlamak zordu. Belki de denize dair bir anının sesiydi. Sonuçta denizin sesi hep aynıdır.

"Denizin sesini duyabiliyor musun?" diye sordum Alberto'ya.

"Hayır," dedi. "Hiçbir şey duymuyorum. Şu an deniz ses çıkarmayacak kadar dingin. Demek başka bir şeyi duyuyorsun. *Burada olmayan* bir şeyi duyuyorsun. Ben hemen yanındayım ama bir süreliğine beni burada bırakacaksın. Başka bir zamandaki başka biriyle karşılaşacaksın. Çok uzun sürmez. Buen viaje!"

Alberto'nun sesi gitgide duyulmaz oldu.

Deniz coştu. Kayalara çarpan dalgaların sesini duyarken zamanın ve benlik duygusunun bağlarından kurtulduğumu, her şeyi kapsayan saf yaşamın akışkanlığına geçiş yaptığımı fark ettim. Başımdan daracık bir kask çıkmış gibi, bir anlık rahatlama hissinin ardından başka bir yerdeki bambaşka biriydim artık.

Malikâneler

İşte Maurice, buraya kadar yaşadıklarım arasında, sanırım en garibi buydu. Bu yüzden sana anlatmakta da zorlanacağım sanırım. Sahip olduğum bütün yetenekler gibi, bu da normal hayatta zaten deneyimlediğim bir şeyin aşırı abartılmış haliydi bence. Mesela her otobiyografi okuyuşumda –Maya Angelou, Anne Frank, Richard Feynman, *kimin hayatı* olursa olsun– o kişiyle bir çeşit duygudaşlık kurarım ve bir yanım kısa süreliğine hayatını okuduğum kişiye dönüşür.

Bence bütün okumaların amaçlarından biri de budur. Okumak kendi hayatımızın dışındaki hayatları da yaşayabilmemizi sağlar. Tek odalı bir kulübeye benzeyen zihnimizi malikâneye dönüştürür.

Kısacası, okumak aslında telepati ve zaman yolculuğudur. Herkesle ve her yerle, bütün zamanlarla, hayal edilmiş olan her şeyle aramızda bağlantı kurar.

Şimdi ses göstergesindeki gibi bir ibre hayal et ama bu ibre telepati seviyesini gösteriyor olsun. Normal bir kitabı okuma deneyimi empati ibresini birden ikiye ya da üçe getiriyorsa, benim Francisco Palau'nun elyazması kitabına bakarak ve dokunarak yaşadığım deneyim ona getirirdi. Tamamen onun içine girmiş gibiydim.

Yalnızca yazılı sözcükleri deneyimlemiyordum. Yüklü oldukları yaşamı da deneyimliyordum. Sözcükler bütün duyularımla yaşadığım bir deneyimin tohumlarından ibaretti. İçinde olduğum kilise tamamen yok oldu. Zamanda geriye gitmiş –tabii buna geriye gitmek denebilirse– ve 1855 yılında dönmüştüm. Yüzümde sıcak bir rüzgâr hissettim. Denizin sesini duydum.

Üçüncü Şahıs

Ben yoktum.
O vardı.
Ben oydum.
Üçüncü şahıstım.

Düşen Ay

Francisco Palau olmuştum. Teknik olarak hâlâ Grace Winters'*tım* ve bir kilisedeydim tabii ama bu psikometrik transta onun hissettiği her şeyi hissedebiliyordum. Hareket kabiliyetim yoktu ve geçmişte yaşanmış bu deneyimi değiştiremez, yalnızca gözlemleyebilirdim ama aynı zamanda bir görgü tanığından daha fazlasıydım sanki. Bütünüyle onun ve yaşadığı zamanın içindeymiş gibi hissederek Cala d'Hort'tan Es Vedrà'ya giden bir kayığın içinde oturuyordum. Yine de yirmi birinci yüzyılın Cala d'Hort'unda olmadığım hemen anlaşılıyordu. Kıyı şeridinde hiç bina yoktu. Kumsalda kulübeler yoktu. Restoran yoktu. Başka tekneler yoktu. Atlantis Scuba yoktu. Yalnızca kumsal, kayalar ve doğa.

Francisco'nun karşı karşıya oturduğu kayıkçı, Miquel diye içki kokan, imansız, sert bir tipti. Kayığı bu kadar geç bir saatte sürmeyi reddetmiş ama Francisco'nun verdiği üç reale hayır diyememişti.

"Ben senin gibi değilim, peder," dedi Miquel rahibe, Katalanca konuşarak. "Günahkârın tekiyim. Tanrı beni senin gibi korumaz. O kayanın üstünde tek bir gece bile geçirsem, sabaha çıkamam."

"Neden o?"

"İbiza'nın çevresinde ve Es Vedrà'da doğada olmayan şeyler var. Tanrı'ya uzak olan şeyler."

"Hiçbir şey Tanrı'ya uzak değildir."

"Bu şeyler Tanrı'ya yakınsa şayet, o zaman Tanrı'dan korkmak gerekir."

"Korkulur, evet. Fakat korku yalnızca O'na giden yollardan biridir. O'nun sevgisine giden bir yoldur. Matta İncili'nde de yazar. 'Bu yüzden onlardan korkmayın çünkü örtülü olup da açığa çıkmayacak, gizli olup da bilinmeyecek hiçbir şey yoktur... Bedeni öldürüp ruhu öldüremeyenlerden korkmayın. Hem ruhu hem de bedeni cehennemde yok edebilenden korkun esas.'"

Miquel kürekleri bir kez daha karanlık, hafiften kabarmış sulara daldırırken, derin derin düşündü. "İlki yetmiyormuş gibi, bir korkum daha oldu şimdi, peder."

Francisco buna şöyle bir gülmüş ve konuyu uzatmamıştı. Miquel haklıydı. Ondan farklıydı. Buradakilerin çoğu gibi onun da kayıp bir ruh olduğunu düşündü rahip. Korkuların ve başka güdülerin esiri olmuş, Fenikelilerin zamanından kalma dine aykırı çeşitli batıl inançlardan karman çorman bir karışımın etkisini hâlâ hisseden, her şeye inanmaya hazır saf köylü zihniyeti.

Francisco adadaki bütün batıl inançlı insanların içinde, bu kayıkçının en dirençlilerden biri olduğunu düşündü. Belki de hepsinin içtiği, Miquel'in ayağının dibindeki fıçıda da olan, bitkilerin garip bir karışımıyla elde edilen o alkollü içki yüzünden böyle olmuştu. Alkol, rezene, ardıç ve kimbilir daha nelerin karışımından oluşan o şey onlara halüsinasyonlar, ateşli sanrılar gördürüyordu belki.

Balear Adaları'ndaki insanlar (Francisco oradaki keşişlerle birlikte çalışmak için Mayorka'ya da gitmişti) en hayali hikâyelerin en inandırıcı hikâyeler olduğu tersyüz edilmiş bir dünyada yaşıyorlardı sanki. Fakat bu gibi hezeyanlara kapılmaya en çok İbiza'nın yerlileri eğilimliydi hatta birçok batıl inancın coşkuyla kutlanıp onurlandırıldığı, davullarla flütlerin ve kastanyetlerin yarattığı bir cümbüş içinde kırmızı bereli erkeklerin süslü püslü kadınların etrafında sıçrayarak dans ettiği bayramları da vardı. Rahip Tanrı'ya bu şekilde karşı çıkılmasından hiç hazzetmiyor, yerel hakla birlikteyken bu hoşnutsuzluğunu gizlemek için elinden geleni yapıyordu.

Derken: *Bir şey oldu.*

Kayıkçı suyun içinde bir şey gördü. Onun ardından Francisco da gördü. Parlak bir ışık. Yansıma gibi bir şey.

"Bu gece ay görünmeyecek sanmıştım," dedi rahip, biraz gergin bir sesle.

Başını kaldırdığında, o şey gökyüzündeydi. Onlara doğru gelen ışıktan bir nesne. İlk başta yalnızca bir ışık çubuğuyken, Dünya'ya yaklaştıkça büyüyerek parlak bir küreye dönüştü.

"Gökten yere düşüyor galiba," dedi Miquel hayretler içinde. "Ay bu. Ay düşüyor galiba."

"Ay değil. Ay bu kadar mavi olamaz. Başka bir şey bu. Şekil değiştiriyor."

Işık yaklaştıkça yaklaştı. Mavimsi beyaz bir parıltı, küreyken uzayıp inanılmaz uzunluktaki incecik bir ışık çubuğuna dönüşerek hiçbir etki yaratmadan suya çarpıverdi. Sonra birden yok oldu. Suyun içinde kayboldu. Fakat hemen ardından denizin derinliklerinde tekrar parladı. Işıktan bir bulut küreye dönüştü, sonra tekrar bulut oldu.

Miquel fıçısından biraz içki içip fıçıyı ona uzatınca, rahip hiç düşünmeden içkiyi kafasına dikti.

1855

"Hissettiklerini ben de hissettim." Beni sarsarak transtan çıkaran Alberto'nun sesini duydum.

Birdenbire kiliseye döndüm.

"Buraya geldiği andı," diye haykırıverdi Alberto, kilisede konuşulamayacak kadar yüksek bir sesle. "La Presencia'nın buraya ulaştığı an. Görmüş. Onu gökyüzündeyken görmüş. Gelişini gördüğünü yazmamış... Yalnızca suyun içindeki ışıklardan söz etmiş... *Nasıl* geldiklerinden değil." Alberto çok heyecanlanmıştı. "Ama geldiğinde o da oradaymış. Oradaymış. 1855'te gelmiş. *İnanılmaz bir detay* bu. Müthiş bir bilgi. Ben daha önce geldiğini sanıyordum. Belki de Fenikelilerin zamanından beri burada olduğunu sanıyordum. Ama hayır. 1855. Bin. Sekiz yüz. Elli. Beş. Bu ne demek, biliyor musun?"

"Asistanın olarak seni hayal kırıklığına mı uğrattım demek oluyor?"

"*Yo. Yo. Yo.* Buraya gelmesinin bir nedeni vardı demek. Tam düşündüğümüz gibi. Tam da bu gezegenin kafayı yemeye başladığı dönemde gelmiş, dostum. Savaşlar, imparatorluklar, demir yolları ve bu işin, yani doğanın yok edilmesinin gerçekten başladığı dönem." Alberto heyecanlandığında, İspanyol aksanı daha da barizleşiyordu. Sevimli olduğu bile söylenebilirdi. "Soyu tükenen hayvan sayısı, 1850'lerde..." Alberto eliyle uçan roket hareketi yaptı. O sesi de çıkardı. "1840'lardaki rakamın dört katına çıkmıştı. O dönem sonun başlangıcıydı. Şehirler dumanla kaplıydı. Herkes öksürüyordu. Biliyorsundur. İnsanlık böyle bir krizdeydi işte. Her şeyin boka döndüğü böyle bir dönemde müthiş şeyler yazan büyük yazarlar çıktı. Dickens, Flaubert ve onların hemen ardından bizim Bay Galdós.

Çevre hareketinin başlangıç yılları. Derken La Presencia geliyor. İyileştirici bir güç... Neden tam o dönemde? Bize yardım etmek için gelmiş olamaz mı? Yaşamın tehlikede olduğunu görüp yaşamı korumak için Salacia'dan gelmiş –Salacia'lılar tarafından gönderilmiş– olamaz mı? Hadi... devam et... Es Vedrà'ya yaptığı öbür seyahatlere geç..."

Böylece parmaklarımı tekrar metnin üstüne koyup bir kez daha geçmişe gittim. Francisco Palau yine Es Vedrà'ya gitmiş, gün batarken mağarasına doğru tırmanıyordu.

Kurtuluş

Francisco o dik patikayı bir saatten fazla zamandır tırmanıyor olmalıydı ama mağaraya varmak üzere olduğunu da biliyordu. Bu yüzden kısa bir süre orada durup manzaranın tadını çıkararak matarasından suyunu yudumladı.

Gökyüzü rengârenkti.

Cennetteki bir tarlanın sırtları ve karıkları misali, birbirine paralel ince ince bulut şeritleri, pembe, mor, turuncu ve altın rengiyle bezenmişti. Francisco tespihinin boncuklarını çekerek sessizce şükür duası etti. Memleketi Katalonya'dan ayrılalı çok olmuş, İspanya'nın her yerini görmüştü. Savaş, açlık ya da zulüm yüzünden oradan oraya gezmişti. Hayatında çok gökyüzü görmüş ve dualarının çoğunu göğe karşı etmişti. Ama hiçbiri bununla boy ölçüşemezdi.

Anakaradan sürgün edilmeden çok önce, çiftlikte yaşayan bir çocukken, Aitona'daki o küçük kare kilisenin yanında güneşin batımını izlemiş, kendini Biricik ve Eşsiz Baba'ya çok yakın hissetmişti. Ama buradaki gökyüzü bambaşkaydı. Karşı konulmaz bir güzellikteydi. Tanrı'ya yakın olmanın mahremiyetini yüreğinde hissediyordu. Hiçbir katedralde böyle hissetmemişti. Bu his nefes almasına yardım ediyor, ona güç veriyor, bu seyahati mümkün kılıyordu. O mağarada üç gün boyunca meditasyon ve gözlem yapabilmesini, yazmasını sağlayacaktı. Tanık olduğu onca dehşeti unutturabilecek bir şeydi.

Denizin üzerinden küçük adacığın, Es Vedranell'in ötesine, kayığa bindiği koya bakarken gözüne alçaktan uçan bir karabatak çarptı. Karabatakları sevdiği için kuşu daha iyi görebilmeyi istedi. Çarpıcı, heybetli, parlak siyah ve muhteşem bir kuş. Batmak üzere olan güneşin ışığında, bindiği kayığı Cala d'Hort'taki kayaların yanındaki kumsala güzelce bağlanmış durumda, kahverengi bir benek halinde görür gibi oldu.

Rahip tam o anda ayağının dibinde bir şeyin kıpırdadığını fark etti.

Bir kertenkele.

Bunda bir gariplik yoktu. İbiza'da sıkça gördüğü, siyah-yeşil benekli sıradan bir kertenkeleydi. Hayvan bir an durduktan sonra kayaya tutunmuş o seyrek ve dayanıklı çalılardan birine doğru seğirtti.

Derken bir kertenkele daha belirdi. Öncekinin tıpatıp aynısı. Sonra bir tane daha, bir tane daha. Rahip saymaya çalıştı ama sekizden sonra sayıyı unuttu. Kertenkelelerin hepsi aynı yöne gidiyordu. Aşağı. Rahibin gideceği yerin aksi istikametine.

Francisco oraya son gidişinde iki keçi görmüştü. Belki de kertenkeleleri onlar ürkütmüştü. Ama keçiler bu kez ortalıkta yoktu.

Bir anlık yersiz bir korku hissetti.

İbiza'nın ve büyük ihtimalle bitişiğindeki bu adacığın nimetlerinden biri de üstlerinde korkulacak hiçbir ölümcül hayvanın olmamasıydı ve bu nedenle bu korku cidden yersizdi. Zehirli bitki yoktu. Yılan yoktu. Tanrı burayı huzurlu bir mabet olarak yaratmıştı. Koruması altına almıştı.

Rahip içindeki kaygıları defedip matarasını yine belinden aşağı sarkıtarak mağaraya doğru tırmanmaya devam etti. Gözleri kertenkeleleri aradı durdu ama onlar da görünmez olmuştu. Ancak batan güneşin ışığında, havada daireler çizen bir doğan görebildi.

Denizle adacığın zirvesi arasındaki mesafenin ortasında bir yerde, mağaraya varmak üzereyken, gökyüzü artık iyice karardı; ayın hiç görünmediği bir geceydi ve çıktığı daracık patikanın hemen sağında dimdik bir uçurum vardı.

Rahip mağaranın girişinde durup bir kez daha denize doğru baktı. Oradayken, Es Vedrà her anlamda sessizdi. Deniz sesini duyuramayacak kadar uzaktaydı. Çıt çıkmıyordu. Yalnızca Tanrı'nın bahşettiği huzur vardı.

Derken çok aşağılarda bir yerde, bir şey gördü.

Yine bir ışık. Okyanusa düştüğünü gördüğü ışığın aynısı. Deniz yüzeyinin çok derininden yayılıyormuş gibi görünen ışık Cala d'Hort'taki kumsaldan çok Es Vedrà'ya yakındı.

Işıltılı ve fosforik şeffaf bir parıltı gibiydi. Bu gece Meryem Ana'nın ultramarin harmaniyesine yakın bir renkteydi ama inanılmaz güzellikteki, sürekli şekil değiştiren dev bir denizanası gibi parlıyor, hareket ediyor, dalgalanıyordu.

Rahip huşu içinde kalmış, büyülenmişti. Günbatımı da muhteşemdi ama bu bambaşka bir şeydi. Yuhanna 1:5'i hatırlayarak hiç düşünmeden fısıldamaya başladı.

"Işık karanlıkta parlar ve karanlık onu alt edemez."

Sonra kertenkelelerin aslında bu ışığa doğru gittiklerini anladı.

Francisco, artık Francisco Palau, eski Katolik Kilisesi rahibi olmadığı, dönem dönem keşişlik yapan bir rahip, Barselona'daki Erdem Okulu'nun kurucusu olmadığı, bir kişi, sürgün edilmiş biri, zamanı algılayan bir benlik, rahip arkadaşlarının İspanyol ordusu tarafından diri diri yakıldığını hatırlayan bir kimlik olmadığı, garip ama mutluluk veren bir rahatlama yaşadı. O an vecde gelerek kendinden geçti. İnsanla evren arasında, bedenle sonsuzluk arasında sınır kalmadı.

Hem geçmişte hem şimdiki anda hem de gelecekteydi.

Yaşamın kendisiydi.

Sonra bir şey oldu. O daracık patikada ayağı kayıverdi. Kalkerin üzerinden yuvarlanarak düşerken öyle şiddetli ve yoğun bir acı hissetti ki suya çarpmadan önce bilincini yitirdi ve hemen ardından deniz İbiza'dan Es Vedrà'ya kadar ışıkla kaplandı. Bilinci geri geldiğinde, ışıklı okyanusun içinde nefessiz ve yarı baygın vaziyette ama hayattaydı. Garipti ama hiç acı hissetmiyordu. Bulut-küre tam karşısındaydı ve o şeyin Tanrı ya da kurtuluş olduğunu düşünerek dosdoğru oraya doğru yüzdü. Işık küre şeklini koruyup genişledi ve ortasında bir delik belirdi; Francisco yüzerek delikten geçince, kendini bambaşka bir yerde buldu. Turuncu bir kumsalda, beyaz yapraklı ağaçların olduğu bir ormanda, bambaşka bir denizin kenarındaydı ve o tatlı havayı solurken ilk kez gördüğü, buharsı bedenli varlıklardan biri yanına gelip ona bir mesaj iletti.

Burada güvendesin. Sonsuza kadar korunacaksın.

Francisco bu sözlerin doğruluğunu, varlığının her bir zerresinde hissetti. O sevginin içinde minnet dolu gözyaşları dökerek -melek sandığı- o varlıklara doğru giderken kurtarılmaya hazırdı.

Kilisede Yere Serilmek

Kendimi kilisede yerde yatarken buldum. Halsizdim. Başımda bir ağrı vardı. Tepemde dikilen Alberto'nun yüzü yoğun duygularla büzüşmüştü ve Alberto ağlıyordu.

"Yok bir şey," dedim. "İyiyim. Başım yaralanmış olabilir, o kadar."

"Ah, üzülme. Sana ağlamıyorum."

"Tabii ya. Çok teşekkürler. Öyleyse neden ağlıyorsun?"

Alberto'nun yüzünde gözyaşlarına eşlik eden, gömleğinin önü kadar açık bir tebessüm belirdi. "Christina haklı çıktığı için. Bu şey yalnızca bir varlık değil. Aynı zamanda geçit."

"Geçit mi?"

Alberto hevesli bir horoz yavrusu gibi başını salladı. "Evet. Geldiği yere açılan bir kapı. Salacia'ya. Bunun ne demek olduğunu biliyorsun, değil mi?"

"Çok da bilmiyorum aslında."

"Christina başardı demek!"

"Neyi başardı?"

Alberto sunağın ve çarmıhtan sarkan İsa resminin önünde gözyaşlarına karışan birkaç kahkaha daha attı.

"O ölmedi!" Bu söz bütün kilisede çan sesi gibi yankılandı. "Gitmek istediği yere gitti! Salacia'ya gitmeyi başardı!"

Çözümsüz Denklem

Evet, bütün bunlar benim olduğu kadar senin kafanı da karıştırmıştır şüphesiz. Boş ver, kafa karışıklığı iyidir.

Hatta kafa karışıklığına açık olmanın iyi yaşamanın ön koşullarından biri olduğunu artık anlamış bulunuyorum. Her şeyin basit olmasını isteyerek kendimizi hapsediyor olabiliriz, cidden öyle, çünkü hayatın nasıl *olabileceğine* değil nasıl olmasını istediğimize odaklanarak kendimizi bir cenderenin içine sokmuş oluyoruz. Kendimizi kapatıyoruz. Birçok olasılığı dışarıda bırakıyoruz. Ben kesin bir şey olduğu için matematiği seçmiştim çünkü kapıların kapalı olmasını, basitliği istiyordum ama hayat öyle bir şey değil. Aslında matematik de öyle değil. Gökkuşağını hiçbir zaman tam olarak çözemezsin çünkü matematik de, bilim de, asıl gerçek de sihirden ve gizemden yoksun şeyler değil. Onlar sihrin ve gizemin *ta kendisi.* Yani matematikten vazgeçip gizemciliğe kucak açtığımı sanma. Çünkü benimki öyle bir yolculuk değil. Matematiksel gerçeklikten kopmuyor, onu daha derinden keşfediyordum.

Senin de bildiğin gibi, geleneksel matematik basitleştirme eğilimindedir. Algoritmaları, kalıpları ve formülleri bazı şeylerin sabit kaldığı varsayımına göre formüle ederiz; matematik daha derine indiği zaman, sürekli değişen bir evrende sabit kalan ya da basit çok az şey olduğunu anlayabilecektir.

"Karmaşıklık bilimini" biliyorsundur. Karmaşık şeyleri anlayabilmek için ortaya çıkan, matematik ve bilim karışımı bir şey. Roket biliminden farklı. Roket bilimi oldukça basittir ve bu yüzden geleneksel matematik mühendislikteki sorunların çoğunu çözmek için yeterlidir. Hayır, karmaşıklık bilimi –mesela– doğanın matematiğini, organizmaların büyümesindeki karmaşıklığı, iklim değişikliğinin gidişatını öngörmeyi, atomların etkileşimini anlamayı hedefler. Karmaşıklık biliminde, hayatın karmaşıklığı içinde bile farklı sistemler içinde evrensel benzerlikler ve kalıplar olduğunu anlatmak için kullanılan, adına da "evrensellik" denen bir kavram vardır. Yani sihir de aslında matematiksel bir şeydir. Basitlikle karmaşıklığı birbirinden ayırmayan, karmaşıklığın içinde daha gerçek bir düzen bulan matematiğin sihridir. Karmaşanın içinde. Yaşam dediğimiz bu güzelim, spiraller çizerek dönen, entropik karmaşanın içinde.

Hayata turnusol kâğıdı gözüyle bakmak, her şeyde dapdar bir derli topluluk, düzen görmeyi, tertemiz bir kontrol hissine sahip olmayı istemek umutsuzluğa yol açar. Çünkü aldatmacadan başka bir şey değildir. Hayatı biz yaşıyoruz. Turnusol kâğıdı *biziz*. Sürekli genişleyen bir kozmostaki sabit olmayan bir dünyada hareket eden bir ögeyiz.

Bana öyle geliyor ki gerçeği bulmak isteyen, hayatı bütünüyle ve farkındalıkla yaşamak isteyen biri olasılıklara, gizeme ve harekete, yolculuğa ve değişime kucak açmalı çünkü bunun içindeki evrenselliği bulduğunda, kendini de buluyorsun. Sürekli hareket halindeki kendini. Kendinden vazgeçerek kendine ulaşıyorsun. Kendimize söyleyip durduğumuz tüm basit şeylerin yanlış olabileceği olasılığına her daim açık olarak.

Yani ben sana burada farklı türden bazı cevaplar vereceğim. Aynı zamanda soru olan cevaplar. Kilisedeki o soğuk karoların üstünden kalktıktan sonra öğrendiğim her şeyi anlatacağım. Tekrar söylüyorum: İstemezsen, bunların hiçbirine inanmayabilirsin. Olasılıklara açık olmak acıya, başarısızlığa, hayal kırıklığına da açık olmayı gerektirdiği için armadillolar gibi tortop olmak işimize gelir çünkü. Gayet anlaşılabilir bir şey. Evrene iyice bir bakmaktansa mecazi burnumuzu mecazi popomuza dayamak daha kolay gelir bazen. İnsan olmak doğuştan gelen gülünçlüğümüzden korkmak demek olduğundan, bu gülünç olma halinden kurtulabilmek adına her yolu deneriz. Vücudumuzu örter, kapalı kapılar ardında ürer, bedensel işlevlerimizi gizler, postanede ağlayıp sokakta şarkı söylemekten kaçınır, bize öğretilenlerle uyumlu fikirler üretmeye çalışırız.

Fakat hayat karmaşa ve kafa karışıklığıyla, garip ve utanç verici gerçeklerle doludur.

Tabii ki bu hayatta kendi inançlarımızı kendimiz yaratırız ve bu inançları değiştirmek bazen korkutucu gelebilir. Ama harika keşifler yapmayı cidden istiyorsak, aklı başında bütün armadilloların da bildiği gibi, en nihayetinde başımızı popomuzdan ayırıp o kafa karıştırıcı, güneşli güne bakmak zorundayızdır. Bu gizli ihtişama, matematiğin derinliklerine, nihai gerçeğe. Yaşamın kendisine.

Solucan Deliği

Yine arabadaydık. Camlar açıktı. Bir yere gittiğimiz yoktu.

"Teoriye göre," dedi Alberto yavaşça, yedi yaşındaymışım gibi, "La Presencia güçlü fotonlardan oluşan çok gerçek bir varlık ama aynı zamanda bir solucan deliği. Solucan delikleri uzay/zaman dokusundaki iki yeri birbirine bağlar. La Presencia için yaptığım araştırma sırasında Joan Bonanova'nın akrabalarından duyduğum şey bu. La Presencia tarafından kurtarılan şu balıkçı. Kızına başka bir dünyaya gideceğini ve oradan geri dönmesinin mümkün olmadığını söylemiş. Kendi geleceğinin Salacia'da olduğunu görmüş. Yaşlılık günlerinde epey hastayken, bir gece ortadan kaybolmuş, La Presencia'ya doğru yüzmüş ve bir daha da dönmemiş. Yani bildiğim kadarıyla, La Presencia'nın içinden geçebiliyorsun ama geri dönemiyorsun. Christina, Salacia'ya gittiyse, dönüş bileti yok demektir."

Açıkçası, bu kadarı bana fazla gelmişti. Beynimde ileri seviye kalkülüsle ilk karşılaştığım günkünden daha büyük bir patlama yaşanıyordu. Ama özet olarak durum şöyleydi: Christina galiba –daha doğrusu *büyük ihtimalle*– başka bir gezegende ve hâlâ hayattaydı.

Alberto Ribas'a güvenebileceğimden emin değildim tabii. Ama ona ihtiyacım vardı. Dünyada neye dönüştüğümü anlayabilen başka hiç kimse yoktu.

"Sana göstermek istediğim bir şey var," dedi Alberto.

Kot şortunun cebinden telefonunu çıkarıp bir video açtı. Teknede duran bir kadın gördüm. Alberto'nun teknesi olduğunu anlamam biraz zaman aldı. Dikkatle baktığım –kır saçlı, zarif, hafiften büyüleyici görünen– kadınsa Christina'dan başkası değildi.

Saçları Rüzgârda Hafifçe Savrulurken, Christina'nın Teknede Söyledikleri

Selam, Grace. Uzun zaman oldu. Ben eski arkadaşın Christina. Hatırladığın halimden biraz farklı görünüyorumdur herhalde. Dövme bile yaptırdım. Bak! Güneş dövmesi. Güneşten daha iyisi olabilir mi?

Sen bundan bir ay sonra bunu izlerken –Haziran'ın 26'sında, Alberto'yla birlikte, arabada– ben artık burada olmayacağım. Hayır. Öleceğimi kastetmiyorum. Kendi ölümümü görebildiğim halde kurtulabileceğimi zannediyorum. Beni öldürmek isteyen biri var ama kim olduğunu bilmiyorum. Sana çok acıklı geleceğini biliyorum ama son zamanlarda bütün hayatım böyleydi zaten. Umarım Salacia'ya gitmiş olacağım. Geleceği çoğu zaman görebilsem de, bu kez emin olamıyorum. Bu yüzden inanmam lazım. La Presencia bana ilk dokunduğunda, senin gibi ben de orayı şöyle bir görebilmiştim. Kumsalı, ağaçları, o tatlı havayı. Bolluk ve bereketle dolu bir cennet gibiydi. Orada sağlık ve huzur içinde çok uzun bir hayat yaşanabilir. Belki de sonsuza kadar yaşanıyordur. Salacia'lılar bizi önemsiyor. La Presencia'yı bu yüzden gönderdiler. O zeytin kavanozunu bazen yatağımın yanına koyuyorum. Hemen başucuma. Böyle yaparsan, rüyalarında sana bir şeyler söyler. Bilmen gerekenleri. Hiç görmediğin kadar canlı rüyalar görürsün. İnsanı şifalandıran gerçeklerle dolu olurlar.

Teorimize göre, dalış yapıp La Presencia'nın sana gelmesini beklemek yerine dosdoğru ona doğru yüzdüğünde, buradan kaçmak istediğini söylemiş oluyorsun. Aslında kaçmak *istemiyorum*. Kaçmak *zorundayım*. Kaçmazsam öldürüleceğim çünkü.

Dediğim gibi, katilimin kim olacağını bilemiyorum. Senin gibi, ben de herkesin zihnine giremiyorum. Bazı insanlara ulaşabilmek daha zor. Ayrıca ne düşündüğünü biliyorum. Alberto olabileceğini düşünüyorsun. Beni öldürmek isteyen kişinin o olabileceğini düşünüyorsun. Sonuçta, zihnine girmekte zorlandığın kişi Alberto. Ama o değil. Onu duvarları çekmeden önceki günlerinde tanımış biri olarak, sözüme güven. Alberto değil. Alberto çok şey olabilir –ve bunların en az yarısı insanı delirtebilen şeylerdir– ama katil olamaz.

Biliyorum, sana mektup bıraktım ama orada her şeyi anlatamadım çünkü anlatsam seni tehlikeye atmış olacaktım. Kendini belli etmemelisin. Aslında ben de bu kadar ortalığa döküp saçmamış, pazardaki o tezgâhı açmamış olsam, hedef haline gelmezdim sanırım. Bu yüzden mektupta yazamadıklarımı şimdi söyleyeceğim.

Sen özel birisin. Özel biri olduğunu başından beri biliyordum. En yalnız ânımda bana destek olduğunda anlamıştım. Ama *ne şekilde* özel olduğunu tam olarak bilemiyordum. La Presencia okyanusta bana ilk dokunduğunda bazı yetenekler kazandım ama sana daha fazlasını verecek. Hayatım boyunca, hem İngiltere'de hem de İspanya'da çok insan tanıdım ama La Presencia'nın bu kadar çok şey vereceği tek kişi sensin. Eminim bundan, inan bana. Onun istediği sendin. Benim aracılığımla çağırdığı kişi sendin. Karşındaki tek engel kendinsin. La Presencia'nın seni iyileştirmesine izin ver.

Sana verdiği gerçek yetenek yaşamın ne olduğunu anlayabilme yeteneği olacak. Bunun ne anlama geldiğini, en azından İngilizcede anlatabilmek kolay değil. Ama İspanyolcada bir sözcük var: "Duende". Sözcüğün anlamını açıklamaya çalışanlardan biri de İspanyol şair Lorca olmuş. İnsanın sanat, Flamenko ya da doğa yoluyla olsun, yaşamın görkemli özüyle, trajedisi ve güzelliğiyle gerçek bir bağlantı kurabildiği andaki his olduğunu söylüyor. Bir galeriye girip sende dehşet ya da esrime yaratan bir resim görürsün ve o his sende kalır, tekrar gelmesi için artık bir sanat eserine ya da günbatımına bakman gerekmez ya hani. Herhangi bir şey olabilir. Ilık bir esinti, çamlarla kaplı bu adadaki sıradan bir çam kokusu.

Boşluğa düşmenin nasıl bir şey olduğunu biliyorsun. Ama bütünlenmiş olmayı da deneyimleyeceksin. Belki de çocukluğundan bu yana ilk kez. Artık yaşamak zorundasın. Her bir deneyimi sonuna kadar tadacaksın. Şimdiki anda var olacaksın. Bu varlık dünyadaki bütün uyuşturuculardan daha iyi diyorsam bana inan çünkü zamanında pek çoğunu denemiş biriyim. Olabilecek en yaşam dolu deneyimi sunuyor.

Köpekbalıklarının sudaki basınç değişimlerini hissederek depremleri önceden fark edebilmeleri gibi, şimdiki ânı derinlemesine anladıkça, geleceği de anlayacaksın.

Şu an sana bir armağan gibi gelmeyebilir ama inan bana, sana bir armağan verildi. Bu yetenekler bir armağan. Alberto'da da vardı ama onunkiler azalmaya başladı. Bende de var ama ben gitmiş olacağım. La Presencia'nın dokunduğu başkaları da olmuş. Ama senin sayende en köklü değişimlerden biri yaşanacak.

Doğuştan şüpheci biri olduğunu bildiğim için, yola seni buraya kadar getirecek ekmek kırıntıları serpmiştim. Evi bu yüzden sana bıraktım. Mektubu da. Santa Gertrudis'teki markette çalışan kıza, Rosella'ya senden söz etmemin nedeni de buydu. Hippi marketine gidip Alberto'dan ölesiye nefret eden Sabine'yi görmeni de bu yüzden istedim çünkü aklına şüphe sokacağını biliyordum. Tabii bir de elimde tuttuğum bu şey var. Bana verdiğin hediye. Aziz Kristof kolyesi.

Kapıyı açan anahtar bu oldu, Grace. Bunun sayesinde anladım. *Psikometri*. Hakkındaki bütün bilgiyi bana bu verdi. Elimde tuttum. Seni hatırladım. Bu sayede ne kadar güçlü olabileceğini öğrendim. *Herkesinkinden* daha güçlü yeteneklere sahip olabileceğini. Bu adayı, hayvanları denizi hatta insanları yok olmaktan kurtarabileceğini. Senin doğaya verilmiş bir armağan olacağını.

Şimdi bunu okyanusa atıyorum. Alberto'nun kızı Marta birkaç dakika sonra dalıp fotoğrafını çekecek ve Atlantis Scuba'nın sitesine yükleyecek. Fotoğrafı gördüğünde milyonda bir ihtimal olduğunu düşünmüştün ama öyle değildi işte. Görmeni istediğimiz için oradaydı. Rosella'yla görüşüp işkillenmeye başladıktan sonra siteye bakacağını tahmin ettik. Gidip Alberto'yu bulman için bu kadarı yetecekti. Sonra da... neyse, sonrasını biliyorsun.

Anlayacağın, artık bir muhafızsın. Çünkü yaşamı bu kadar derinden hissederken, onu korumayı istememek mümkün değil. İnsanlara –ve hayvanlara– yardım etmek zorunda hissedeceksin kendini.

Ben de bir muhafızdım. Hayvanlara yardım etmeye çalıştım. Çevreye de. Hippi pazarındaki tezgâhımda insanları gelecekten korumak için çabaladım. Böyle bilimsel bir şeyi mistisizm ve falcılık maskesi altında yapınca, yetkililer beni rahat bıraktı. Fakat birilerinin nasırına bastığım ortada. Sanırım insanlara yardım edebildim ya da en azından yapmaya çalıştığım buydu. Kızım için öyle olmasa da. Ama bence senin daha da büyük yardımın dokunacak.

Bir armağan aynı zamanda lanet de olabilir tabii. Benim şu an çok iyi bildiğim gibi, bu yeteneklerin tehlikeli de olabileceğini anlaman gerekiyor. Ama seni seçmek zorundaydım, Grace. Başladığım işi devam ettirecek birini seçmem gerekiyordu. Sen benim gibi, insanlara geleceklerini söylemek zorunda değilsin. Ama yaşamı, doğayı, bu güzel adayı korurken bulacaksın kendini.

Joan Bonanova adında bir balıkçı otuzlu yıllarda La Presencia tarafından kurtarılmış. Alberto sana anlatmıştır. Suçtan ve günahtan uzak, öyle saf bir ruhu varmış ki Bonanova'nın, onda çok güçlü yetenekler ortaya çıkmış. Franco'nun faşistlerinin işgali sırasında bir gece, adadaki bütün hayvanlara sinyal göndererek yardım istemiş ve çok geçmeden keçilerle diğer hayvanların nasyonalist askerlere saldırdıkları rapor edilmeye başlanmış. İstediğin takdirde senin de aynı Joan Bonanova gibi olabileceğine yürekten inanıyorum. Sen on yıllardır hiç kimsenin sahip olmadığı kadar güçlü yeteneklere sahip olabilirsin.

Beni öldürmek isteyen kişiyi bulmanı da cidden çok istiyorum. Kendi adıma değil. Ben güvende olacağımdan eminim. Bunu başkaları için yapmalısın. O hâlâ orada. Onu durdurmanı istiyorum çünkü başkaları da tehlikede. Ama seni buraya başkalarının hayatlarından çok kendi hayatını kurtarman için getirdim. Hayatı yaşamanı istiyorum, Grace. Artık geçmişi bırakıp *yaşamanı* istiyorum. Bunu yapman lazım. Bütünün hayrına. Duydun mu beni?

Hoşça kal, arkadaşım.

"Tanrım," dedim, video biter bitmez. Bundan hiç hoşlanmamıştım. Yine oyuna getirildiğim hissine kapılmıştım. Biri elime hiç istemediğim bir saati tutuşturmuştu da, o şeyi satın almamı bekliyordu sanki.

Panik atak gibi bir şey geçirdiğimi hissederken, hayat boyu sıkça yaptığım gibi, kendimi rahatlatmak için takıntılı bir şekilde hesaplamalar yapmaya ve kalıplar görmeye çalıştım.

Video üç dakika yirmi iki saniye uzunluğundaydı. *22 bölü 3, 7,33. 3'ün kare kökü 1,73...*

Alberto telefonu bıraktı. Arabanın sıcağı durumu daha da kötüleştiriyordu. Gözlerimi denize diktim. Artık nasıl bir delilikse, duyduğum tüm bu acayip şeyler içinde bir tek "arkadaşım" sözü kulaklarımda çınlıyordu. O kadar arkadaşımdıysa, neden kırk yıldan fazla zamandır benimle iletişime geçmemişti? Daniel öldüğünde, Karl'ı kaybettiğimde, bir dosta ihtiyacım varken neredeydi? Lieke'nin bahçe merkezinde söyledikleri dönüp duruyordu aklımda.

O evi sana boş yere bırakmadı. Seni buraya getirmek içindi. Tuzak kurdu. Onun yerine geçeceksin.

"Yok," dedim. "Bu kadarı fazla artık. Bu benim seçimim değil. Neden isteyeyim ki bu armağanı?"

"Tek bildiğim, La Presencia'nın çok az insanı seçtiği. Şanslısın ki seni de... Christina senin o kişi olduğunu biliyordu. Geleceği görmüştü."

Artık burama kadar gelmişti. Tam o anda. Terazinin dengesi bozuluverdi. Portakal suyundaki o katman katman tadı ve çevremdeki yepyeni mucizelerin tümünü unutuverdim o an. Christina'nın yaptığı şeyin, yüce gönüllülüğünden kaynaklanmadığını o an anladım.

"Tarikatçılık gibi bir şey bu," dedim. "Şeytani bir tarikat gibi."

"Bak, Christina'nın yöntemlerini onaylıyor falan değilim ama—"

"Senin yöntemlerin de aynı. Bana en başından anlatabilirdin."

"Seni başımdan savmak dünyanın en kolay işiydi. Seni uyarmıştım. Gerçeği öğrenmeyi kendin istedin. Değişim geçireceğini söylemiştim. Aslına bakarsan, seni ne Christina seçti ne de ben seçtim, La Presencia kendisi seçti. O yalnızca gördü. Christina'nın hayatı boyunca tanıdığı binlerce insan içinde bir tek seni istedi. Benim yeteneklerim seninkilere kıyasla çok zayıf. Christina'nınkilere kıyasla da zayıftı. İlk başta güçlüydüler ama zamanla azaldılar. Deniz çekilmesi gibi bir şey oldu. Ama sen özelsin. Daha demin kilisede neler yaptın, baksana..."

"Özel falan değilim," dedim. O âna dek en kolay söylediğim şeydi bu. Yetmiş iki yıldır içimde taşıdığım bir duyguyu dillendirmiştim. Kendi vasatlığıma dair derinlere işlemiş bir farkındalık. "Nerem özelmiş benim? Huysuz ve de yaşlı bir İngilizim. Dağ başında yaşayan emekli bir matematik öğretmeniyim. Ancak koca bir hiç olabilirim. Koca bir *nada*. Hayır, o bile değil. Sıfır değil, eksiyim. Dünyaya hiçbir faydası dokunmamış sıradan biriyim. Arada bir kötülüğüm dokunmuştur, o kadar. Oğlum Daniel, o tatlı çocuk sağanak yağmurun altında bisikletle çıkmasına izin verdiğim için öldü ve ben de bu arada o lanet olası kataloğa baktım çünkü kataloğa bakmanın onunla şehre gitmekten daha ilginç olduğunu düşünmüştüm belli ki. Bir posta kamyonunun altında ezilerek can verdi. Hiçbir şeyi beceremeyen biriyim. Yarıştaki son engelde pes eden biriyim ben. Kötü şeylere seyirci kalan biriyim. Ancak o kadarını hak ettiği için her şeyin azıyla yetinen biriyim. Üniversitede istediği işi alamamış biriyim. Matematik öğretmenliğine razı olup büyük ihtimalle öğrencilerin birçoğunu matematikten soğutmuş biriyim. Kocasına ihanet etmiş biriyim. Bir işe yaramadığı kimbilir kaç kez kanıtlanmış biriyim. Yapamam. Hata olur. Ben Joan Bonanova bilmem kim gibi suçtan ve günahtan uzak biri değilim. Kötü biriyim. Bu işi asla beceremem. Hayvanlara sihirli mesaj falan gönderemem. Göndermek istediğimi de hiç sanmıyorum." Kalbim güm güm atıyordu. "Ben. Özel. Değilim."

"Sen öyle san," dedi Alberto, her zamanki bilgiçliğiyle. "Christina tanıdığı herkesi hesaba kattı. *Hayat boyu* tanıdığı herkesi. Üstelik *çok* insan tanımıştı. Bütün senaryoları, bütün olasılıkları öngörebiliyordu. La Presencia'nın dokunabileceği başkaları da vardı ama hiçbirinde aynı etkiyi yaratamazdı. Su altındayken bilincini yitirmenin nedeni buydu. Bir de tabii zihin gücüyle 1855'e gidebildiğin, ıstakozların su tankını paramparça edebildiğin, adamların bacağına çatal saplayabildiğin gerçeği var. Bunlar görülmedik şeyler; muy, *muy* raro..."

"Çatalı o adama saplamasaydım keşke," dedim pişmanlıkla. "O kadar da kötü biri değildi."

"Evet. Belki de. Ama ya *o kadar kötü* biri varsa? Ya o biri katilse? Ya arkadaşını öldürmeyi planlamışsa? Ya başka kötülükler yapmasına sen engel—"

"Christina'yı çok da tanımıyordum," diye patladım artık. "Arkadaş falan değildik."

Alberto başını salladı. *Cidden* tokat atmışım gibi görünüyordu. "Evet, belki de değildiniz. Ama *benim* arkadaşımdı. Karmaşık biri miydi? Evet. Kötü bir anne miydi? Belki de. Ama iyi biriydi. Onun gibisi az bulunur."

Bir an ağlayacağını sandım ve bunun öfkemi azaltmak yerine artırması utanç vericiydi.

"Ben özel değilim," dedim bir kez daha, delirmiş gibi. "Bencilin tekiyim. Anne olarak tek bir görevim vardı, onu da beceremedim. Grace, İşe Yaramaz. İnsanları kurtaran biri değilim. Ölmelerine neden olan biriyim ben. Canım Daniel'ımın ölümüne neden olduğum gibi. Hayatımda bir kez olsun cesur davranmadım. İbiza'ya taşınmam hariç. Bunun en büyük hatam olduğunu ancak şimdi anlıyorum."

"Sen öğretmensin. Öğretmenlik yapmaktan daha iyi bir şey olabilir mi?" Alberto pes etmiyordu. Tokada susamış ağzıyla konuşmayı sürdürüyordu. "La Presencia sende bir şey gördü. Olduğun kişiyi değil, olabileceğin kişiyi gördü. La Presencia yüzeydeki şeylerle ilgilenmez. Derindekilerle ilgilenir."

"Yetmişli yaşlardayım. Buzdolabına mıknatısla tutturulan acıklı teoriler için de, *olabileceğim* şey olmak için de çok yaşlıyım artık."

Alberto şüpheyle başını iki yana salladı. "E ben de yetmiş dokuz yaşındayım. Buzdolabım yok. Acıklı teorileri *severim*. Duygusal bir adamım. Gelecek salı ilk samba dersimi alacağım. Sonra da Cova Santa'ya gidip bir mağarada limonata içerek dans edeceğim. Burası İbiza. Burada yaşın önemi yok."

"Burası İbiza olabilir. Ama ben bu değilim. Buraya ait değilim ben."

"Duygusallıktan hoşlanmayanlar hiçbir şey hissetmek istemiyormuş gibi gelir bana bazen. Bence hayata tepeden bakmayı tercih ediyorlar."

"Senin ne düşündüğün umurumda değil. Hiçbir şey hissetmeden de gayet güzel yaşayıp gidiyordum. Hiçbir şey hissetmek istemiyorum. Bana bir şey hissettirmeye hakkın yoktu."

Hepsi tuzaktı. Ev. Fotoğraftaki kolye. Alberto'nun ağzından çıkan tüm sözler.

Üstelik kimseyi kurtaramazdım. Durumu daha da kötüleştirmekten başka işe yaramazdım. Ben böyleydim.

"Benden buraya kadar," diyerek motoru çalıştırdım. "Eve dönüyorum. Bu yeteneklerle oradakilere de yardım edebilirim. Buradan dosdoğru havaalanına gidiyorum ve—"

"Araştırmalarıma göre, La Presencia'dan ne kadar uzaklaşırsan, gücün de—"

"Umurumda bile değil."

"Kendine bunları sindirmek için zaman tanısan da, yarına kadar beklesek?"

Bunun bir yarını olmasını istemiyordum. *Bunu* yaşamaktansa portakal suyunun o yepyeni ve sonsuz hazzını hiç tatmamış olmayı tercih ederdim. Mağarada dans etmek falan istemiyordum. Kanepemde oturup yarışma programı izleyerek kendimi uyuşturmak istiyordum. Sonsuz hazzı yaşamak en nihayetinde sonsuz acıyı da hissetmeme yol açacaktı. Bunu bir kez yaşamıştım ve bir daha yaşamaya niyetim yoktu. Olaysız, tanıdık bir boşluğa düşmek için can atıyordum. Resmen anhedoniyi özlemiştim.

"Hayır. Ben *eve* gidiyorum. *Evime. Kendi evime.*"

Bu sözcük beni rahatlatıyordu. Yerinden oynamayan bir şey hissi veriyordu. Okyanustaki bir kaya misali.

"Ama adanın sana ihtiyacı var. Buradaki insanlarla hayvanların ihtiyacı var. Senin için iyi bir şey yapma fırsatı bu. Yalnızca... ıstakozlar için değil... daha genel bir iyilik. Hem dışarıda hâlâ potansiyel bir katil var. İnsan ya da başka bir şey. Onu durdurabilirsin. Eve dönersen bunu yapamayacaksın. Buradan ne kadar uzaklaşırsan, yeteneklerin o kadar zayıflayacak."

Alberto'yu duymazdan geldim. Kulak çınlamamı unuttuğum gibi, onun sesini de unutmaya çalıştım. Arabayı tek bir hisse yoğunlaşarak sürdüm.

Bu adadan bir an önce gitmem lazım.

At

Yirmi dakikalık mesafedeki havaalanına on dakikada ulaşmayı hedefliyordum. Alberto da benimle geliyordu. Benimle gelmesinin tek nedeni onu Es Cubells'te bir başına bırakamayışımdı. Bir de gelmek istemesi. Hem Christina'nın arabasını da birine teslim etmem lazımdı.

Adanın içlerine doğru ilerlerken elektrikli bisikletiyle yolda vın diye giden, güneşte gülümseyen bir adamı geçtik. Bisiklet kırmızıydı. Aklımdan Fibonacci dizisinin ilk rakamlarını geçirdim.

0, 1, 1, 2, 3, 5, 8, 13, 21, 34...

Adada geçirdiğim sürenin de böyle bir şey olduğunu fark ettim. Öncesinde olan şeyin sürekli üstüne çıkan bir olaylar dizisi, her şeyin göğe yükselen roket misali çılgınlığa doğru gidişi.

Yolda Lieke'nin yüzüyle kaplı dev bir ilan panosu gördük. Bir illüzyona bakmak gibiydi. Duygulardan daha güçlü bir şey gibi ufku ele geçiren Lieke'nin acısını, içindeki kırılganlıkla dıştaki öfkesini hatırladım.

Yüzüne bakınca annesinin gözlerini gördüm.

Sürmeye devam ettim. Alberto'yu duymazdan geldim. Bulutsuz masmavi gökyüzünün altında ilerlerken direksiyonu öyle bir sıkmışım ki Christina'ya ait bir anıyı daha yakaladım.

Bir otelin önündeydi. Bir inşaat alanında bir grup protestocu vardı. Zihnimde bir tabela belirdi. *Sekizinci Mucize, Cala Llonga, Çok Yakında*. Christina darmadağınık ve siyah saçlı, gözlüklü bir kadınla birlikteydi. Kadını tanıyordum. Görülerden birinde görmüştüm. Sürdüğüm arabanın içinde Christina'yla birlikte oturuyordu. Bu kez onu daha önce de gördüğümü fark ettim. Havaalanında. Adaya iner inmez ilk onu görmüştüm. Bana gülümseyen, Einstein tişörtlü kadın. Ama hatırladığım anda görüntü değişti.

Gece gündüze, hava suya dönüştü.

Bu kez denizdeydi.

Christina yani.

Karanlık sularda gitgide daha da derine dalıyor, bu kez buluta dönüşmeden şeklini koruyan hatta genişleyen o parlak küreye doğru yüzüyordu ve kürenin tam ortasında bir delik belirdi. Açılan bir aralık. Kürenin içinden geçen. Küreden daha da parlak, gümüş rengi ve inanılmaz parlaklıkta bir tünele dönüştü. Christina kızını düşünerek, onun güvende olacağını umarak portaldan geçti.

Bu mikro transtan çıktığımda, Alberto'nun eli kolumdaydı. Babam gibi bağırarak adımı sesleniyordu. Az ileride kestane rengi büyük bir atla binicisi vardı. Ata çarpmak üzereyken, direksiyonu tam zamanında çevirdim. Kısrak şaha kalksa da, binicisi ayaklarını iyice üzengilere bastırarak eyerin üstünde kalmayı başardı. Hayvanın paniğini içimde güm güm çalan bir davul gibi hissettim.

"Geçti," dedi Alberto dalga gibi geri çekilen bir sesle, ben yeniden yola odaklanırken. "Geçti, geçti, geçti..."

Havaalanı

"İngiltere'nin herhangi bir yerine giden ilk uçak," dedim bankodaki gergin tebessümlü kadına. Yaka kartında adının Gabriela olduğu yazıyordu ama her yerinin şişip sızlamaya başladığını, yanına daha fazla naneli pastil almadığına hayıflandığını kendim hissettim. Ya da vardiyasının bitmesine altı buçuk saat kaldığını. Yaka kartında yazandan daha fazlasını bilmemeyi dilerdim.

"Bu akşam Gatwick'e giden bir uçak var. On dokuz ellide kalkacak. Boş yer olup olmadığına bakabilirim."

"Tamam, harika. Bana uyar."

Planım falan yoktu. Evime dönecektim. Christina'nın evini emlakçıya sattıracaktım. Parayı bir yere bağışlayacaktım. O kadar. Avukatın mektubunda böyle bir koşul yoktu. Bu "yetenekler" gerçek yetenek değildi. Yalnızca daha fazla hasara yol açacaklardı. Gabriela bilgisayarla meşgulken, çarpmama ramak kalan o zavallı atla binicisini düşündüm. Bacağa saplanan çatalı düşündüm. Christina hata etmişti. Burada bir işe yaramam, yalnızca zarar verirdim. Hep yaptığım gibi.

Alberto'nun gidip gitmediğini merak ederek etrafa bakındım. "Her ihtimale karşı" bir süre otoparkta bekleyeceğini söylemişti. Hafiften hüzünlendim. Minik bir üzüntü hissettim. Bir yanım her nedense hâlâ onun yanında oturuyor olmayı istedi. *Kendine gel, Grace. Sen doğru olanı yapıyorsun.*

Küçük valizini el bagajı olarak yanına, yorgun çocuğunu kucağına almış bir anne vardı. Kadın çocuğunu alnından öptü. Çivit rengi bir sevgi gördüm. Haklarında fazla bir şey bilmeyi ve hissettiklerini hissetmeyi hiç istemediğim için çabucak gözlerimi kaçırdım. Bir şey hissetmek istemiyordum. Christina'ya ve bana verdiği bu bütünlük hissine lanet okudum. Bu *duende*'ye. Hiçbir şeyle aramda bir bağ hissetmek istemiyordum.

Dört bir yanda zihinler, polen gibi havaya saçılan düşünceler vardı. Tek başına gelmiş, ailesini görmek için sabırsızlanan bir kadın vardı. Karl'ın evde beni bekliyor olmasını öyle çok istedim ki. Gatwick'te beni kucaklamasını. Beni özlediğini, her şeyin yoluna gireceğini söylemesini.

Gözüm evin önünden geçen yolun karşısındaki ilan panosundakiyle aynı, tanıdık bir dijital görüntüye takıldı. Otelin afişi ve lüks otel odasını gösteren o küçük resim.

Açıldık. Sekizinci Mucize Kaplıca Otelleri'nin sonuncusu, Cala Llonga, İbiza. Hayal et, gerçek olsun.

Bu görüntü bir düşünceyi tetikledi. Bana söylenmiş olan şeylerin anısını. Taksi şoförünün. Sabine'nin. Her şey yerli yerine oturmaya başlamıştı. Christina'yla Marta'nın yan yana oturuşunu düşündüm. Protestoyu düşündüm. O reklam âdeta bir uyarı gibi geldi.

Başkaları da tehlikede…

Reklama bakan bir adam vardı. Adamın içindeki gururu hissettim. Üstünde keten takımıyla bir valizin yanında duruyordu. Islak görünümlü saçları geriye yatırılmıştı. Oldukça gençti. Kırk yoktu. Ama zaten herkes oldukça gençti. (İnsan yetmişli yaşlara geldiğinde bütün dünya koca bir kreşe, dünyadaki herkes oraya bırakılmış küçük çocuklara dönüşüyor.) İlgimi çeken şey adamın giydikleri, saçı, yüzü ya da gençliği değildi. Havaalanlarına has kesik kesik düşünceler ve alakasız şeylerle dolu yorgun, telaşlı zihni de değildi. Elindeki dergilerden biriydi. *DJ* dergisi. Kapağında Lieke'nin resmi vardı. "İbiza'nın Yeni Kraliçesi Tahta Geçiyor."

"Şu an boş yer olup olmadığına bakıyorum," dedi Gabriela, işbilir bir içtenlikle.

Yüzünün odaklanışını ve monitöre bakan gözlerinin kısılışını izlerken, kadının Santa Eulalia'daki apartman dairesinde çocuklarıyla kucaklaştığını gördüm. Saçlarındaki bir-iki beyaz tel dışında, şu anki halinden çok da yaşlı görünmüyordu. Çocuklarını her şeyin yolunda gideceğine ikna etmeye çalışıyordu.

"Dur," dedim kendi kendime.

"İyi misiniz?" diye sordu Gabriela, kaygı dolu bir yüz ve zihinle.

"Evet. Pardon. Uçağa binmek beni geriyor da."

"Haa," dedi Gabriela bu kez. "Bunu duyduğuma üzüldüm. Ama aslında en güvenli ulaşım şeklidir. İşte, Gatwick uçağında boş yerimiz var. Pencere yanı mı olsun, koridor mu?"

Onu dinlediğim falan yoktu. "Onunla evlenmemelisin."

"Efendim?"

"İki ay içinde çocukları babana bırakıp Londra'ya gidecek ve orada bir adama, kırk iki yaşında emekli olmaya hazırlanan bir adama âşık olacaksın, seninle İbiza'ya gelecek ve evleneceksiniz. O adamla evlenmemelisin. Lütfen. İnan bana. Sana iyi geleceğini zannedeceksin ama gelmeyecek..."

Gabriela şaşkın bir tebessümle bana bakıyordu. "Londra'ya gideceğimi nereden bildiniz?"

"Güven bana. Lütfen."

Bu kez onu farklı bir gelecekte, çocuklarıyla birlikte go-kart pistinde mutluyken gördüm ve Christina'nın insanlara neden yardım etmek istediğini o an anladım. İnsanlara yardım edebiliyorsan, belki de bunu yapmaya zorunlu hissediyordun kendini. Bana verilen şeyi istememiş olmam ona sırt çevirmemi gerektirmezdi.

Tam o sırada gelen uçuşların çıkışına doğru giden, yabancı gelmeyen bir kadın gözüme çarptı. Kabarık saçları tüylerinin yarısı uçmuş bir karahindibaya benzeyen, ciddi görünümlü, uzun boylu bir kadındı. O doktor. Alberto'yu huzursuz eden, ansızın hastaneden kaçmak istemesine neden olan doktor. Kahvesini yudumluyordu ve Bilbao'dan gelen annesini karşılamak için gelmişti. Derken beliriverdi. Doktorun Alberto'yla birlikte bir görüntüsü. Hastanenin onkoloji bölümündeki bir odada, bir ay önce. Doktor, "El cáncer es agressivo," diyerek tedavi seçeneklerini sıralarken, Alberto dili tutulmuş gibi öylece kadına bakıyordu. Sonra doktor gözden kayboldu.

"Pardon, señora," dedi Gabriela, bir çeşit transta olduğumu fark ederek. "Señora? Bileti hâlâ istiyor musunuz?"

Gabriela'ya gülümsedim. Sonra valizimi sapından tuttum. "Benim… gitmem lazım…"

Yapamazdım. Kalmam gerektiğini anlamıştım.

Koruma

Christina'nın sözü aklımdan çıkmıyordu. *Yaşamı bu kadar derinden hissederken, onu korumayı istememek mümkün değil...* İçimdeki değişimi inkâr edemezdim. Önceden gizli olan şeyleri -düşünceleri, gelecekleri- anlayabiliyorken, yaşamın benimle işinin bittiği gibi hüzünlü ama rahatlatıcı bir sanrıyla kendimi kandıramazdım artık. Köşeme çekilip ortadan kaybolsam da bir şey fark etmeyeceğine inanamazdım.

Hareket halindeki bir evrende hareketsiz kalamazsın. Değişim gerçekleşmişti. Kendine acıma ve hüzünden oluşan sığınak üstümden çekilip alınmıştı. Hiçbir şey yapmayarak kendimi koruyamazdım. Koruma sürekli alabileceğimiz bir şey değil, yalnızca verebileceğimiz bir şey. Ben de yardım edilebilecek olanlara yardım etmek için ne gerekiyorsa onu yapacaktım.

Kapalı Kutu

Terminale kısa bir yürüme mesafesinde park edilmiş arabaya bindim.

Alberto radyoyu açmıştı. İspanyolca kıvrak bir rap şarkısına başıyla ritim tutuyordu.

"Reggaeton," diyerek beni bilgilendirdi, müzik türleri hakkında ders almak için dönmüşüm gibi. "Kimbilir ne zamandır var ama millet yeni keşfetmiş gibi hastası oldu... Seksi bir enerjisi var, değil mi?"

"Seks enerjini kendine sakladığın sürece sorun yok," diye kestirip attım.

Alberto saatine bakıp omuz silkti.

"Ne?" diye sordum.

"Çok enteresan," dedi, havaalanından dönme kararımı kastederek. "Ben yirmi dakika önce döneceğini hesaplamıştım."

"Cidden gidecektim, biliyorsun."

"Neden döndün öyleyse?"

Ama sorunun cevabını birden görüverdi. Zihnimde. Ben de fazla uzatmadım. "İçeride hastaneden hatırladığım birini gördüm. Doktor. Onkolog."

Alberto'nun yumruk yemiş gibi bir hali vardı. Nefesini tutmuştu. Müziği kapadı. Etrafımızda duracak yer arayan arabalar dolanırken, olduğumuz yerde kaldık.

"Özür dilerim," dedim. "İşine burnumu sokmak istemezdim."

Dudağını ısırdı. Huzursuzdu. Gergindi.

"Ama güya herkesinkinden güçlü doğaüstü yeteneklerim var," diye devam ettim söze, "ve sana dair hiçbir şey göremiyorum. Kapalı kutu gibisin. Zihnine giremiyorum. Bir ıstakozu, kertenkeleyi, atı senden daha iyi anlıyorum. Neden girmeme izin vermiyorsun? Yardım etmek istiyorum. Bir derdin varsa, yanında olmak istiyorum. Bir... bir... dostun olarak. Tehlikenin sürdüğünü de biliyorum. Korunması gereken başkaları da olacak. Bu yüzden kalıyorum. Ama kime güveneceğimi bilemezsem yardım da edemem ve sana güvenmem lazım."

Alberto bir an öylece oturdu. Bir şeyi ölçüp tartar gibiydi. Arabanın teki korna çaldı. Alberto başını pencereden dışarı uzatıp şoföre bir küfür savurdu.

"Peki," dedi sakinleşmiş bir sesle. "Marta'yı görmeden önce sana bir şey anlatmam lazım. Yol üstünde bildiğim küçük bir kafe var. Sakin bir yer... Dünyanın en güzel portakal suyu orada. Taze sıkılmış."

Yudumlanmayan Meyve Suyu

Yol kenarındaki basit kafede bozuk tilt makinesinin yanına oturduk.

Duvarda geçen yüzyıldan kalma, kulüplerde düzenlenen geceleri duyuran, üstlerinde İspanyolca-İngilizce karışımı yazılar olan sıra sıra afiş vardı.

Ku sunar: Fantasy. Domingo 17 de julio de 1980.

Flower Power Pacha'da, Fiesta de cierre, 1988.

Moondance Space'te, Her Çarşamba/Todos los miércoles, 1992.

Karl'la ikimiz kendi dışa kapalı, daracık aile hayatımızın içinde Daniel'ı büyütürken yapılan o çılgın partileri düşündüm. İnsanın çocuğu olduğunda, dünya bir süreliğine parmaklarının arasından kayıp gidiyor. Kendi uyduna dönüşüyor ve bakmak için çaba harcamadığın takdirde başka şeylerin varlığını bile unutuyorsun. Dünyanın dört bir yanında seninki kadar önemli başka hayatların yaşandığını. Bazılarının da İbiza'daki gece kulüplerinde göz kamaştırdığını.

Alberto da afişlere bakıyordu.

"Güzel günlerdi," dedi, portakal sularımızı beklerken. "En başta Pacha vardı tabii. Resmen çiftlik evinden bozma bir diskoydu. Bugün de hâlâ bir casa payesa sayılır. Yetmişli yıllarda diskosu olan bir finca'dan ibaretken, jet setin ilk gitmeye başladığı yer orasıydı. Sonra Ku vardı. Her şeyin en uç noktası. Freddie Mercury ve Monserrat Caballé "Barcelona" şarkısının klibi için orayı seçmişti çünkü Ku operalara yaraşır bir yerdi. Herkesin gitmek istediği yerdi. Poliseksüel, görkemli, eklektik. David Bowie, Grace Jones, Mick Jagger... aklına kim gelirse, herkes oradaydı. Bütün vahşi ruhların, yaratıcı işler yapan uçuk tiplerin deniz feneriydi. Adanın ortasındaki tepelerde dev bir avangart disko. Eskiden hepsinin açık hava mekânı olduğunu biliyor muydun? Ku, Studio 54'un üstü açık hali gibiydi. Amnesia biraz daha çılgın, biraz daha… rahattı. Yıldızların altında bütün gece dans edilirdi. Her şey büyük bir endüstriye dönüşmeden önce buraya gelen hippiler, film yıldızları, Hintli gurular, ressamlar, sefa pezevenkleri, müzisyenler, yazarlar, şık insanlar, pasaklı tipler, ilk raveciler, geyi, heterosu ve aradaki yelpazede yer alan herkes… Oraya gidip biraz ot içer, sihirli mantarlarımızı yiyip palmiyelerin yanında dans ederdik…"

"Bilmiyor olabilirsin," dedim kendi sabırsızlığıma şaşarak, "seni de incitmem istemem ama İbiza'daki gece kulüplerinin tarihi çok da ilgimi çekmiyor."

Portakal sularımız geldi.

Tadının beni kendimden geçireceğini bildiğim için Alberto sözü oraya gidiş nedenimize getirinceye kadar ilk yudumu almamaya karar verdim. Belki ne zamandır yaptığım şey de buydu. Zevk almamayı seçiyor, kendimi keyifli bir yaşam sürmekten mahrum ediyordum.

"Peki ya balinalar?" dedi Alberto.

Konu havaalanında gördüğüm doktorun onunla ilgili anısına gelecek miydi acaba? Burada kalmama neden olan anıya. "Efendim?"

"Tamam. Çılgın partiler ilgini çekmiyor. Peki ya balinalar? Onlar çekiyor mu?"

Bunun üstüne onunla sohbet eden herkesin muhtemelen sorduğu soruyu soruverdim. "Alberto, ne diyorsun sen ya?"

52 Hertz Balinası

"Okyanusta bir balina var," dedi Alberto, portakal suyundan koca bir yudum aldıktan sonra.

"Okyanusta çok balina var."

Başını salladı. "Bu balina farklı. Çok yalnız bir balina."

"Ah. Zavallı balinacık."

"Neden yalnız, biliyor musun?"

Omzumu silktim. "İnternet bağlantısı mı yokmuş?"

Alberto'nun yüzünde o koca çarpık tebessümü belirdi. "Onun gibi bir şey. Çıkardığı sesin frekansı yüzünden. Balinaların arasındaki iletişim çok güçlüdür. Sürekli birbirlerine seslenirler ama çıkardıkları ses doğru frekansta olmak zorunda. Bu balinanınkiyse hiçbirinde olmayan yükseklikteki bir frekansta. Elli iki hertz. Bu frekanstaki sesi hiçbir balina algılamadığı için dünyanın en yalnız balinası. Bu bir mavi balina ve mavi balinaların frekansı bundan çok düşük. Mavi balinalar deniz memelilerinin Barry White'ıdır. Kalın seslidirler. Tiz sesli zavallı hayvancık bu yüzden okyanusta tek başına yüzüyor, arkadaş edinmesi ve birilerine sesini duyurabilmesi imkânsız."

Alberto gülümsüyordu ama gözleri hüzünle buğulanmıştı. "Ben de o balina gibiydim. İnanılmaz şeyler hakkında yazıyordum ve benimle aynı dalga boyunda olan hiç kimse yoktu. Beni kimse anlamadı. Herkes alay etti. İlk başlarda kendi kızım Marta bile anlamadı. Ama ben inandığım şeyi yapmaya devam ettim. Daha La Presencia'yla temas etmeden önce. Biliyordum. Zihnim açıktı..."

Kafamı salladım. "Ne oldu peki?"

"Ne?"

"Zihnin neden kapandı?"

Alberto buna bozuldu. Sandalyesine gömüldü. Artık anlayabildiğimi unutup Katalanca ayıp bir söz söyledi. "Zihnim apaçık. Bizden başka türler de olduğunu kabul edecek kadar—"

"Ben ondan söz etmiyorum. Türlerden söz etmiyorum. Düşüncelerden söz ediyorum. Etrafına ördüğün duvardan söz ediyorum. Ne oldu da kendini dışa kapadın?"

Neden söz ettiğimi biliyordu. O grimsi yeşil hüzünden ve inkâr dolu geniş tebessümlerinden başka şey göremediğimi biliyordu.

Yolun karşısındaki benzincide kiralık mopetlerinden inmiş yandaki CaixaBank bankomatına doğru giden genç çifti gösterdim.

"Onların zihinlerini kolayca okuyabiliyorum. Bugünü birlikte Es Cavallet'teki plajın beyaz kumları üstünde lüks şezlonglarda yatarak ve El Chiringuito restoranda ızgara kalamarla tuzda levrek yerken birbirlerine çaktırmadan çekici yabancılarla göz göze gelerek geçirmişler. Berlin'e döndükten iki hafta sonra ilişkileri bozulacak. Üstelik en az yüz metre uzaktalar. Ama sen. Tam karşımdasın ve hakkında hiçbir şey bilmiyorum."

Sözlerim havada tatarcık misali uçuşuyordu. Alberto uzaklara gitmişti.

Fonda hafif hafif çalan bir müzik vardı. "Bu şarkıyı sever misin?" diyerek en sevdiği konuya geçiş yaptı Alberto. "Dinlesene. 'The Last Day of Summer' diye bir şarkı. The Cure şarkısı. Ben goth döneminde büyümedim. Rolling Stones çocuğuyum. Protest müzik dinlerdim. Soul, Dylan, Joan Baez, Sam Cooke, Gil Scott-Heron. Gözüme kalem çektiğimi düşünsene! Ama sonraki müzikleri de dışlamamaya çalıştım. Bu şarkı çok güzel. Julia -karım- Cure'a bayılırdı. Barselona'daki Palau Sant Jordi'de verdikleri konsere gitmiştik. Bu şarkıyı da çok severdi. Gözden kaçmış bir şarkıdır. Biraz hüzünlü ve normalde dinlemeyeceğim bir şey. Ama dinle bak. Gitarların nasıl orman gibi şekiller yarattığını dinle. Derken vokal giriyor ve Robert'ın sesi bir gölge kadar doğal." Biraz sustu. "Müthiş bir şarkı."

O an bana biraz Karl'ı anımsattı. Müzikten söz etmeyi kalkan olarak kullanışını, böylece *kendi* duygularını işin içine katmadan duygulardan söz edebilişini. Alberto'yu esas konuya döndürecekken, esas konunun *bu* olduğunu anladım. Müziği, müziğin getirdiği anılarla melankoliyi hissederek kendini bana açıyordu.

Açılmaya başladığında, bunun ona acı verdiğini hissettim. "Özür dilerim," dedim. "Ben sadece, nasıl desem, seni biraz daha iyi tanımak güzel olur diye düşündüm." Lafı dolandırmadan hasta olup olmadığını soracaktım ama bunun fazla inceliksiz bir tavır olacağını hissederek şöyle dedim: "Mesela Christina'yla ilgili düşüncelerini öğrenmek harika olurdu."

Alberto iç çekti. Yas dolu, yavaş bir iç çekişti. "Özeldi. Onun yanında kendimi elli iki hertz balinası gibi hissetmezdim. Benimle aynı dalga boyundaydı."

Tek kaşım havaya kalktı. "Enteresan."

"Yok," dedi. "Öyle bir şey olmadı." Bir filozof gibi portakal suyuna bakarak tekrar düşündü. "Yani, evet, *biraz* öyleydi. Birlikte çok güzel zaman geçirdik. İlk başta romantik bir bağ da vardı. O yeni boşanmıştı, Julia öleli çok olmamıştı. Christina bana karşı çok iyiydi ve Marta da onu sevmişti. Birkaç hafta içinde başka bir şeye dönüştü. Bunları neden soruyorsun?" Cüretkâr kaşı havaya kalktı. "Es Vedrà'dan daha manyetik bir çekiciliğe sahip olduğum içindir herhalde?"

Güneşte kavrulmuş sakallı yüzünü süsleyen gülüşe baktım. Onda bir şey olduğunu düşündüm. Vahşi, saf ve zamansız bir şey. Yalnızca mecazi bir yalnız balina olmadığını, aynı zamanda olmak *istediğini* sezdiren delirtici ama çekici bir inat.

Aklımı okudu. "Boyun eğersen yok olursun, ha?"

"Bilemiyorum. Ben hep uyum sağlamaya çalıştım. Akıntıya karşı yüzmeyi istemedim. Boğulmak işten değildi."

"Ama artık değiştin, Grace. İnan bana, sıradışı olmak o kadar da kötü bir şey değil. Nerede durduğunu her zaman biliyorsun. Aslında kim olduğunu biliyorsun."

Bir an gözlerinin içine baktım ve Alberto'nun içinde bir şeylerin kıpırdandığını hissettim. Okumam için onu anlatan kitabı açıyordu sanki. Elini küçük masada tuttuğum elimin üstüne koydu. Hiç tuhaf gelmedi. Saf dostluk içeren bir hareketti.

Tam zamanı olduğuna karar verdim. "O gün her şeyi gizli tutmak zorunda olduğumuz için hastaneden kaçmamız gerektiğini söylemiştin."

"Evet..."

"Evet ama ansızın gitmek istedin. Bana garip geldi. Yani, inançlarını saklayan biri değilsin. Onlarla ilgili kitaplar yazmışsın. Hippi pazarlarındaki ve marketlerdeki insanlar senden ve 'deli saçması teorilerinden' haberdar. Öyleyse ne demeye hastaneden kaçtık?"

Alberto duraksadı. "Birini gördüm. Tanıdık birini."

"Doktoru. Havaalanında gördüğüm kadın mı?"

Uzun bir sessizlik oldu. "Evet. Dr. Pérez. Onkolog. Oradan gitmem lazımdı. Özür dilerim. Bilmeni istemedim. Ne senin ne de başkasının. Özellikle de Marta'nın. Özür dilerim. Dürüst olmam gerekirdi ama—"

"İyileşecek misin?"

"Pankreas için gereken bütün testler yapıldı. Kan testleri, ultrason, her şey... Doktor tedavi olmam gerektiğini düşünüyor ama tedavi sonucunu görebildiğimden habersiz. Kendi geleceğimi görebiliyorum. Ne yaparsam yapayım, tarihi en fazla bir hafta kadar geciktirebilirim. Taş çatlasa, üç hafta. Geleceğin hiçbir şey yapmadığımız takdirde gerçekleşecek halini görüyoruz. Orası öyle. Ama bazen de *yapılacak* hiçbir şey olmuyor. Şu an iyiyim ama sonuçta..."

Ne diyeceğimi bilemiyordum. Bu kez ben onun elini tuttum. Sıktım. Duvarlar inmişti. Artık her şeyi görüyordum. İki ay kadar zamanı kalmıştı. En fazla. Son günlerinde kötü bir düşüş yaşayacaktı. Christina'nın peşinden, onun gittiği dünyaya gidebileceğinden emin değildi. Hüznünün içime aktığını hissettim. Ama bu kez yalnızca hüzün değildi. Hatta hüznü kaybolmaya başlamıştı. Minnet duygusu, rahatlama ve dingin bir tefekkür gibiydi.

"Kimseyi üzmek istemedim."

"Peki ya La Presencia?" dedim. "Her şeyi şifalandırıyor. Seni de iyileştiremez mi?"

Alberto başını iki yana salladı. "O yalnızca bir kez gelir. Salacia farklı olabilir tabii. Deneyip dönüşü olmayan bileti kullanmaya karar versem, orada iyileşme şansım vardır belki. Kimbilir. Bence mümkün. Birkaç yıl daha yaşayabilirim. Ama oraya giden hiç kimse ölümsüz olamaz. Dünyalılar ölümsüz olmak için yaratılmadı, Grace."

Francisco'nun Salacia'ya geçiş yapmayı başardığını öğrendiği andaki tepkisini hatırladım. Demek bu yüzden bu kadar önemliydi. Onun için de kurtuluş olabilecekti.

Ağlamamaya çalıştım.

"Oranın havası çok tatlı," dedim. "Denizi muhteşem. Orada yaşayanları hayal edebiliyor musun?"

Alberto'nun bu seferki gülüşü tamamen gerçek bir gülüşe benziyordu. "Ama şimdilik buradayım. Buranın havasıyla denizi de güzel ve burada kalıyorum... Hem kendimi hiç bu kadar canlı hissetmemiştim."

Bu kez zihnine tamamen girdim.

Sonuna kadar açıktı.

Bir çayır gibi.

Ona gittim, zihninin içinde girdim ve orada birlikteydik; birlikteyken konuşmamıza gerek yoktu. Yalnızca bir aradaydık.

Bir anlayış hali içinde.

Aynı frekansta.

Çok güzeldi.

Birlikte portakal sularımızı yudumladık.

Marta ve İkinci Termodinamik Yasası

Marta adanın kuzeyindeki bir finca'da oturuyordu. Bahçesindeki incir ağaçları ve eve dalıp çıkan kedileriyle, huzur veren ama biraz kaotik bir yerdi. Alberto'nun yerinde olsam, Marta'nın teklif ettiği boş odayı kesin alırdım. Dalış merkezindeki ofisine atılmış, keçilerin dişlediği yer yatağından sonra cennet gibi gelirdi.

"Onda doğaüstü yetenek yok," demişti Alberto bana sessizce, kızına duyurmayacak kadar duyarlı davranarak. "La Presencia ona hiç dokunmadı. Ama müthiş zekidir." Navarra Üniversitesi mezunu olan Marta, aynı yerde yarı zamanlı çalışarak uzaktan ders veriyordu. "En iyi üniversite," dedi Alberto, akademiden genel anlamda ne kadar çok çektiğini görmüş biri olarak, benim bile sevimli bulduğum bir gururla. "Dâhiler, İspanya başbakanları, kutup kaşifleri, film yönetmenleri ve en iyi biliminsanları hep oradan çıkar. Onu herkes sever. Araştırmacı bir ruha sahiptir. Kimsenin mantıklı bulmadığı şeylerdeki mantığı görebilen müthiş bir astrofizikçidir. Christina'nın peşine düşenleri bulmak istiyorsak, ona ihtiyacımız var. Bu işte benden daha iyi."

"Ama bilmiyor, öyle mi?"

"Hayır. Söyleyeceğim," dedi Alberto. "Hastalığımı. Söz. Ama bugün değil."

İç çektim. Kendi bileceği işti. Arabadan indim. Akşamüstünün güneşi çam ağaçlarıyla kaplı vadiyi çevreleyen tepelerden yayılıyor gibiydi ve orada, her nasılsa, daha da kavurucu bir sıcak vardı.

"Hola, Grace, hoş geldin. Tanıştığımıza çok sevindim."

Marta babasından oldukça farklıydı: Onun kadar çılgın ve sokulgan değil, daha içekapanık biriydi. Hayır. İçekapanık denemez.

İbiza'nın tarihindeki en başarılı çevreciye içine kapanık demek doğru olmaz. Çok yakında öğreneceğim gibi, binlerce kişinin karşısında durup ekolojik yıkımın tehlikelerini anlatabilen –çevreye olan duyarlılığı bir astrofizikçi olarak evrene duyduğu merakın uzantısıydı– ve durumu değiştirmek için harekete geçmelerini sağlayabilen birine içine kapalı denemez. Demek istediğim, sessiz birine benziyordu. Boş yere ses çıkarma gereği hissetmiyordu. Yalnızca konuşması gerektiği zamanlarda konuşuyor, ağzı da iyi laf yapıyordu. Kartondan yaptığı büyük pankarttan başını kaldırıp bize bakarken, yüzünde babasının geniş tebessümü vardı.

Marta'yı daha önce de görmüştüm. Havaalanında gördüğüm gözlüklü, Einstein tişörtlü, dağınık saçlı kadın oydu. Bir de Christina'nın anılarında. Babası gibi kot pantolondan bozma bir şort, üstünde *Space* yazan soluk renkli bir tişört giymişti. Space oradaki eski gece kulüplerinden biriydi ama bir astrofizikçi için de gayet uygundu tişört. Marta'nın bir sürü süper tişörtü olduğunu sonradan anlayacaktım. Bir de partneri vardı –Lina adında İsviçreli bir mimar– ama o İbiza'da değildi. Onu ilk görüşümde vedalaştığı kadın da oydu.

"Seni görmüştüm galiba," dedim, "havaalanında..."

Marta'nın yüzünde meraklı bir tebessüm belirdi. "Sahi mi?"

Onu bir arabanın direksiyonuna dokunarak gelen anılarda da gördüğümü söylemek için henüz çok erkendi herhalde.

Üç bacaklı bir kedi beni çok sevdi. Başını baldırlarıma sürterek kedilere has sıcacık şeyler düşündü.

Marta'nın zihni beni babasının zihni kadar zorlamadı. Her bir tebessümü bana açılan bir kapıydı. Çok karmaşık bir zihin, arkadan altın rengi bir sıcaklıkla aydınlanan, ormana dönmüş bir bahçeydi ama bir gerginlik, bir tamamlanmamışlık hissi de vardı orada. Hayır. Tam öyle denemez. Nasıl desem, insanlar müzik parçalarına benzer. Şarkılarını duymayız çünkü çok azı yüksek sesle çalar. Fakat zihinler kendi notalarını çalar ve Marta'nın zihni minör gamda takılı kalmış gibiydi. Herkes gibi onun da bir teması vardı. Benim temam başından beri suçluluk duygusuydu. Onunkiyse görmezden gelinmişlik, *seçilmemiş* olmak. Yakınında çok kez dalış yaptığı ve hakkında araştırma yaparak çok zaman geçirdiği halde La Presencia'nın ona dokunmamasıyla daha da belirginleşen bir şey. Ama her konuştuğunda ona gururla bakan Alberto, kızında sihirlerin en safından başka bir şey görmüyordu.

Küçük bahçedeki o incir ağaçlarından birinin gölgesinde oturduk. Marta bir sürahi kırmızı şarap getirdi. Radyoda çalan müzik mutfak penceresinden bize doğru süzülüyordu. "Mr. Tambourine Man." Marta'nın yaptığı pankarttaki yazıya baktım: *NOS ALZAMOS COMO EL OCÉANO. Okyanus gibi yükseliyoruz.* Yazının yanında özenle yapılmış bir yerküre resmi vardı.

"Bob Dylan birkaç ay Formentera'da yaşadı," dedi Alberto bana. "Deniz fenerinde kalmıştı..."

"Papá, Grace'in Bob Dylan'dan söz etmek istediğini sanmıyorum." Marta tatlı ama yeterince sert bir ses tonuyla konuşmuştu. "Anlatsana, Grace, kendini nasıl hissediyorsun? Her şeyi duydum. Bayağı zor şeyler yaşamışsın."

"Bilmem ki," dedim dürüstçe. "Biraz fazla geldi sanırım. Pankartını beğendim."

"Ahh, muchas gracias. Biraz dağınık bir ressamım. Protesto var da."

"Evet, duymuştum."

Marta'nın zihni gölgelendi. "Christina da orada olmak istemişti. Onsuz kendimi biraz yalnız hissedeceğim. Ama artık Salacia'da. Buna cidden inanıyorum. Artık sen varsın."

"Evet."

Şarabı yudumlarken, güneş ışığının ve toprağın tadını aldım.

"Beni biraz zorladı," dedim Marta'ya. "'Uzaydan gelen güçlerin' bana verilmesi falan. Az kalsın eve dönecektim. İngiltere'ye."

"Seni durduran ne oldu?"

Kedi cevap vermeme fırsat bırakmadan dizime sıçradı.

"Bu Sancho," dedi Marta. "Normalde yabancılardan hoşlanmaz. Kendinle gurur duyabilirsin."

Hayvandan yayılan sevgiyi hissettim. Kedilerin köpekler kadar sevgi dolu hayvanlar olmadıklarına dair genel bir yanılgı olduğunu biliyorum. Saçmalık. Kedi insana ansızın sıcacık bir sevgi verir. Fakat kedilerin sevgisi ahlaki ya da etik prensiplerden tamamen yoksundur. Yalnızca sevmek için severler. Sevmek onlar için bir tür eğlencedir. Anlık bir şeydir. Ama yine de sevgidir.

"Es Vedrà'da yapılacak otel protesto ediliyor, değil mi?"

"Evet."

Marta pankartını boyamaya devam etti. İkinci kürenin üstünde çalışıyordu. "Uzaylılardan söz etmişken... 'salınımlı uyumlanma' kavramı sana tanıdık geliyor mu?" İngilizcesi babasınınkinden daha da iyiydi.

Kafamı salladım. Kafamın içinde bir yerde olmalıydı. Artık her şey oradaydı. Ama bazı şeyler yine de çaba gerektiriyordu. Matematik benim için nasıl güvenli alansa, astrofizik de onun için öyleydi ve konuyu Marta'nın sesinden dinlemek hoşuma giderdi.

"Temelde yaşamın kaçınılmazlığını anlatan bir kavram işte. Geleneksel anlayış yaşamın imkânsız, Dünya'nın bir istisna olduğu yönündeydi. İnsanlık şans eseri var olmuştu. Termodinamiğin İkinci Yasası, düzensizliğin bütün sistemlerde artan bir şey olduğunu söylüyordu."

"Ben öğretmenlik yaptım," dedim, ağaçtaki taptaze bir incire bakarak. Şekli soğana benzeyen, mosmor, çok güzel bir şeydi. "Buna bizzat şahit oldum."

Tekrar Marta'ya döndüm. Gülümseyerek gözlüğünü yukarı itti. Çenesine azıcık yeşil boya bulaşmıştı. "Düzensizliğin tam aksini gerektirdiği için, bu görüşe göre yaşam mümkün görünmüyordu. Yaşam kaosun içinde ortaya çıkan düzendir. Soğuğun sıcağa dönüşmesidir. Bu yüzden uzaylıların varlığı bilimsel açıdan mümkün değildi. Derken bunu reddeden, atom gruplarına ısı verildiğinde bu atomlar enerjiyi almak için *organize* olduğundan gerçeğin farklı olduğunu öne süren yeni bir hipotez ortaya çıktı. Olan şey düzensizlik değil, düzendi. Yani yaşam bir şeylerin düzeni demekti. En nihayetinde mutlaka ortaya çıkıyordu. Artık yaşama mantıklı olan şey gözüyle bakılıyor. Eskiden salaklar uzaylılara inanır, entelektüeller bunu reddederdi. Şimdi işler tersine döndü. Anlayabiliyor musun? Bu süreç milyonlarca kez gerçekleştiğinde yaşam kaçınılmaz hale geliyor. Bu yüzden La Presencia yalnızca galaksilerarası çalışan bir aktivist. Bir şeyleri korumak için burada. O da kendini organize etmiş durumda. Bizim de yapmak zorunda olduğumuz gibi. Otele karşı düzenlenen protesto böyle bir şey olacak. İnsanlar yaşamı korumak adına atomlar gibi organize olacak."

"Atomlar gibi," diye mırıldandı Alberto.

Ona bakan kızının yüzünden hafif bir kaygı gelip geçti. "Verdiğim güneş kremini sürdün mü sen?"

"Evet. Evet. Her gün sürüyorum. Ben krem falan kullanan biri değilim, Grace. Güzellik rutinim olmadı hiç. Denizde yıkanırım. Ama Marta benim için endişe ediyor. Hindistancevizinin kokusunu sevdiğim için sürüyorum işte."

Bu sözler Marta'yı rahatlattı.

"Yaklaşık yüz milyar yıldızı olan bir galaksideyiz ve bu yıldızların her birinin yörüngesinde en az bir gezegen var; yani uzayda *çok* fazla gezegen var," dedi Marta. Canlanmaya başlamıştı. Heyecanını hissedebiliyordum. Yüzüne odaklanınca, UFO'larla ilgili bir kitap okuduğu için okuldaki herkesin onunla dalga geçtiği bir anısını gördüm.

"Bu yıldızların on milyarı bizim güneşimiz gibi ve iki milyarının ötegezegenlerinde yaşam koşulları aşağı yukarı bizim gezegendekiyle aynı. İki *milyar*." Kızına bakan Alberto'nun gözlerinde bu kez yalnızca gurur değil, başka bir şey daha vardı. Gözlerini parlatan bir hüzün. "Papá," dedi Marta. "¿Estás bien?"

"Evet. Evet. İyiyim. Yok bir şey."

Yaşadığı duygu Alberto'nun sesini çatallandırdı. Ayağa kalkıp ağaçtan bir incir kopardı. Bakıp durduğum o inciri. "La vida imposible çok da imkânsız değil. Her yerde uzaylı var. Dünyadaki birçok insan onları kendi gözüyle görmüştür. Ama kimse inanmaz."

İnciri bana verdi. Öylece meyveye baktım.

"Tadına baksana," dedi.

Ben de baktım.

Bir İncir

Ağaçtan yeni koparılmış, güneşin altında tam olmuş bir incirin tadına bakmak gibisi yok. İncirin tamamını yiyebilirsin. Bütün bütün. Kabuğunu, içindeki morluğu, çekirdeklerini. Muhteşemdir. Sana tavsiyem, incirin hepsini yemen. Bir de fırsatını bulduğunda, ağaçtan tam yiyeceğin anda koparman.

Elvis Presley ve Cam Kırıkları

İncirin tadını çıkardıktan sonra radyoda duyduğum bir şeyi hatırladım.

"Goldilocks bölgesi," dedim.

Marta, "Evet," deyip hızlı hızlı başını sallayarak fırçasını bırakıp şarabını aldı.

Meşum bir his geldi.

Kötü bir his olduğu dışında bir şey anlayamadım.

Bir çeşit tetikte olma hali. Ansızın bir terslik olacağı hissi. Alberto'nun gözleri kocaman açıldı. Aynı şeyi o da mı hissetti yoksa benim hissettiğimi mi sezdi, anlayamadım.

"Fazla sıcak ya da fazla soğuk değiller," diye sözüne devam etti Marta, her şeyden habersiz. "Tam da Goldilocks'un yulaf lapasını yemeyi sevdiği sıcaklıkta. Goldilocks bölgesinde iki milyar gezegen çok büyük bir rakam. Mantıken iki milyar içinde tek olduğumuza inanmak çok daha zor ve..."

Tam o anda garip bir şey oldu. Marta'nın elindeki kadehte. İlerleyen bir örümcek ağı misali çatlaklar belirdi. İlk başta Marta'nın fazla sıkmış olabileceğini düşündüm.

"Dikkat. Kadehin."

Ama sorun o değildi.

Marta fazla sıkmış olsa, kadeh anında kırılırdı. Bu başka bir şeydi. Camın çatladığı bize *gösteriliyordu.* Biri *şov yapıyordu.* Bunun doğal bir şey olmadığı gözümüze sokuluyordu ve gördüğü şey Marta'yı öyle büyülemiş, öyle şaşırtmıştı ki kadehi bırakacağına öylece bakakalmıştı. Derken, tam Marta'nın neler olduğunu anladığı anda, kadeh paramparça oldu ve kırmızı şarap pankartın üstüne dökülüp kartona emildi.

Marta çok ürkmüştü. "¿Qué mierda?"

Pankart mahvolmuştu. Dünya, Mars gibi kıpkırmızı olmuştu.

"İyi misin?" diye sorduk Alberto'yla aynı anda, iki farklı dilde.

"Neydi bu?" diye sordu Marta.

Alberto etrafa bakındı. Çalıların ya da incir ağaçlarının arasında biri var mı diye.

Derken bir şey daha oldu.

Radyo.

Radyodaki Bob Dylan şarkısı kesildi ve yüksek sesli bir parazit duyuldu.

Ardından parazit sesi yavaş yavaş şekillenerek tekrar müziğe dönüştü. Başka bir şarkıya. Elvis Presley'nin "Heartbreak Hotel"ine. Ama tam ortasından başlamıştı. Elvis'in çarpık tebessümlü ağzından çıkan ses sıcak havanın içinde tekinsiz bir tehdit hissiyle süzülüyordu.

Marta gidip radyoyu kapadı. Elinde bir bez, faraş ve fırçayla geri geldiğinde, ben cam kırıklarını toplamaya başlamıştım bile.

Alberto şarapla ıslanmış kartona bakıyordu.

"Bir uyarıydı bu. Christina'yı öldürmek isteyen kişiden." Kaygıyla kızına bakarak alnını kırıştırdı. "Vazgeçmeni istiyor. Bu protestoyu yapamazsın, Marta."

"Saçmalama, Papá," dedi kızı. Bunu ilk kez söylemediğini hissettim.

Başkaları da tehlikede...

Christina böyle demişti.

Bende korku yoktu. Hatta o an uçağa binip gitmediğime memnun oldum. Orada bana ihtiyaç olduğunu hissettim.

Aklımda bir fikir dönüp dururken, Sancho'yu okşadım. "Christina da protestoya katılmak istiyordu, değil mi?"

Marta cam kırıklarını faraşa aldı. "Evet. Fikir ondan çıktı sayılır."

"Daha önce de birlikte protestoya katılmıştınız galiba?"

"Hem de kaç kez."

"Ama bu kez tam olarak kimi protesto ettiğinizi bilmiyorsunuz sanırım? Otelin hangi şirkete ait olduğu bilinmiyor?"

"Evet. Her şey çok gizli kapaklı. Yalnızca yerel yönetimin projeyi onayladığını biliyoruz."

"Sekizinci Mucize," dedim.

"Ne olmuş ona?"

"O otellerden birini protesto etmiştiniz. Cala Llonga'dakini."

Marta bana baktı. Alberto da baktı. Hepimiz aynı anda anlamıştık.

"Keçilerden haberiniz vardır herhalde?" diye sordum ikisine. "Es Vedrà'da yapılacak otel için vurdukları keçilerden?"

Alberto başını sallarken, yüzünde benek benek gölge vardı. "Evet. Seni gördüğüm anda hissetmiştim. Istakozlardan sonra."

Bunu duymak Marta'yı kadeh olayından daha fazla rahatsız etti. "Başka yere taşısalar olmuyor mu yani?"

"Emri veren kişinin umurunda bile değil," dedim. Varsayımdı bu. Emin olamazdım ama öyleymiş gibi geliyordu. "Hatta bu işten bayağı keyif aldı bence."

"Bu iş nereye gidiyor?" diye sordu Alberto.

"Sorun keçileri vuranların teknede olmasıydı. Teknenin üstündeki logo ufacıktı ama zihnimde görebildim."

Marta başını iki yana salladı. "Yerel yönetimdekiler çok salak. Ama o kadar da salak değil. Cala Llonga'da yaşanan onca sorundan sonra bunu yapamazlar. Sekizinci Mucize buraya ayak basmış en berbat şirket. Böyle bir izni asla..."

Sesi gitgide cılızlaştı. Elinde cam kırıklarıyla dolu faraşla ayağa kalktı. İncir ağacının dalları yüzünü gölgelendirdi.

"Christina'nın evine giden bir adam varmış," dedim. "Evine çok insan gidermiş ama bir tanesi zengin bir otelciymiş. Geldiğim ilk gece taksi şoförü söylemişti. Adamın adı A'yla başlıyormuş. İlk başta Alberto'nun A'sı olabilir diye düşündüm ama adamın iyi giyimli olduğunu söylemişti."

"Çok mersi," diye homurdandı Alberto, püsküllü şortuna bakarak.

"Taksiye binmeden önce dünyanın en pahalı restoranındaymış. Christina'nın onunla ilgili anılarına ulaşmaya çalıştım ama ulaşamadım. Engellendim."

Marta'nın zihni fokurdayan bir kazan gibiydi. "Dünyanın en pahalı lokantası. Hard Rock'ın oradaki yer. Gidenler sanal gerçeklik gözlüğü takıyor. Numarası bu. Zengin turistler ve en popüler DJ'ler ... hayal edilemeyecek kadar çok parası olanlara hitap ediyor."

O an Karl'ı düşündüm. Onun bu fikre nasıl burun kıvıracağını. Bazı pizzaların ortasına koca bir delik açıp diyet versiyon olarak yutturmaya çalışan bir pizzacı zincirinin bu fikrini nasıl küçümsediğini hatırladım ("Bunlar milleti salak mı sanıyor?") Hobilerinden biri de restoranlardan yakınmaktı. Eğlence amaçlı bir söylenme haline dönüşmüştü bu.

"Submarine," dedi Alberto. "Lokantanın adı."

"Hayır," diyerek babasını düzeltti Marta. "İbiza'da Submarine diye bir restoran yok. Sublimotion diye bir yer."

"Submarine olsa daha iyiymiş. Sublimotion diye lokanta mı olur?"

Marta'nın zihinsel gözü devriliverdi. "Papá, por favor. Odaklan."

Alberto iç çekti. "Bakın, hemen bir sonuca varmamalıyız. Christina geleceği söylediği için çok insanın ilgisini çekmişti. Hemen her gün birilerinin hayatını değiştiriyordu. Las Dalias'taki tezgâhında. Bazen de kendi evinde. Ben hep bunun kötü bir fikir olduğunu düşündüm ama onun için insanlara yardım edebilmenin bir yoluydu..."

Başımı iki yana salladım. "Zavallı Christina'yı öldürmek isteyen her kimse geleceği gayet iyi biliyordu. Zaten bu yüzden öldürmek istedi. İstediği şeyi yapmasına engel olacaktı. Engel olmak istediği neydi peki? İbiza'daki doğanın katledilmesi."

"Evet," dedi Marta. "En berbat şirket de Sekizinci Mucize. Başında Art Butler var."

"Art'ın A'sıymış," diye mırıldandı Alberto.

Marta başını salladı. "Parası olana meditasyon, soğuk oda terapisi, biohacking hizmeti sunan, aktif kömürlü içecekler ikram edilen ekolojik oteller. Her nasılsa hepsi de eskiden doğal koruma alanı olan yerlere kurulan, besin maddelerini sürdürülebilir kaynaklardan tedarik eden, güya çevreye duyarlı iki yüzlü işletmeler. Sürdürülebilirlik maskesi altında Akdeniz'e yasadışı yollardan arıtılmamış pis su boşaltıyorlar."

Marta diz çökmüştü ama harekete geçmeye hazır, dimdik duruyordu. Kendi akışındaydı. Yana düşmüş bir tutam saçı kulağının arkasına attı. "Amerika'da da birkaç oteli var. Geçen yıl Bali'de bir tane açtı... Ama başlangıç noktası İbiza'ydı. Şu an burada yedi oteli var. Burası başından beri pilot bölgesi oldu. Biliyorsun, tüm dünyanın gözü İbiza'da. Burada işe yarayan şey başka yerlerde klonlanır, tepe tepe kullanılır. Bu hep böyleydi. Diskolar, beach club'lar, tarım turizmi, sağlık turizmi vesaire... Cenneti alıp paketle, sonra da paraya para deme."

Alberto bu bağlantıyı daha önce kuramamış olmasına şaşarak başını salladı. Gözünün önündeki şeyi –Christina'nın protesto ettiği kişinin ona zarar vermek isteyeceğini– görmesini nasıl bir gücün engellemiş olabileceğini düşünüyordu. Sonunda bağlantıyı Art Butler buna izin vermediği için kuramadığına kanaat getirdi. "Şu büyükbaş İngiliz," diye mırıldandı kendi kendine. Ardından yine mırıldandı. "Bunu durdurmamız lazım.... mutlaka..."

Marta onu duymadı. "İbiza'nın denizini de atık suyla mahvetti, bitkilerle kuşların soylarının tükenmesinde onun da payı var, ekosisteme zarar verdi, işçilere kazık attı. Doğa umurunda bile değil ama doğasever gibi davranıyor."

"Ama bu Christina'nın işini bitirmeyi planladığını gösterir mi? Arada çok fark var."

"Etki alanı çok geniş," dedi Marta tekinsiz bir sesle. "Parası da çok. Kimsenin aşamayacağı engelleri aşabiliyor. Korunmalı alanlar birdenbire çok da korunmamaya başlanıyor ve her seferinde oradaki türlerle habitatı koruyacağına söz veriyor ama projesi tasdik edilir edilmez yine her şeyi yok ediyor. Bildiğimiz kadarıyla insan ama insan olsaydı Christina onu öldürmek isteyenin o olduğunu görebilirdi. O kişiyi görmesinin engellendiğini söylüyordu. Yüzü görünmüyormuş."

Yüzünü göremediğim kişiyi, Guardia Civil memurunun elinde parayla duruşunu hatırladım. Marta'nın daha da karanlık bir ruh haline büründüğünü hissettim.

"Burada," dedi Marta, "Ricardo Martínez diye bir siyasetçi vardı ve adam Ses Feixes'teki sulak arazilere yapılacak Sekizinci Mucize'nin başvurusunu reddettikten sonra gizemli bir şekilde öldü."

"Çok kötü," dedim. "Ama kurduğun bağlantı gayet—"

Bu konuşmanın geri kalanında gerçeğe dayalı bir mantık kullanmayacaktım. Bildiğim gerçeklik tam o anda tamamen paramparça olduğu için mantık buradan sonra doğaüstünü de kapsamak zorundaydı. Marta'nın cebindeki telefon tam o anda titreşti çünkü.

Kısa mesaj gelmişti. İngilizce olarak, yalnızca şöyle yazılmıştı: *Yaşamak istiyorsan vazgeç.*

Tüyler ürpertici bir sessizlik oldu. Hep birlikte nefeslerimizi tuttuk. Bizi çevreleyen hava yoğunlaşmış gibiydi. Marta'nın eli titriyordu.

"Siktir," diyerek nefesini bıraktı Marta.

"Bu o," dedi Alberto panik içinde, Art Butler incir ağaçlarından birinin arkasına saklanmış olabilir diye ansızın başını çevirerek.

"Nasıl yani?"

"Ne bileyim ben. Ama bu adamda bir şey var. *Farklı* bir şey."

"Protestodan söz ediyor. Protestodan vazgeçmemi istiyor."

"O zaman protestodan vazgeçmelisin," dedi Alberto, yine panik içinde; sesi havanın belli belirsiz şekillenmiş hali gibiydi. "Bence öyle. Vazgeçmemiz lazım. Bu adam adanın herhangi bir yerinden istediği her şeyi yapabilecek biri. Bence en mantıklısı protestodan vazgeçmek."

Ona katılmak zorundaydım. "Protestodan vazgeç. Evet Marta, bence baban haklı."

"Papá, bunun mümkün olmadığını biliyorsun."

"Mümkün olmayan her şey mümkündür. Mesaj hangi numaradan gönderilmiş?" diye soran Alberto kızının yanına gidip numaraya bakmak için başını uzattı. "Garip bir numara. İki, yedi, bir, sekiz, iki, sekiz, bir—"

"Bir saniye!" diyerek Alberto'yu susturdum. "Bu normal bir numara değil. Bildiğim bir sayı. İki-nokta-yedi-bir-sekiz-iki-sekiz-bir-sekiz-iki vesaire, böyle sonsuza kadar gider."

"Ben de biliyorum," dedi Marta. Sonuçta fizikçiydi. Matematiği de iyiydi.

Başımı salladım. "Euler sayısı, *e* sayısı. Doğal logaritmanın tabanı. İşinsanlarının en sevdiği sayıdır. Varlıklarında birleşik faiz yoluyla üstel olarak nasıl bir büyüme elde edebileceklerini hesaplamakta kullanırlar. Paranın parayı neden çektiğini açıklamada yardımcı olabilecek tek bir matematiksel sabit arıyorsan, işte bu sayıdır. Bu da bir işaret. Bunun normal bir telefon numarası olmadığını anlayacağımızı biliyor... Bize çok dikkatli olmamızı söylüyor."

Marta ıslanan pankarta bakınca, Alberto o şeyi yerden aldı. "Üstel büyüme. Adamın olayı bu. Başka şey bilmiyor."

Kafamın içi kazan gibiydi. "İzni kim vermişti? Es Vedrà için yani."

"Ha? Hım, Sofía Torres. Adadaki en güçlü siyasetçi..."

Alberto mahvolan pankartın üstündeki şarabı silkelemeye çalışıyordu. "Herkesin tanıdığı biri. Her akşam aynı balıkçıda yer."

"Hangi balıkçıda?"

"El Pescador. Eski Şehir'de bir yer."

Matematikçi aklımla, Sıralama İlkesi'ni düşündüm. Çok önemli bir ilkedir. Söylediği şey, tabii ki, bir problemi çözmek istiyorsan, doğru sıralamayla gitmen gerektiğidir. Bilinmeyen bir unsur ve verilmiş bir sayı varsa, işe verilmiş sayıdan başlaman gerekir. Bilinmeyen unsurdan başlayamazsın çünkü, adı üstünde, *bilinmiyordur*.

Buradaki bilinen unsur Sofía Torres'ti ve işe ondan başlamak en mantıklısıydı.

"Oraya gitmemiz lazım," derken kendimi telaşlı, maceraperest ve gülünç hissettim. Yine Marks & Spencer Don Quixote'si olmuştum. "Bu gece oraya gitmemiz lazım."

Arabayla hep birlikte Ibiza Town'a gittik. Bir tepenin üstündeki, surlarla çevrili eski şehir Dalt Vila'yı uzaktan görebiliyorduk. Ağır ağır kararırarak geceye hazırlanan gökyüzünün altında, duvarların ardında birbirine sokulmuş öbek öbek binalar ve düzenli aralıklarla aynı açıda yapılmış burçlar.

Alberto'yla Marta yol boyunca İspanyolca tartışırlarken, söyledikleri ve isteyip de söyleyemedikleri her şeyi anladım. İspanyolcam artık orada doğmuş biri kadar akıcıydı.

Alberto başını iki yana sallayıp duruyordu. "Yarın bu iş olamaz."

"Olacak. Her şey ayarlandı."

"Seninkileri ara," dedi Alberto, kaygıyla gerilmiş bir sesle. "Lütfen Marta, Adriá'yla ötekileri ara ve yarın bir şey olmayacağını söyle. İnternette paylaş. Söyle, gelmesinler. Bu Art Butler her neyse artık, biz onunla baş edemeyiz."

"Katillerin ve doğa düşmanı teröristlerin hakkından gelmenin yolu bu mu? Bütün isteklerini kabul etmek mi? Hayır, Papá. Olmaz."

"Ben senin babanım. Görevim seni korumak."

"Ve ben de insanım, benim görevim de gezegeni korumak."

"İnanılmaz birisin."

"Hayır. Sensin inanılmaz."

Anlamışsındır. Aile kavgası. Zihinleri birbirlerine duydukları sevgiyle ve kaygıyla doluydu. Telepatinin iyi yönlerinden birinin de bu olduğunu fark ettim. Satır aralarını satıra çeviriyordu. Görünmeyen şeyleri görünür kılıyordu. Sevgi ve şefkatin bazen öfkeyle tepeden bakmanın ardına gizlenebileceğini gösteriyordu. Marta çok da korkmuş değildi.

"Hadi biraz eğlenelim," dedi meydan okurcasına. "Hadi Grace, azıcık macera yaşayalım. Gidip dünyayı kurtaralım."

"Macera mı?" deyip sustum. Kendime davetiye çıkarır gibi.

Her neyse Maurice, arabayı yeni şehrin bitimindeki bir otoparka bıraktık. Karl'ın hep öğütlediği gibi geri geri park ederken, bunun ne kadar hoşuna gideceğini düşündüm.

Planımız El Pescador'a gitmekti ama bilerek uzağa park ettik. Uzun bir yürüyüş yapmak istiyorduk. Bir sürü insanın içinden geçmek istiyorduk.

Marta kaşlarını çattı. "Neden buraya park ediyoruz?"

"Zihin avına çıkmamız lazım," dedi Alberto. "Yani Grace'in çıkması lazım. Ben de elimden geleni yapacağım. Ibiza Town tam yeri. Buralarda Sofía Torres dışında Art Butler'ın planlarını ve onu nerede bulabileceğimizi bilen biri mutlaka vardır."

Kalabalık bir akşam olması amacımıza fazlasıyla uyuyordu.

İnsanların arasından geçerken, düşünceler kelebek gibi etrafımda uçuşuyordu. Aynı kelebeklerde olduğu gibi, bazıları ötekilerden daha güzeldi.

"Şüpheli bir şeylere karşı tetikte ol," diye ekledi Alberto. "İstediğimiz bilgi herhangi bir zihinden gelebilir..."

Merkeze yaklaştıkça, kalabalık artmaya başladı.

Bir vitrindeki sapsarı yazlık elbiseye bakarak kendini elbisenin içinde hayal eden, kredi limitini biraz daha zorlayıp zorlamamakta kararsız kalmış bir kadın.

Annesiyle babasının neden tavşan bakmasına izin vermediğini düşünen yorgun bir çocuk.

Karnının fazla yağlanmış olabileceğini dert eden bir adam.

Gecenin ilerleyen saatlerinde kumarhaneye gitmeyi, parasını önceki gece kumarda kazanan adamdan geri almayı düşünen başka bir adam.

Elini tuttuğu sevgilisinin değil, ondan daha özenli bir sevgilinin yaşattığı orgazmları hatırlayan bir kadın.

Midesi bulanan, midye ısmarladığına pişman bir turist.

Gülümsediği halde kendini umutsuz hisseden bir adam.

Gözünü telefonuna dikmiş, videoda dans eden kişi gibi görünebilmeyi isteyen bir ergen.

İkisi de şehre daha yakın bir Airbnb bulmuş olmayı dileyen bir çift.

Dışarıdaki masalardan birini silerken Arjantin'e gidip bir avukatla evlenen eski aşkını hayal eden bir barmen. Marta tanıdığı barmene selam verdi.

Barmen protesto için sabırsızlandığını söyleyip, "¡Hasta mañana!" dedi.

"Tamam. Yarın görüşürüz."

Sahibine susadığını anlatmaya çalışan bir köpek.

Bir barın önündeki kaldırım taşlarında seğirten, o gece yiyecek aramak için kalkıp erkenden yola düşmüş, zihni neredeyse insani düzeyde bir korkuyla, hırs ve açlıkla dolu bir hamamböceği.

Ölümü düşünerek put kesilmiş, derin bir kaygıya kapılmış ama geleceğinde daha elli üç yıl yaşayacağını apaçık görebildiğim biri. Üstelik Kyoto'daki lüks bir otelde uyurken, acı çekmeden ölecekti.

Kafaları kırmak isteyen üç delikanlı; içlerinden biri gizli gizli arkadaşına âşık olduğunu itiraf edebilmeyi diliyordu.

Elindeki poşette elmayla ekmek taşıyan, kirayı denkleştiremeyeceğinden korkan bir kadın.

Annesi hastanede yatarken tatile çıktığı için kendini suçlu hisseden birinin yanından geçtim. Tanıdık bir suçluluk hissiydi. *Eğlenmenin* verdiği.

Tam benim yaşımdaki birinin yanından geçtim. Ağır depresyon geçiren İspanyol bir kadın. Yok olmak istiyordu.

Karl'ın cenazesinden sonraki, tek isteğimin var olmamak olduğu günleri düşündüm. Bir kavram ve sayı olarak, sıfırı takıntı haline getirdiğim. Eski Mısırlıların hiyeroglif alfabesinde bir sıfır sembolü vardı. Güzellik sembolünün yerine de kullanılabiliyordu. O günlerdeki ruh halime çok uyan bir şeydi bu. Hiçlik güzeldi. Bir şey olduğu anda sorun çıkıyordu. Ardından acı geliyordu.

Hayata karşı kendimi berbat hissetmeyi borçluydum; yürüttüğüm mantık buydu. Hayata borçlu değilsem bile, en azından ölen kocama ve ölen oğluma borçluydum bunu.

Mutlu olmamam *gerektiğine* inanmıştım. Kendimi farklı hissetmek beni çok rahatlatmıştı. Ama oradayken, Ibiza Town'da yürürken bile belli belirsiz bir suçluluk hissi hâlâ vardı. Bir karton parçasının üstündeki, ne kadar güneşte kalırsa kalsın tamamen çıkmayacak bir leke gibi.

Kırık Kalpler ve İçki Sersemlikleri

Yürümeye devam ettik. Yeterince dikkatli bakıldığında, bir kum tanesi bile nasıl bütün evreni anlatabilirse, yoluma çıkan her şeyden alınabilecek bütün bilgiyi alıyordum.

Eski Şehir'e giden en uzun yoldan yürürken, Gran Hotel Montesol'ün tereyağı sarısı dış cephesini gördük ve tentelerin altında oturan her milletten görmüş geçirmiş insanın oluşturduğu bir akşam kalabalığının gelip geçeni izlediği o kavisli, çok katlı, Art Deco köşesinin önünden geçerken, adanın en eski oteli olduğunu bildiğim bu yerin ne kadar eski olduğunu hissettim de. Oturanlar gelip geçenleri izliyor ama benim anladığım gibi anlamıyordu.

Çünkü ben anıların resmen binalardan ve vücutlardan dışarı sızdığı bir yerde, kendine düşkünlüğün ve deneyimlerin şimşek gibi çaktığı bir bulutun üstünde yürür gibiydim. Sahilin oradan dönüp Pacha butiğin ve yavaş yavaş dolmaya başlamış lokantaların önünden, ellerinde kocaman dondurmalarla küçük köpeklerini gezdiren insanların arasından geçtik. Kırık kalplerle içki sersemliklerinin, can sıkıntısının ve pır pır heyecanların arasından geçtik. Aşkın ve kayıpların, pişmanlık ve utancın, umut ve umutsuzluğun, stresin ve hazımsızlığın, mutaassıplığın ve pornografinin, özlemlerin ve kabullenmenin arasından geçtik. Parayla, müzikle, acıyla, kedi ve köpek bakıcılarıyla, diş ağrılarıyla, idrar zorluğuyla, sırt ağrıları ve kulak çınlamasıyla ilgili düşüncelerin içinden, karın kaslarını sıkmış birinin yanından geçtik. Aioli, çavdarlı ekmek ve yerel vino de la tierra şarabı gibi basit zevklerin içinden geçtik. İnsanlığın yapay zekâ devrimini atlatıp atlatamayacağını düşünen İsveçli bir kadının yanından geçtik. İnsanların aklına ayakkabıdaki çiklet misali yapışıp kalmış bölük pörçük şarkıların, reklamların, viral videoların ve istenmeyen konuşmaların arasından geçtik. Plajda okudukları kitapları ve uçuş saatlerini düşünen turistlerin arasından geçtik. Bir seferinde Keanu Reeves'e benzediği söylendiği için selfie'lerini kaydırarak cidden ona benzediği bir resmini bulmaya çalışan bir adamın yanından geçtik. Gözünü kırparken bile düşünen Parisli bir balerinin yanından geçtik. Bir lamba direğinin yanında, internette satranç oynarken veziri alan bir İbizalının yanından geçtik. Ushuaïa'da DJ'lik yapmayı, oteldeki havuzun etrafında kendinden geçercesine dans eden bir kalabalığa çalmayı hayal eden bir adamın yanından geçtik. O gece Hï kulüpte ve -yirmi dört saat sonra- Club Chinois diye lüks bir yerde çalacak, takılarıyla göz kamaştırsa da Singapur'dan aktarmalı uçuşla geldiği için beyni jet yorgunluğundan durmuş gibi görünen gerçek bir DJ'in yanında geçtik. Adam memleketi Şikago'da bıraktığı yirmi yaşındaki kızını özleyerek bir bankta tek başına oturmuş Burger King'den aldığı ve konumuzla ilgisi olmayan vegan burgerini yer, güzel sesli bir sokak müzisyeninin söylediği ve artık Olivia Rodrigo diye bir şarkıcıya ait olduğunu bildiğim şarkıyı dinlerken, kızıyla ne zaman FaceTime yapabileceğini düşünüyordu.

Konuşulan bütün dillerdeki düşüncelerin, her renkten duygunun içinden geçtik.

Bütün bunların ne kadar garip gelebileceğinin farkındayım. Ama artık cidden de fazlasıyla normal gelmeye başlamıştı. Normal değilse de, en azından doğal geliyordu. Daha iki gün olmuştu ama asırlar geçmişti sanki.

Neyin armağan neyin lanet olduğu, bazen bakış açısına göre değişebiliyor.

Ada Diye Bir Şey Yok

O zamana dek bir adaydım. Ama şimdi, Christina'yla La Presencia'nın sayesinde ada diye bir şey olmadığını anlıyordum. Yeterince derine indiğinde, her şey birbirine bağlı. İbiza ve Lincoln aslında aynı topraklarda. Zihinlerimiz denizdeki milyonlarca akıntı misali birbirine karışıyor. İç içe geçiyor, birleşiyoruz. Hepimiz farkında olmadan birbirimize akıyoruz. Hamamböceklerinin bile bunda rolü var. Yalnızca bir benlikten, cinsiyetten, yaştan, milliyetten hatta yalnızca bir türden bile ibaret değiliz. Aramızdaki duvarlar hayali. Bize ait olan düşünceler muhteşem ve eşsiz şeyler ama aynı zamanda süregelen aynı spektrumun içindeler. Sevgi, korku, acı, suçluluk hissi, bağışlayıcılık. Bunlar repertuvardaki standartlar. Kendimize göre yorumlamak zorunda olduğumuz şarkılar. Yalnız olduğumuzu sanmamızın nedeni bu bağlantılara karşı çoğu zaman kör oluşumuz. Ama yaşamak bir yaşam olmaktır. Yaşamın kendisi olmaktır. *Yaşam* biziz. Sürekli gelişen aynı yaşam. Birbirimize ihtiyacımız var. Buraya birbirimiz için geldik. Yaşamın amacı yaşamaktır. Hayatı bütünüyle yaşamak. Birbirimize iyi bakmak zorundayız. Kendimizi gerçekten derin bir yalnızlık içinde hissettiğimiz an, aramızdaki bu bağlantıyı hatırlamak için bir şeyler yapmamız gereken andır.

İbiza'da yaşama fikrini bu yüzden kabul eder, yalnız ve yaşlı matematik öğretmenimize bu yüzden e-posta yazar, kendimizle ilgili garip gerçekleri bu yüzden başkalarıyla paylaşırız. Kendi sığınağımızda tek başımıza hiç ses çıkarmadan sonsuza kadar oturamayız.

Okyanusta yüzmek için, bazen de cup diye atlamak zorunda kalırız.

El Pescador

Restoranların, turistlerin, köpek gezdirenlerin arasından geçmeye devam ederek sonunda daracık bir ara sokağa geldik. Küçük ama pahalı balıkçı oradaydı. El Pescador.

Restoranın önündeki eğimli zemine bir dizi küçük ve beyaz ahşap masa yerleştirilmiş, Sofía Torres'le kocası –adamın adının Jorge olduğunu sezinledim– en tepedeki masaya oturmuştu.

Marta tanınmamak için güneş gözlüğünü takıp sırtını Sofía'ya dönmüş, telefonda biriyle konuşuyordu. Protesto için bir arkadaşıyla plan yapıyorlardı. Gözümü ona dikerek geleceğini görmeye çalışıp göremeyişim garipti çünkü normalde zihnine girebildiklerimin geleceklerini de görüyordum. Geleceğine dair *hiçbir şey* görememem hiç normal değildi. Marta'nın ucu açık bir kaderi mi vardı yani? Olma ihtimalleri birbirine eşit birçok geleceği olabilir miydi? Öyleyse, bu hem iyi hem de kötü haber olabilirdi.

"Şimdi ne yapıyoruz?" diye sordu Alberto bana. Artık iplerin bende olması hoşuma gitti.

Sokağın daha yukarısındaki bir barda boş bir masa ve üç sandalye olduğunu gördüm. "Şurası," dedim. "Orada oturup gözetleriz ve ben de biraz zihnini kurcalarım."

"Rummage!" dedi Alberto. "İngilizceye has o güzel sözcüklerden biri de bu, dostum." Biraz düşününce, Alberto'ya hak verdim. *Rummage*. Cidden çok özel bir sözcüktü. "Neredeyse 'fungus' kadar iyi," diye devam etti Alberto. "Ya da 'queue'. 'Queue'ya bayılırım. Beş harfli bir sözcükte bu harfleri yan yana koymak hangi delinin aklına gelir ki? Ancak bir İngilizin..."

"Ünlem işaretini ters yazmayı da ancak İspanyollar becerir," diye kafa tuttum.

Alberto da beni bozmadan, "Soru işareti de öyle," dedi. "Ne diyebilirim ki? Partilemeyi bütün İspanyollar sever. Noktalama işaretleri bile eğlenceli. Bizde bir de la madrugada var... sizde olmayan bir sözcük. Şafaktan önceki, gece yarısından sonraki zaman. Çok mühim ve sihirli bir zamandır. Siz bunu İngilizce anlatmak için kaç tane sözcük kullanmak zorundasınız... Hatta..."

Alberto konuşmaya devam ederken, olmaya başladı. Sofía Torres'e kaçamak bakışlar ata ata bir şeyler görmeye başladım. Hediye paketini açarken, içindeki şeye dokuna dokuna, hediyeyi görmeden önce ne olduğunu anlayan bir çocuk gibi. Kadının söylediği her söz, yediği her lokma, şarabından aldığı her yudum, yaptığı her hareket: Beni içerideki ateşe kadar götüren incecik bir duman oldu. Çoğumuz kendimizle ilgili her şeyi her an ele veriyoruz ama bu ipuçlarını çok az kişi anlayabiliyor. Bunların hiçbir zaman anlaşılamayan birer gösterge olarak kalması, çoğunluğun üzerinde asılı kalan yalnızlığı kısmen açıklayabilir ve bu yalnızlığı anlamını arayan yabancı sözcüklerin yalnızlığı şeklinde algılamamızı sağlayabilir.

Her neyse: O daracık sokakta bir saat kadar oturduk ve biralarımızı içip zeytinleri zıpkınlayarak kocasıyla laflayan siyasetçiyi gözetledik.

Neyse ki orada, tam karşımdaydı. Yüzü bize dönüktü ama ben gölgeler içinde, o ise kaygılar içinde saklandığı için beni görmüyordu.

Marta bana kadının ilk başlarda sağ ve sol arasında köprü olan, adanın en tanınmış siyasetçisi olduğunu ama seçilir seçilmez çevrecilik maskesini çıkarıp attığını söylemişti. Fakat ben kadına yalnızca bakarak hakkında söylenenlerden daha fazlasını görebiliyordum. Zihnini anlamak benim için beyaz ketenden takımını, kabarık saçlarını ve taşa oyulmuş gibi görünen gülüşünü fark etmek kadar kolaydı. Tam göremeyecek kadar uzakta olduğum halde dikkatinin narlı salatasında ve deniz levreğinde olmadığını anlayabiliyordum.

Yüzündeki tebessüme rağmen içinde derin bir kaygı vardı.

Evet, kaygı inanılmaz derecede yaygın bir his. Sandığımızdan çok daha yaygın. Telepatinin bana ilk öğrettiği şeylerden biri buydu. Yalnızlıkla birlikte, çoğumuzun zihni kirlenmiş bir havanın, bizi şimdiki andan uzaklaştıran, hem geçmişin hem de geleceğin içinde tutsak eden bir pusun içinde yaşıyor. Ama Sofía'nın kaygısı çok derin ve âdeta alev alev yanan bir aciliyetteydi. Daha çok yarın olacaklarla ilgiliydi. Protesto sırasında. Kısacık bir an için hakkında çok şey duyduğu Marta Ribas'ı bile düşündü. Marta'nın Cala Llonga'daki, ondan önce Talamanca'daki protestoların öncülerinden biri olduğunu biliyordu. İbiza'nın yerlilerinden olan bir astrofizikçi, ağzı iyi laf yapan ve prensip sahibi, ciddi biriydi. Siyasetçilerin kâbusu olabilecek bir tip. Ama bu sefer iş onu bile aşıyordu. Keşke Marta'yla konuşabilseydi.

Hafifçe gülümsedim.

"Seninle konuşmak istiyormuş," dedim telefonunu yeni bırakmış olan Marta'ya.

"Burada olduğumu biliyor mu?"

"Hayır. Ama konuşmak istiyor. Sana e-posta göndermiş ama cevap alamamış."

Marta ayağa kalktı. Sonra bir kez daha düşündü. "Şimdi oraya gitsem, benden başka bir şey düşünmeyecek."

"Doğru," dedim. "Suyu bulandırmış olursun. Zihin avı için iyi olmaz."

"Oyunu bozmayalım," diye ekledi Alberto. "Grace onu incelemeye devam etsin. Bu sayede her şeyi öğrenebiliriz. Şimdi yanına gidersen, kendini daha büyük bir riske atmış olacaksın. Söyleyeceğin hiçbir şey onu durduramaz... dikkatleri üstüne çekmiş olursun... protestoyu yaparak diyeceğini diyorsun zaten."

Böylece olduğumuz yerde kaldık. Marta başını öne eğip internette protestoyla ilgili paylaşım yaparken, ben zeytin yiyerek Sofía'nın zihnini okudum.

Bu kez geçen yıl Art Butler'la yaptığı bir görüşmeyi düşünen Sofía'nın içi içini yiyordu. Art'ın Es Vedrà'da otel inşa etme planı yarın protesto sırasında, Talamanca'daki Sekizinci Mucize'de basına ve halka açıklanacaktı.

Sofía, Es Vedrà'ya lüks bir otel dikmenin tam bir manyaklık olduğunu düşünüyordu. Yine de onaylamıştı. Hatta anlaşmayı bizzat o imzalamıştı. Sofía ve Mayorka'daki iş arkadaşları, bir doğa rezervinin korunması işini Art Butler Uluslararası gibi kâr odaklı bir tüzel kişiye teslim edebileceklerini düşünerek fazla idealistçe bir tavra teslim olmuşlardı.

Protestonun yapılacağı haberi Instagram ve TikTok'ta iyiden iyiye yayılmıştı; gösteriye kulüp tayfası da katılacaktı. Sofía doksanlarda yapılan, adalıların yekvücut olduğu protestoları hatırlıyordu. Çevrecilerle omuz omuza, o da katılmıştı bu protestolara. Cala d'Hort'un çevresindeki arazide golf kursu yapmak yerine orayı doğa koruma alanı ilan ettiklerinde nasıl da tezahürat yapmıştı. Ya şimdi? Herkes onun tam bir dönek olduğunu düşünecekti.

Jorge'yle sohbet ederken, Sofía'nın zihni aradaki boşluklarda Cala Jondal yakınındaki ağaçlı tepelerden birinde bulunan bir villaya gidiyordu. Oraya en son aylar önce gitmişti.

Yirmi milyon avroluk, gösterişte sınır tanımayan bir villaydı.

Lüks kavramını tanımlayan, duvarlarının çoğu camdan yapılmış, çok büyük, beyaz ve dikdörtgen prizma şeklinde bir yapı.

Bir zamanlar domuz ve tavşanlarla dolu küçük bir çiftliği olan, finca'dan bozma bir evdi ama eski halinden eser yoktu. Cidden uzaktaki Akdeniz'in devamı gibi görünen bir sonsuzluk havuzu da vardı.

"Villayı görüyor musun?" diye sordum zeytin çiğneyen Alberto'ya.

"Hayır. Ben bir şey göremiyorum," derken kendini biraz eksik hissettiği belliydi. "Çok uzaktayız. Kadının zihnini hiç okuyamıyorum. Senin gördüklerini görebilirim ama o da senin işini zorlaştırır."

"Art Butler'ın evi. Şu an Art Butler'ı düşünüyor. Es Vedrà'ya otel yapmayı düşünen cidden oymuş..."

"Al işte," dedi Marta. "Ahi lo tienes! Haklıymışız."

Alberto'nun gözlerinde bir baykuşunki kadar yoğun ve meraklı bakışlar vardı. "Neredeymiş? Onun nerede olduğunu biliyor mu?"

"Bilmem. Odaklanayım..."

Derken yine, Sofía'nın zihnindeydim. Sekizinci Mucize Otelleri'nin başındaki adama ait bir villayı mesken edinmiş köşesinde. Aslında Art Butler ona en sevdiği mekâna, yani Ibiza Gran Hotel'in altındaki kumarhaneye kısa bir yürüyüş mesafesinde, Marina Botafoch'ta duran yatında buluşma seçeneğini de sunmuştu. Fakat Sofía her nedense kendini buna hazır hissetmemişti. Ayaklarının toprağa basacağı bir yerde kendini daha rahat hissedeceğini düşünmüştü. O an hatırladığı ve benim de gördüğüm villada. Tam olarak aynı villa değildi. Aslında villaya ait anıyı görüyordum. İkinci elden yaşanan bir deneyimdi. Detaylar saniyede bir değişiyordu. Bir vazonun yeri değişiyor, sandalyelerden biri kayboluyor, sonra tekrar beliriyordu. Fakat ana hatlar aynı kalıyordu. Sekiz ay öncesiydi. Bu kez ona –Art Butler'a– bakıyordum. Hem kendi zihnim hem de Sofía'nın zihni aracılığıyla.

Sofía öteden beri adamın garip bir tip olduğunu düşünmüştü; İngiliz erkeklerinin eksantrik standartlarına göre bile. Kısa boyluydu. Basset ırkı köpekler gibi kat kat gerdanı vardı. Esrarengiz gözler. Kırlaşmaya başlamış kirli sakal ve sürekli dokunup durduğu inatçı kıvırcık saçlar. Mavi gömlek, pamuklu pantolon ve parmak arası terlik. Adam kabarmış ve fazla pişmiş bir keki hatırlatıyordu. Sofía onun elli yaş civarında olduğunu tahmin ediyordu ama fazlasıyla çocuksu bir havası vardı. Bu buluşmadan önce, ondan hoşlanmadığı söylenemezdi. Sevimli bulduğu bile söylenebilirdi. Kaybolmamış ve her şey yolundaymış gibi davranan kayıp bir çocuk gibi.

"Projenizi reddetmek zorundayız," diyordu Sofía usulca, bir akrabasının öldüğünü haber verir gibi. "Es Vedrà'da otel yapılmasını düşünmek bile imkânsız bir şey maalesef. Çok güçlü bir direniş olur. Zaman değişiyor."

Art Butler bir süre hiçbir şey yapmadı. Hafifçe gülümsedi. "Ah, ama bu *yeni* İbiza, Sofía. Tam da istediğiniz şey..."

"Yeni İbiza mı? Eskisi de mi var?"

Art burada duygusuz bir kahkaha atmıştı. "Kurtulmak istediğiniz her şey eskide kalacak. Bilirsin işte: uyuşturucular, sarhoşlar, yüksek sesli müzikler, bu kaos, ucuz paket tatiller, güneşte ıstakoz gibi kızaran bu güruh... hepsi *leş*."

Sofía da hafifçe gülümsedi. İrkildiğimizi gizlemek için kullandığımız türden bir gülüştü bu. *Leş*. Bu adam insanları ne kolay harcıyordu. "Eski İbiza dediğin *bu mu?* Bilemedim." Fenikelilerle Kartacalıların buna bir diyeceği olurdu herhalde. Romalıları, Arapları ve korsanları saymazsak tabii. Ya da burada doğmuş olan herkesi. "Tam bir İngilizsiniz. Söz ettiğiniz İbiza yalnızca yanlış algı..."

Art'ın telefonu çaldı. Telefonu açtı. "Raj, ben seni sonra ararım... Evet. Evet. Brezilyalıların verdiği rakam tahmini ama yine de çok yüksek. Yarın yine konuşuruz..."

Sofía oradan gitmek istiyordu. Onu bekleyen bir yığın sorun vardı: Marina civarında çadırlarda yaşamak zorunda olan evsizler sorunu, Playa d'en Bossa'da arabalarını park etmemeleri gereken yerlere bırakanların yarattığı kızgınlık, bir de gelecek salı yapmak zorunda olduğu ve Balear Adaları hükümet başkanını mutlaka kızdıracak olan, Mayorka ve İbiza'daki sağlık sigortası primleri arasındaki farkla ilgili konuşma. O an Art Butler'la uğraşmayı hiç istemiyordu ama yine de kendi pisliğini kendi başına temizlemeye mecburdu. Protestolar onu işinden bile edebilirdi. Es Vedrà'yla ilgili kararı iptal etmek zorundaydı.

Art telefon görüşmesini bitirdi. Tekrar Sofía'ya döndü. Sofía adamın bu kez biraz daha gergin olduğunu fark etti.

"Burada bir *vizyondan* söz ediyoruz," dedi Art, senfoninin sonuna yaklaşmış bir maestro gibi abartılı ve hükmedici el kol hareketleri yaparak. "Durumun nasıl olduğuna dair algılardan değil, nasıl olabileceğinden söz ediyoruz. İbiza bir dönüşüm geçiriyor. Bütün dünya dönüşüm geçiriyor. Dönüşümü yaratanlar da bizim gibi insanlar."

"Burası Dubai değil," dedi Sofía. Ondaki hayal kırıklığı ve hoşnutsuzluğun içinde hafif bir korku hissettim. "Las Vegas da değil. İbiza doğal bir yer. Bir yatırımcının canı öyle istedi diye bir anda *dönüşemez*. O yatırımcı siz olsanız bile."

"Buraya yeni fikirlerle geldim ben. Yaşam kattım."

"Kusura bakmayın ama buraya hiçbir yenilik getirmiş değilsiniz. Otuzlu yıllarda Montesol açıldığından beri insanlar buradaki otellerde kalıyor. Şifa bulup yoga yapmak için gelmeye başlamalarının tarihi daha da eskiye dayanıyor... Korumalı alanların üstüne inşaatlar yaparak çevreye duyarlı bir gelecek yaratamayız."

Art dişlerini sıktı. "Korumayı kaldırmanız lazım, Sofía. Es Vedrà'yla kardeşinin, oradan Cala d'Hort'a kadar uzanan denizin üstündeki korumayı kaldırmalısınız. Bunun mümkün olduğunu biliyorum. Bu hem halk için iyi olacak hem de ekonomi için... Düşününce, bu yalnızca başlangıç olacak. Model oluşturacak. Dünyanın herhangi bir yerinde tekrarlanabilecek bir başarı hikâyesi."

"Neden söz ediyorsunuz siz?"

"Değerli alanların korunmasından."

"Korunması mı?" diyerek güldü Sofía. "İngilizcem sizinki kadar iyi olmayabilir ama 'korunması' mı dediniz?"

"Es Vedrà kutsal ve doğal yerlerin bir sembolü. Benim olduğunda, orayı daha da özel bir yer yapacağım. Sonra da herkese, hükümetlere falan burayı örnek gösterip, 'Topraklarınız benim elimdeyken güvende. Onlara gözüm gibi bakarım,' diyeceğim."

"Nedir bu doğayı satın alma saplantısı?"

"Bir siyasetçi olarak çevreyi koruma konusunda bana nutuk mu atacaksın cidden? İş işten geçti artık. Gelecek gerçek vizyon sahiplerinin elinde olacak. Doğanın ortasındaki oteller, doğanın korunmasına finans sağlayan turistler. Es Vedrà'dan sonra her yerde, bütün kıtalarda aynı şeyi yapacağım. Dünyanın en değerli yerlerini ele geçirip hem insanların kullanımına açacağım hem de o yerleri koruyacağım. Gelecek budur. Kapitalizm ve ekoloji el ele. Amazon Ormanları'nın en el değmemiş yerinde inşaat yapma iznini aldım bile... Nasıl aldım, biliyor musun? Bu işi burada, İspanya'da yaptığımı söyleyerek. Onlara onaylandığını söyledim. Onaylamıştın?"

"Evet. Doğru. Sözlü bir onaydı. Ama bunun sonuçlarını öngörememişim. Neden siz de bütün otelciler gibi imara açık yerlere gitmiyorsunuz? Neden hiç bozulmamış bir şeyi alıp yok etmeniz gerekiyor?"

"Yok etmek biraz sert oldu."

Sofía iç çekerek üstünde oturduğu büyük, yumuşacık, hafızasındaki âna bağlı olarak bir hasıra bir plastiğe dönüşen koltukta öne doğru eğildi. "Bay Butler... Dünyada en son İbiza'da görülen bir çiçek türü *–Nolletia chrysocomoides–* siz Cala Bassa'daki ilk otelinizi yaparken oradaki yaban çiçeği çayırına çimento döktüğünüz için yok oldu. Bunun gibi çok olay var. En hassas bölgelere gidip her şeyi bozuyorsunuz."

Art buna, "Benim babam botanikçiydi," diye cevap verirken, özlem dolu sesi öyle alçak çıktı ki Sofía onu zor duyabildi. Art'ın yüzünden gölge misali bir hüzün geçti.

"Şimdiye dek çevreye zarar vermekten başka bir şey yapmış değilsiniz. Es Vedrà çok özel bir yer. Halkımız oraya çok bağlı. Bütün gün Cala d'Hort'tan oraya turist götürüp getiremezsiniz. Bunun yaratacağı kirliliği düşünün. Orası dünyanın en özel deniz parçası. Oradaki deniz çayırı—"

Art gözlerini deviriverdi. "Yüz bin yaşında. Evet. Biliyorum. Dünyadaki en yaşlı bitki. Akdeniz'deki en önemli habitat. Vesaire, vesaire. Biz gün boyu Cala d'Hort'tan Es Vedranell'e giden deniz taksileri çalıştıracak ve küçük adacığı Es Vedrà'ya bağlayan bir köprü yapacağız ki insanlar da –sizin balıklarınızla deniz yosunlarınız değil, kanlı canlı insanlar– oranın tadını çıkarabilsin."

"Anlamıyorsunuz, Bay Butler. Oranın denizi *çok* özeldir. Posidonia deniz çayırı turizm yüzünden zaten zarar görmüş durumda. O bölgeyle daha fazla uğraşmak başımıza iş açar."

Art kahvesini küçük bir Tanit heykelinin yanına bıraktı. "Seni şaşırtabilirim. O hikâyeleri ben de biliyorum. Birçok insandan daha iyi biliyorum."

Sofía için konuşmanın tamamen farklılaştığı an buydu. Bu kez Art'ın yüzünde acımasız ve hükmeden bir ifade vardı.

Sofía'ya tavşana bakan bir köpek gibi bakıyordu. "Cala Llonga'da yaptıklarımı düşün. Biz gelmeden önce orası eski ve sıkıcı bir yerdi. Şimdi nasıl? İbiza insanların gelip para harcadığı bir yer oldu. Biz buraya daha çok para harcayan daha kaliteli insanları getiriyoruz. Protestolar unutuldu gitti. Biz oteli açar açmaz, her şey unutuldu."

"İbiza halkını anlamıyorsunuz. Önerdiğiniz şey için yapılacak protestoların ardı arkası kesilmeyecek... Hem Es Vedrà'nın şekline baksanıza. Oraya nasıl otel yapacaksınız ki? Sizin bize ihtiyacınız yok. Dünyanın her yerinde otelleriniz var. Bırakın yakamızı."

"Kayayı patlatarak. Kayanın üstünde güzel bir düzlük oluşturacağız. Buradan önce Mayorka'da da yapmıştık."

"Ama orada kuş yuvaları var. Karabataklar yaşıyor."

"Karabataklar senin için yerel ekonomiden daha mı önemli cidden?"

"Sizin için *önemli olduğunu* sanıyordum," dedi Sofía, Art'ı tartan bir ses tonuyla. "Fikir bu değil miydi? Ekoloji ve kapitalizmin işbirliği? Onayı vermek büyük hataydı. Kamuoyunu hafife almışım. Sayenizde bir devrim yaşanacak. Bilhassa Christina van der Berg, çok etkili bir kadın."

Bu isim Art'ı rahatsız etti. Adam yüzünün önünden eşekarısı geçmiş gibi oldu. Ardından boş versene der gibi bir hareket yaptı. "Olmayan çobanın peşine koyun düşmez."

"Ne demek oluyor bu?"

"Çoban ortadan kaldırılırsa, sürü dağılıp gider. Bu işi durdurma gücüne sahip olanlar durdurulacak..."

Sofía, Art'ın yüzündeki soğuk ifadeyi inceledi. "Ortadan kaldırmak mı? İnsanları nasıl ortadan kaldıracaksınız?"

Sofía'nın aklında meslektaşı Ricardo Martínez vardı. Ses Feixes'teki sulak araziye yapılacak Sekizinci Mucize otelinin başvurusunu veto eden adam. Tahkikat sonucunda kazara öldüğüne hükmedilmişti. Kalbi durmuştu. Aort kapağında gözden kaçmış bir sorun vardı.

"Evet," dedi Art, Sofía'nın aklını okumuş gibi. "İlerlemenin önüne taş koyma, Sofía. Bu ne senin için iyi olur ne de ailen için."

"Yasalar var. Polis var. Burası İspanya. Burada elinizi kolunuzu sallayarak dolaşıp insanları tehdit edemezsiniz."

Art tek parmağını kaldırıp havada tutarak iki metre kadar uzağından Sofía'ya doğrulttu. Sofía buna rağmen bir şey hissetti –emindi bundan– o parmak hiçbir yerine değmediği halde ona dokunmuştu. Parmağın gırtlağına yakın bir yere bastırdığını hissederek elini oraya, o görünmez şeye götürdü. Ama tutacak bir şey yoktu ve Art'ın parmağı –yine aynı mesafeden– onu göstermeyi bırakınca, o his kayboldu.

Sofía nefesini düzeltmeye çalıştı. "Nesin sen?"

Art'ın yüzünde bastırmaya çalıştığı belli belirsiz bir tebessüm vardı. "Ricardo Martínez'in aklındaki son düşünce."

"Seni..." Sofía doğru sözcüğü bulamadı.

"Bana geleceğin ta kendisi gözüyle bakman yeterli," dedi Art, ürkütücü olmaktan çok hüzünlü görünen bir yüz ifadesiyle. Gözlerinde uzaklarda kalmış ama derin bir acı vardı. "Güneşin batışı kadar kaçınılmaz bir gelecek."

Derken anı kayboldu. Sofía'nın zihni de. Kaybolup gitti. Ansızın geri gelmiş, tamamen kendime dönmüş, az önce gördüğüm şeyi anlamaya çalışıyordum.

"Sofía'yı tehdit etmiş," dedim transtan çıkıp yeniden kendi zihnime uyumlanmak için bir yudum bira içtikten sonra. Şimdiki zamanda, Sofía'nın tuvalete gittiğini ve anının bu yüzden kesildiğini anladım.

Verdiğim rapor seri fısıltılar halinde çıktı. "Birini öldürmüş. Bir siyasetçiyi. Belki de birden fazla kişiyi. Christina'yı da o öldürecekmiş. Guardia Civil'i parmağında oynatıyor. Siyasetçileri de. Es Vedrà projesi bu sayede onaylanmış. Üstelik proje yalnızca yeni bir evrenin başlangıcı. Dünyadaki en korumalı alanlara otel dikmek istiyor. İşe de buradaki en korumalı alandan başlıyor. Dünyada bozulmadık tek bir güzellik bırakmamaya niyetli sanırım."

"Niye ki?" diye sordu Alberto.

"Belki de zoru başarmayı seven bir ruh hastasıdır," dedi Marta. "Bunu bir oyun gibi görüyordur. Çevreyi çok umursuyormuş gibi görünerek yok etme oyunu."

"İnsan bazen neyi niçin yaptığını bilemiyor," derken, aklımda kendim, Aidan Jenkins ve okuldaki o malzeme odası vardı. "Bir şeylere zarar veriyorsun çünkü yapman gerekenin bu olduğunu zannediyorsun. Gerçekten sevmeyi öğrenemediğin sürece bu kalıbın içinde hapsoluyorsun." Bu düşünceyi aklımdan uzaklaştırdım. "Onun da güçleri var. Cinayetleri işlerken güçlerini kullanmış. Yalnızca adacığı değil, aradaki deniz parçasını da ona vermeyi kabul etmişler. Hiç insan gibi değil. Christina onu bu yüzden görememiş. Belki bu yetenekler onda da vardır… La Presencia ona da dokunmuş olabilir."

Alberto başını iki yana salladı. "La Presencia sadece iyilere yardım eder. Kötülük yapabilecek birine asla yardım etmez."

"Kötülük yapabilme ihtimali hepimiz için geçerli değil mi?"

Marta kendi eline çimdik atıp tırnaklarının bıraktığı ize bakarak mutlu mesut gülümsedi. Mazoşist bir yanı vardı. "Hayır," dedi. "Bu boyutta değil. Ama siyasetçiler konusunda haklısın. Parlamentodakileri de tehdit etmiştir. Muhakkak. Yoksa bu kadar kolay boyun eğmezlerdi."

Sofía'nın zihninden edindiğim bir bilgiyi daha paylaştım. "Otelin yapılacağını yarın ilan edecekler."

"Protestonun yapılacağı gün mü?" dedi Marta, duyduğuna inanamayarak. "Delirmiş mi bu adam?"

"Belki de," diyerek iç çekti Alberto. "Ama protestonun hâlâ yapılabileceğini düşünüyorsan, sen de öylesin. Kasırgayı önceden hisseden köpekbalıklarıyız biz."

Turistlerle İbizalıların dostça bir araya geldiği bar çok hareketli bir yerdi.

Marta başını salladı. "Evet. Ama köpekbalıklarının aksine, biz bu kasırgayı gerçekten durdurabiliriz."

Lieke'nin Amnesia'da çalacağı gecenin el ilanlarını dağıtan iki kadın yanımızdan geçti. (Alberto "flyer" denilen bu nostaljik ilanların hâlâ dağıtıldığını ama aslında TikTok öncesinde İbiza'da sosyal medya yerine geçen şeyler olduklarını söylemişti. Eski günlerde, insanlar olacakları bu şekilde öğrenirlermiş.)

Kadınlar Marta'yı gördü. "Hola, Marta."

Marta onları gördüğüne sevinmişti. "Selam, çocuklar. Yarınki protestodan haberiniz var mı? Es Vedrà'da otel yapılmasını engellemek için yapacağız. Mar y Sol'ün önünde buluşuyoruz."

"Ahh, kusura bakma, çok isterdik," dedi kadınlardan biri. "Ama kardeşim Cala Comte'nin oralardaki bir havuz partisinde çalacak ve gideceğime söz verdim."

Marta'nın gülüşü yüz buruşturmaya dönüştü. "No importa... chao..."

Kadınlar gittikten sonra Alberto sevgiyle kızına bakarak omzunu silkti. "Gördün işte, bir şey fark etmeyecek. Ayrıca çok büyük bir risk almış olacaksın. İptal et şu protestoyu."

"Papá, lütfen. Benim iyiliğimi düşündüğünü biliyorum ama Art Butler'ın Es Vedrà'yı ele geçirmesi hiç kimse için iyi olmayacak. Karşı koymak zorundayız. Hadi ama... Keçileri inatla direnip kendileri için doğru olanı yaptıkları için sevdiğini söyler durursun. Keçiler gibi ol, Papá. Zaten hep öyleydin. Şimdiden pes etme."

Alberto'nun gözleri hüzünle parladı. Konulan teşhisi kızına söylemeyi çok istiyordu. Söyleyecekti. Ölümcül kanser hastası olduğunu söylemenin eşiğindeydi. Yeteneklerinin bu yüzden azaldığını Marta'ya açıklayacaktı.

Alberto kızının yanında olması gerektiğini anladı. Kendini koruyamadığı için başkalarını korumaya çalışıyordu. Kızı yakında otuz yaşında olacaktı. Ona bir yetişkin gibi davranmak zorundaydı. Kendinden vazgeçmesini söyleyerek koruyamazdı onu. Marta zaten bütün riskleri biliyordu ve buna rağmen direnmeye hazırdı. Alberto babası olarak onunla gurur duyuyordu. Marta hep La Presencia'nın onu da seçmesini istemiş ama öyle bir şey olmamıştı. Bu Marta'nın iyi yönde bir değişim yaratma gücünü gösterebilme şansıydı ve bunu elinden alamazdı.

Alberto'nun içindeki bu değişimi hissetmek müthiş bir şeydi. Esinti durduğunda geriye bir tek gün ışığı kalır da, sıcacık bir gün yaşandığını fark edersin ya hani.

"Tienes razón, mi vida. Dostumuz Nostradamus'un göğsünü kabartalım. Keçiler gibi olalım hadi."

Marta yüzünde tebessümlerin en karmaşığıyla babasına baktı. Umut, korku, başkaldırı ve sevgi karışımı hisler barındıran bir tebessümdü bu.

"Teşekkür ederim, Papá."

O an aralarındaki bağa karşı hafif bir kıskançlık hissettiğimi itiraf etmeliyim. Yalnızca Daniel'ı hatırlamanın verdiği ani bir acıyla değil, aile olmaya duyulan özlemle karışık bir kıskançlıktı bu. Ait olma hissine. Yaşlı ve yalnız Grace olmamaya duyulan bir özlem.

Fakat aynı zamanda bu sözlerden güç alıp ayağa kalkarak arnavutkaldırımlı sokaktan restorana doğru yürüyen Marta'nın cesaretine karşı da derin bir hayranlık duydum.

Alberto da, "Mierda," diye küfrederek kızının peşinden gitti. "Deli kız." Ben de Alberto'nun peşine düştüm.

Marta'nın yanına gittiğimizde rahatsız ettiği için Jorge'yle Sofía'dan özür diliyordu ama sonra hemen söze başladı.

"Yarın bu protesto yapılacak," dedi ikisine İspanyolca, restorandakilerin gömüldüğü sessizlikte öylece durarak.

Sofía sakin sakin gülümseyerek Marta'ya bakıyordu. Kadının yüzüyle zihninin birbirinden apayrı iki varlık gibi olduğunu fark ettim. Belki de siyasetçi olmanın gereğiydi bu. Yüzünün içteki zihni hiçbir şekilde ele vermemesi. "İşe yaramayacak," dedi Sofía. "Bu işi engellemeye yetecek sayıda insanın sokaklara çıkması mümkün değil."

"Bu işin arkasında Art Butler'ın olduğunu öğrendiklerinde, mutlaka çıkacaklardır," dedi Marta. "Özellikle Cala Llonga'da neden olduğu hasardan sonra. Es Vedrà özel bir yer. Onu çevreleyen deniz de çok özel. Bu yalnızca çevreyle ilgili bir konu değil, bir sembolden söz ediyoruz. Orası adanın ruhu. Art Butler'ın o ruhu çalmasını kimse istemez. İbiza satılık değil."

Sofía'nın paniğini hissettim. Gerçeği saklamak zorunda kalmalarının nedeni buydu. Protestocuların eline bütün enerjiyi kendinde toplayacak bir paratoner vermek istememişlerdi.

"Saygısızlık etmek istemem ama nasıl bir şeyle uğraştığınızdan haberiniz bile yok, Bayan Ribas. Gerekli sosyal medya kanallarına girip bu işi iptal etmenizi şiddetle tavsiye ederim. Kendi iyiliğiniz için. Bu işin yapılması gerektiği konusunda bütün partiler mutabık."

Alberto iç çekti. "Ama esas yetki sende. Bu konuda en yetkili kişi sensin. Bu iş senin desteğin olmadan yapılamaz. Kararı etkileyebilirsin. Çoğunluk partisinin temsilcisisin, Sofía –başkan sensin– buna engel olabilirsin."

Marta'nın patlayan adrenalini sol bacağını oynatmaya başlamıştı. Artık bir izleyici kitlesi vardı. Alberto'yla ben de iki yanında duruyorduk ve hepimiz o kitlenin karşısındaydık. Lokantadaki herkes bize bakıyordu.

"Sayı nedir?" diye sordu Marta.

"*Efendim?*"

"Es Vedrà'da otel yapılmasını engellemeye yetecek sayıda insanın sokaklara çıkması mümkün değil dediniz. Kaç kişinin yeterli olacağını sordum sadece."

Sofía'nın kocası araya girmeye yeltendi. Bir şeyler söyleyip Marta'ya haddini bildirmek için ağzını açtı. *Kes sesini, Jorge,* diye emretti zihnim. Tam da öyle oldu. Yine bir Brian vakası yaşandı. Jorge'nin ağzı bir istiridye gibi sımsıkı kapanırken, gözlerinde neler olduğuna dair bir merak belirdi.

Sofía'nın yüzündeki tebessüm silinir gibi oldu ama yine de yerli yerindeydi. "Ne diyorsunuz siz?"

Marta pes etmedi. "Az önce Es Vedrà'da otel yapılmasını engellemeye yetecek sayıda insanın sokaklara çıkması mümkün değil dediniz. Ben de kaç kişinin *yeteceğini* sordum."

Alberto burada kızının omzu üstünden söze girdi. "On bin mi? 1999'daki rakam buydu. Hatırlıyor musun, Sofía? İkimiz de oradaydık, değil mi? O zaman çok gençtin, ha? Önemsiyordun. Durdurmayı başarmıştık. O ocak ayında. Bakir doğayı golf kursuna çevirmelerine engel olup oranın koruma altına alınmasını sağlamıştık. Hatırlıyor musun? Cala d'Hort. 'Golfe hayır!' Bütün tamponlarda bu çıkartmadan vardı. Yani yeterli sayı bu mu? On bin kişi mi?"

Sofía buna biraz güldü. Ama içten içe kırılganlaşmıştı birden. Yumurta gibi çatlamıştı. "On bin kişiyi sokağa döküp yürütmeniz mümkün değil. Ama bunu başarsanız bile, hayır, imkânsız."

"Yirmi bin olsa?" dedi Alberto, pazarlık yapmanın mantığını yanlış anlamış gibi.

"Papá." Marta dirseğini hafifçe Alberto'nun karnına bastırdı. Onun ne düşündüğünü biliyordum. Protestoya yirmi bin kişinin katılmasına imkân ihtimal yoktu. Ancak bin kişinin katılacağını zannediyordu, o da ucu ucuna.

Sofía'nın gülüşü bu kez neredeyse gerçekti. "Yirmi bin mi? Yirmi bin kişi. Toplam nüfusun yüzde onunun çok üstünde bir rakam bu. Yirmi bin kişiyi toplayabileceğinize cidden inanıyor musunuz? Sosyal medya hesaplarınıza baktım. Kimsenin umurunda değil. Hem ocak ayında da değiliz. Temmuzdayız. Herkes eğlenmek istiyor."

Bu kez geri adım atmayan Alberto'ydu. Kızının bu özelliği nereden aldığı belliydi. "Ya bulursak? O zaman durdurur musun? Durdurmak zorundasın, değil mi? Halka kulak verirsin, değil mi? Seni bu yüzden seçtiler, değil mi?"

"Varsayıma dayalı bu senaryoda, yasanın gerektirdiği cezayı ödeyen de siz mi olacaksınız?"

Alberto başını salladı. "Kırk bin avro. Bu gibi şeyleri iptal etmenin cezası bu, biliyorum."

"Aslında seksen bin." Sofía gülümsedi. Marta'yla Alberto'da bu miktarda bir paranın olmayacağını biliyordu. Restorandakilerden birinin iPhone'uyla kayıt yapmaya başladığını fark etti. "Yani, evet. Elbette. Ben halkın sesine kulak veren biriyim. Bu kadar şahidin önünde söylüyorum. Siz ödemediğiniz takdirde insanların vergilerinden kesilecek cezayı öder, yarın öğleden sonraki protesto için yirmi bin kişiyi toplarsanız, sözüm söz... Desteğimi geri çekeceğim."

"Yapabiliriz," dedi Alberto. "İnsanları da buluruz, parayı da."

Sofía'nın tebessümü olduğu gibi kaldı. "Güzel. Ben sözümün eriyimdir. Başarabilirseniz, sözümden asla dönmem."

Hep birlikte balıkçıdan çıkıp Alberto cebindeki son on avroluk banknotu barın önündeki masaya bırakırken, Marta babasına bakıyordu.

"Ne yaptın sen?"

Alberto soruyu kıkırdayarak geçiştirmeye çalıştı. "Merak etme. Yapabiliriz. Çok iyi fikirlerim var."

O An Alberto'nun Aklındaki İyi Fikirler

Flyer

Bara ait masanın önünden geçerken, o flyer'ı gördüm.

"Amnesia ne kadar popüler bir yer?" diye sordum.

Marta buna kafa yorarken, Katalanca folk şarkısı söyleyen bir sokak müzisyeninin önünden geçtik. "Yaz boyu her gece beş bin civarı insan gider."

Alberto başını iki yana salladı. "Beş binle yirmi bin arasında çok fark var."

"Matematik bilgimi tazelediğin için teşekkürler," dedim.

"Bir saniye, Grace haklı," derken, Marta sesli düşünüyordu. "Çarşamba gecesi Amnesia'ya turistten çok buralılar gider. Es Vedrà gibi konuları umursayacak insanlar. Çevreleri de geniştir. Sosyal medya diye bir şey var, Papá."

Alberto pis pis sırıttı. Kızının onunla dalga geçmesi bile hoşuna gidiyordu. Aslında en çok bu hoşuna gidiyordu. "Yani Amnesia'ya gitmek istediğinizi mi söylüyorsunuz?"

Başımı salladım. "Evet." Sonra da Marta'yı neşelendirmek için en iyi Alberto taklidimi yaptım. "Burası İbiza. Burada yaş mefhumu yoktur. Her gece Pacha'da dans eden doksan yaşında bir tip var..."

"Tamam. Doğru diyorsun. Yaşlı falan değilsin. Ben de değilim. Marta'nın yaşlı olmadığı da ortada. Amnesia'ya gidiyoruz."

Alberto geceye hazırlık yapar gibi gömleğinin bir düğmesini açtı. Kızı kaşlarını çattı. "Çok mu fazla oldu?" diye sordu Alberto. "Bunu OnlyFans'ime mi saklasam?"

Marta'nın aklını karıştıran iki şey vardı. İlki, babasının OnlyFans'i nereden bildiği. İkincisiyse, benim ne yapmak istediğimi anlamaması.

"İyi ama plan nedir?" diye sordu bana.

"Lieke," dedim. "Planımız Lieke."

Alberto esnedi. Esnemesi bana da geçti. Telepatik esneme. "Uzun bir gece olacak. Disko şekerlemesi yapmalıyız. Fazla uykuya ihtiyacımız yok. Ama *yine de* uyumamız lazım. Yoksa yetenekler işe yaramaz."

Marta başını salladı. "Evet. Disko şekerlemesi. Disko şekerlemesi yapmamız lazım."

"Disko şekerlemesi nedir?" diye sordum.

"Diskodan önce," dedi Marta, anaokulu öğretmenlerinin güleç masumiyetiyle, "biraz kestireceğiz. Lieke esas DJ olduğu için ikiden önce çıkmaz. O da en erken."

"Saat ikide başlayan gece mi olurmuş?" diye sordum.

"İbiza'da olur," diyerek güldü Alberto. "Hadi. La madrugada'ya yelken açalım... Yaşadığını hissetmenin zamanı geldi, Grace."

Bir Amaç

Yine yalnızdım. Başladığım yere dönmüştüm. Carretera Santa Eulalia'daki minicik yeni evimde, hızla gelip geçen arabaların dibindeydim. Saat onu iki geçiyordu. Trafik henüz yoğunlaşmamıştı bile. Ama artık farklı geliyordu, Maurice. Artık evden nefret etmiyordum. Hatta benimsemeye başlamıştım.

Orası kendi evimmiş gibi hissetmemi sağlayan neydi bilemiyorum. Tabii ki bir tek bahçe yolundaki o güzel çiçek dışında, değişen bir şey yoktu. O klostrofobik hol, küçük salon, eski kanepeyle üstündeki eski püskü bohem örtü yerli yerinde duruyordu. Halının hâlâ temizlenmesi gerekiyor, salondaki büyük pervanenin takılmasına neden olan tozlar resmen gözle görülüyordu ve utanç verici bir şey ama yerleri hâlâ paspaslamamıştım. Pencerenin yanındaki piyano, salonun yarısını kaplıyordu. Eski müzik seti ve dizi dizi plaklarla kasetler salona müze havası katıyordu. Havası yine yoğun, nemli ve boğucuydu. Ama yine de farklıydı. Oraya dönünce her nasılsa rahatlamıştım.

Ev dediğimiz yerin bir amacı olmalı. Ve artık orada olmamın bir nedeni, amacı vardı. Kendimi yine havaalanındaki gibi hissediyordum. Christina'nın neden insanlara yardım etmek istediğini anlıyordum. Christina'nın deyimiyle, artık ben de bir *muhafızdım*. Çevremdeki insanları ve yaşadığım yeri korumak zorundaydım. Nihai amaç da bu değil miydi zaten? Yıllar boyu kendimi evren için gereksiz bir şeymiş gibi hissettikten sonra şimdi bana gerçekten ihtiyaç olduğunu hissediyordum.

Sana ihtiyaç duyulması güzel bir şey. Cidden.

Sinyal

Duvardaki galeri artık hoşuma gidiyordu. Kayıp arkadaşımın resimlerini sergileyen. Christina'nın yüzünde kardeşçe bir gülüş vardı. Kız kardeşim olmadığı için, bana iyi geliyordu.

Lieke'nin çok küçükken, elinde pelüş ayısıyla çekilmiş fotoğrafına baktım.

"Onu sevmiştin," dedim. Bunu kime söylediğimi bilmiyordum; Lieke'ye mi, Christina'ya mı? Belki ikisine birden.

Zihnimden ansızın tanıdık bir acı gelip geçti. Oğlumun seksenli yıllarda Luke Skywalker ve Han Solo figürleriyle oynayışı geldi aklıma. Işın kılıcından çıkan sesleri çıkararak. Zihin krampı gibi bir şey, o türden bir anıydı. Bu gibi anılar hiçbir zaman öylesine gelmez, önce kendi utancımın ve kendime duyduğum nefretin süzgecinden geçerdi. Yani, öyle işte, ev farklı geliyordu ve ben de farklıydım ama ben *tamamen* değişmiştim.

Eve yepyeni gözlerle bakarken bile Karl orada olmadığı için suçluluk duyuyordum. Sorunum buydu. Suçluluk duygusu mutluluğuma eşlik ediyor ya da hemen peşinden takip ediyordu.

Kendimi yeniden iyi hissedebilme çabasıyla, Christina'nın Pikes Hotel'de Freddie Mercury'yle birlikte çekilmiş fotoğrafına baktım. O gece o da sahne almıştı. Christina'nın heyecanını belli belirsiz de olsa hissedebiliyordum. Ertesi gün kendini nasıl yapayalnız ve paramparça hissettiğini de. Christina o günlerde duygusal açıdan, lunapark treninde gider gibi bir dibe vurup bir zirvelere çıkmış ama sonra La Presencia ortaya çıkıp ondaki potansiyeli görmüştü.

Yatmadan önce kitaplara bakıp Alberto Ribas'ın *La vida imposible*'sini aldım. *İmkânsız Hayat*. Ya da *Hayat İmkânsız*. İkinci motamot çeviri daha iyi çünkü Alberto'ya daha çok uyuyor. Gülünç derecede görkemli ve duygusal, büyük hayaller kuran birini düşündüren bir kitap ismi.

Kapaktaki resmi inceledim. Denizin ve Es Vedrà'nın Cala d'Hort'tan bakıldığında böyle göründüğünü ancak o zaman anladım. Adacıktan kumsala doğru uzanan çizgiler de La Presencia'yı temsil ediyordu tabii.

153'üncü sayfayı açıp İspanyolcadan anında tercüme ettim:

> Birçok görgü tanığının doğruladığı ve şu anda İspanyol Hava Kuvvetleri'nin gizliliği kaldırılmış belgeleri arasında bulunan Manises olayında olduğu gibi, ortada reddedilemez kanıtlar olduğunda bile insanlar inanmamayı seçiyor çünkü dünya görüşümüzde köklü bir değişim olması riskini almak yerine bir şeyleri yok saymak daha kolay...

Üst üste birkaç sayfa çevirdim:

> La Presencia'nın, geldiği günden beri İbiza'daki doğal yaşamı kurtarmak için garip şeyler yaptığına dair kanıtlar var. Mesela, "okyanustaki bir ışık" tarafından kurtarıldıktan sonra paranormal beceriler edinen, Franco'nun ordusunun 1936'da gerçekleştirdiği bir hava baskını sırasında yetenekleri iyice arttığı için korunduğunu hisseden bir balıkçının anlattıkları. Bu balıkçının adı Joan Bonanova'ydı. Bir gazeteciye damarlarından geçen mavi ışığı kendi gözleriyle gördüğünü, ayrıca İbiza'daki bütün hayvanlarla arasında bir bağ hissettiğini ve onlara sinyal gönderebildiğini söylemişti. Hayvanların o gece hiç görülmedik şeyler yaptıklarına şahit olduklarını söyleyerek onu doğrulayanlar da vardı. O gece her türden hayvanın yekvücut halinde adanın içlerine, Ibiza Town'daki ve kıyıdaki bombardımanın aksi yönüne doğru gittiği görülmüştü. Hatta -on yıl sonra- bir keçi sürüsünün Església de la Mare de Déu de Jesús önünde saldırdığı bir askerin ölümüne

neden olduğu söylenmiş ama Franco hükümeti "nasyonalizm karşıtı propaganda" yaftasını yapıştırdığı bu ifadeyi reddetmişti.

Kitabı bıraktım.

Sinyal, diye düşündüm. Christina'nın mesajında söz ettiği türden bir şey. Bu ilginçti işte. Böyle bir gücün benim içimde de olup olmadığını, varsa onu ne şekilde ortaya çıkarabileceğimi düşündüm. Dr. Doolittle ve Tarzan'ın çok ötesinde bir beceriyle, hayvanlarla konuşabilme gücü. Aynı anda binlercesiyle iletişim kurabilmek. Doğanın iyiliği için doğaya güç birliği yaptırabilmek. Bunun ilginç bir iş olacağını anladım. Alberto'ya ısınmaya başlamıştım ama kitap formunda olsa bile, onu yatağıma alacak değildim. Bu yüzden *Monte Cristo Kontu*'nu aldım. Dediğim gibi, gençliğimde okuyup çok sevdiğim bir kitaptı. Aslında yeniden okumama gerek olmadığını fark ettim. Kitabı baştan sona biliyordum. Bir hafta önce olsa, tek bir cümlesini bile hatırlayamazdım. Şimdiyse ezberden sesli kitabını seslendirebilirdim. Başımdan bir tel saç koparır gibi kolayca, herhangi bir satırı çekip çıkarabilirdim.

"Dünyada ne mutluluk vardır ne de acı; yalnızca bir ruh halinin diğeriyle kıyaslanması vardır, hepsi bu. Mutluluğun zirvesine ancak en derin acıyı yaşamış olanlar ulaşabilir..."

Artık bunun gerçek olduğunu anlamıştım, Maurice. Her şey birbirine kıyasla var. Matematikte, rakamlar kendi değerlerini komşularından yüksek ya da düşük olmalarına göre alırken, Leonardo da Vinci'nin Yahya Peygamber'e ulvi bir hava verebilmek için resimdeki figürü çevreleyen karanlığa ihtiyacı vardı. İtalyanların ve sanat meraklıların deyimiyle, chiaroscuro'ya. (Çok yıllar önce Rönesans'la ilgili bir programda duyduğum, uzun zamandır bildiğim bir sözcüktü bu ama La Presencia içimdeki bilgiyi ortaya çıkardıktan sonra zaten bildiğimi anlamışım.) Işıkla gölgenin kontrastı. Bütün hayat bir chiaroscuro. Göreceli farklarla anlam kazanıyor.

Her neyse, Bay Dumas'yı da bırakıp okumadığımdan emin olduğum kitabı aldım. *Psişik Güçlerle İlgili Her şey: 8. Cilt.*

Rasgele bir sayfayı açtım. Ama belki de sandığım kadar rasgele değildi. Çünkü açtığım sayfada başlayan bölümün adı "SUÇLULUK HİSSİ VE KET VURMA"ydı.

Bir cümleyi okudum: "Yeteneklerinizi gerçekten geliştirmek ve bir sonraki seviyeye ulaşmak için zihninizi bütün kirliliklerden arındırmanız gerekir. Zihni suçluluk hissi kadar kirleten ve tıkayan bir şey olamaz..."

Bir tek bunu okudum ama yetti. Çünkü Christina'nın zeytin kavanozuyla ilgili sözlerini düşünmeme yol açtı. *O zeytin kavanozunu bazen yatağımın yanına koyuyorum. Hemen başucuma. Böyle yaparsan, rüyalarında sana bir şeyler söyler. Bilmen gerekenleri. Hiç görmediğin kadar canlı rüyalar görürsün. İnsanı şifalandıran gerçeklerle dolu olurlar...*

Bu son cümle. Bana çok şey anlattı. *İnsanı şifalandıran gerçekler.* Tam da buna ihtiyacım vardı. İnsanların korunmasına yardımcı olacaksam, Es Vedrà'yla İbiza'nın Art Butler gibi yıkıcı güçlerden korunmasına yardım edeceksem, o zamana kadar yapamadığım şeyi başarmak zorundaydım. Suçluluk duygumdan kesin olarak kurtulmalıydım.

Gerçekle yüzleşmenin zamanı gelmişti.

Disko Şekerlemesi

La Presencia'nın özüyle dolu kavanozu alıp kapağını açtım ve küçük komodinin üstüne koydum. Ama bunu yapmadan önce birazcığını saksıdaki bitkiye, kurumuş yelken çiçeğine döktüm ve pikenin altına girer girmez, düşünecek çok şeyim olduğu halde, hemen uykuya daldım.

Birden rüya başladı.

Yine okyanustaydım. *Cidden orada*, soğuk suyun içindeydim ama bu kez dalgıç kıyafetim yoktu. Alberto'yla dalış yaptığımızda gördüğüm şeyi gördüm yine. La Presencia'nın ışıktan kolunu. Bir anda ıskarmozların içinden geçip onları canlandırdıktan, balıkların toplu bir oh çekmesini sağladıktan sonra bana kadar gelip çevremi dalgalanan mavi bir ışıltıyla kapladı.

Ayak bileklerime dolanıp beni hızla dalgalanıp duran o parlak bulut-küreye doğru çekerek içine soktu. İçine girer girmez, bambaşka bir yere gittim. Bildiğim bir yere. Kumsal gibi olmayan o turuncu kumsal, deniz gibi olmayan o parlak deniz ve o beyaz yapraklı ağaçlar vardı yine. Bu kez nefes alabiliyor ya da kendimi nefes alır gibi hissediyor, tertemiz ve tatlı bir havayı soluyordum.

Fakat bu rüyada, bu fazlasıyla gerçek ve canlı rüyada, vücudumun gitgide güçsüzleştiğini hissettim. Halsizlik bütün bedenimi kaplarken, suçluluk duygusunun ısrarcı sesiyle birlikte zihnimdeki acı da artıyordu. Uzun zamandır birlikte yaşadığım suçluluk hissinin sesiydi bu.

Ben kötü biriyim. Çok kötü şeyler yaptım. Ben kötü biriyim. Çok kötü şeyler yaptım. Ben kötü biriyim…

Tanıdık Biri

Birden –nasıl olduysa– kendimi ağaçların arasında buldum. Sekoyalar kadar uzun ama pürüzsüz gövdeleri ve beyaz yapraklarının arasında sarı çiçekleri olan ağaçlardı. Uzakta, bilmediğim bir oyunu oynayarak gülüşen iki Salacia'lı çocuğun bulanık, bulutsu siluetleri vardı.

Sonra bir masa gördüm. Aynı dünyadaki masalar gibiydi. Masada oturan biri vardı. Uzun saçlı, tatlı tatlı gülen, gözleri kuyuya düşmüş madeni paralar gibi parlayan biri. Daha dün görmüş gibi, hemen tanıdım.

Christina'ydı.

Christina gençliğindeki haliyle karşımdaydı. Carly Simon, Nana Mouskouri karışımı bir kadın. Christina van der Berg değil, Christina Papadakis olarak. "Rainy Days And Mondays"i söylediğinde, bütün öğrencilerin ağzını beş karış açık bırakan kadın.

Yine çok havalıydı ve yine boncuklu kolye takmıştı. Öylece oturmuş, kil rengi tırnaklarını ahşap masaya tıklatıyordu. Masa, ötelerinde çocukların oynadığı ağaçların ortasında, ormanın içindeydi.

Üstünde porselenden yapılmış, ananas şeklinde bir lamba olduğunu fark ettim. Yarım şişe de Blue Nun şarabı vardı.

"Selam, Grace."

Ayaklarım fazlasıyla gerçek hissi veren kumlara basıyordu. Bitkin vaziyette masaya kadar gidip eski dostumun karşısındaki sandalyeye yığıldım. "Christina? Bu gerçek mi? Burada mısın?"

"Evet," dedi Christina. "Ve hayır."

Aklım karışmıştı ve çok halsizdim. "Ne demek bu?"

"Burası Salacia. Şu an Salacia'yı görüyorsun ve burada Salaci'lılar yaşıyor. Bana çok iyi davrandılar ve çok iyi bakıyorlar. Artık bu gezegendeyim. Geçiş yapmayı başardım. Ölümsüz olmadım ama yaşayabildiğim kadar uzun bir hayatı olabildiğince sağlıklı yaşayacağım. Burası çok güzel. Salacia'lılar bu ağaçların ötesindeki bir yerde yaşıyor. Buraya gelenlere de çok iyi bakıyorlar. Öyle iyi kalpliler ki, Grace. Sen bir seferinde beni nasıl önemsediysen, onlar da bütün evreni önemsiyor..."

Zar zor konuşabiliyordum. "Şu an başka bir gezegende miyim?"

"Hayır. Burada değilsin. Ama bunun bir önemi yok. Gördüklerin gerçek. Bu armağanı sana La Presencia verdi. Normal bir rüya görmüyorsun, Grace. Her şey *gerçek.*"

"Peki neden yaşıyorum bunu? Gerçeği neden görüyorum?"

"La Presencia senin İbiza'ya gelmeni istedi çünkü neler başarabileceğini biliyordu. Buradaki canlıların korunmasında hayati bir rol oynayacağını biliyordu. Ben de biliyordum. Bu yüzden seni seçtim. Birçok hayat kurtaracağını ve adanın kurtarılmasında büyük rol oynayacağını biliyordum. Bunu yapabilmenin yolu da bu. Muhafız böyle olunuyor. İlk başta kendini özgürleştiriyorsun."

Bu kez Christina'nın önünde bir kâse vardı. Ananas dilimleriyle doluydu. O kafa karışıklığı içinde, kâsenin yeni belirip belirmediğini anlamaya çalışıyordum.

Christina o ışıltılı, berrak denizi gösterdi.

"Kendini kuşkulardan arındırarak. Suçluluk duygusundan. Şimdiye dek yapıp ettiklerinden arındırarak. Bu deniz kadar berrak olmalısın. Çözümleri bulma konusunda hep çok iyiydin, Grace. Şimdi çözmen gereken tek şey var, o da kendin. Geçmişte takılıp kalmış durumdasın."

"Ama—"

"Matematikten anlıyorsun ya, Grace. Negatif pozitiften daha güçlü. Pozitif bir sayıyı negatif bir sayıyla çarptığında, sonuç hep negatif çıkar. Artık farklı gözle bakmalısın. Negatifi pozitife çevirmelisin."

"İmkânsız."

"İmkânsız sandığın çok şey gerçek oldu. Geriye bir tek bu kaldı."

"Sorun yalnızca Daniel değil," diye mırıldandım. "Hem kötü bir eş hem de kötü bir anneydim."

"Sen iyi bir eştin. Annelik konusunda daha da iyiydin." Christina biraz güldü. Gülüşünde hafif bir melodi vardı. Çatalını özenle bir ananas dilimine batırdı. "Herhangi birini seçebilirdim. Ama ben seni seçtim. Tanıdığım en iyi insan sensin."

"Beni tanımıyordun ki."

"Sandığından daha iyi tanıyordum. Seni olduğun gibi gördüm. Geleceğini gördüm. Neye dönüşebileceğini gördüm."

"Yetmiş iki yaşındayım. Artık çok az zamanım kaldı."

"Yanılıyorsun. Uzun zamandır yalnız ve üzgün birisin, Grace. Ama böyle olman gerekmiyor."

İngiltere'deki hayatımı düşündüm. Beni kimsenin görmediği, neredeyse var olmadığım o hayatı. Ormanda kimseye görünmeden devrilen bir ağaç olduğum.

"Defolu biriyim ben."

"Yeter ama, Grace. Herkesin kusurları vardır. İnsan olmak böyle bir şey."

"Herkes öyle değil," dedim.

"Evet," dedi Christina nefes bile almadan. "Herkes. Todo. El. Mundo."

Sonra da avucuma bir şey tutuşturdu. Aziz Kristof kolyesini. "Bunu sonsuza dek sana geri vermenin zamanı geldi."

Kolyeye baktım.

Başımı kaldırdığımda ananas kâsesi yoktu. Christina yoktu. Masanın üstünde Raj Pavilion diye bir restoranın menüsü vardı. Hull'da okurken Karl'la birlikte gittiğimiz restoranın. Karl'ın ilk kez evlenme teklif ettiği yerin.

Masa bu kez çatal bıçakların, lokanta usulü peçetelerin üstünde durduğu iki kişilik bir sofraydı.

Masa örtüsünün üstündeki menüye baktım. Başımı kaldırdığımda, karşımdaydı. Karl. Karl'ın gençlik hali. Jimi Hendrix sevdiği ve Black Sabbath'ta lead gitar çalmak istediği dönemdeki. Siyah saçlı, favorili, sıskacık, oturduğu yerde zor durabilen, başını burnuyla örgü örercesine hafif hafif yukarı aşağı hareket ettirip duran bir Karl.

"Soğan bhaji'leri çok iyi, değil mi?" diyerek menüyü eline aldı.

Garson masanın yanında bitiverdi. "Siparişleri vermek ister misiniz yoksa biraz sonra mı geleyim?"

Ben, "Sonra," derken, tüyleri çivit mavisi bir gök yaratığı tepemizden geçiyor, Salacia'lı iki çocuk arka planda oynamaya devam ediyordu. Aslında gördüğüm şey, Salacia'nın kendi anım ve psikolojimle üst üste binmiş gerçekliğiydi. Hepsi gerçekliğin gücü etrafında birleşmiş, zeytin kavanozundaki fotonik güçler aracılığıyla rüya gibi olmayan rüyama girmişti. Kısacası, *kafa karıştırıcıydı*. Ama ben Karl'a odaklanmıştım. Yıllar önce gittiğim Nottingham Kaz Panayırı'nda vals yapanlar, baş dönmesini engellemek için gözlerin karşıdaki tek bir noktaya sabitlenmesi gerektiğini söylemişti. Benim sabit noktam Karl'dı. Ona odaklandığımda, geriye kalan her şey olduğu gibi kaldı.

"Anlar önemli," dedi Karl. Yüzünde ilk yıllarımızdaki gibi romantik bir gülüş belirirken, gözleri Paul Newman'ınkiler gibi parıldadı. "Öyle hızlı geçiyorlar ki çoğunu kaçırıyoruz."

"Ben sana layık olamadım, Karl."

Karl parmağımdaki yüzüğe baktı. İnce gümüş halkaya oturtulmuş o minik zümrüt taşına.

"Zümrüdün gerçek olduğu nasıl anlaşılır, biliyor musun?"

"Kusurlarından," dedim.

"Evet. Aynen öyle. Kuyumcudaki kadın söylemişti. Öteki değerli taşların aksine. Zümrüdün içinde ne kadar çizik, çatlak ve bozukluk varsa, taş o kadar güzelleşiyor. Gerçek bir zümrüt bütün kusurlarıyla güzel. Buna *kusursuzlaştıran kusur* deniyor. Kusursuz tanımına uyan bir zümrüt mutlaka sahtedir."

"Kusurlu olmanın da bir sınırı var," dedim.

"Ne demek istedin, sevgilim?"

"Yani kusurdan başka şey göremiyorsan ne olacak? Yalnızca çizikleri görüp taşı göremiyorsan?" Karl boş boş bana bakınca, olabildiğince açık olmayı denedim. "Sen bana karşı çok iyiydin. Ama ben sana layık olamadım."

"Ne diyorsun sen? Daniel yüzünden mi böyle söylüyorsun? Bisikletle çıkması senin hatan değildi."

"Onunla şehre gelebilirdim. Gelmemi istemişti. O kataloğa bakmam çok mu lazımdı?"

"Ben de yanında olabilirdim. Ama pubdaydım. Bira içmem çok mu lazımdı?"

"Yağmur yağıyordu. Çıkmasına izin vermemem gerekirdi."

"Yağmurda bisikletle gezen insan görmedin mi hiç? O bisikleti çok severdi. Seni dinlemezdi."

Karl'ın sözleri inandırıcı gelmiyordu. Bir yanım suçlu olmayı istiyor ya da buna ihtiyaç duyuyordu. Bu yüzden söyleyiverdim: "Aidan Jenkins'ten söz ediyorum ben."

"İş arkadaşın olan mı?"

"Evet. Onunla yattım. Bunu yaparken zevk de aldım. Ama ondan sonra hiçbir şeyden zevk almadım sayılır. Çünkü seni seviyorum. Onu asla sevemezdim."

Karl kayıtsız bir tavırla başını salladı. "Ha, evet. Biliyordum zaten."

"Ne?"

"Bir kez telefon etmişti."

"*Telefon mu etti?*"

"Sarhoştu."

"*Sarhoş mu?*"

"Açıkçası, bu sayede kendimi daha iyi hissetmiştim."

"*İyi mi hissettin? Niye ki?*"

"Deborah'yı hatırlar mısın? Öğrenci birliğinin barında tanıştırdığım kızı?"

Belli belirsiz hatırlıyordum. Her nedense on yıllar sonra bile aklımda kalmıştı. Sarışın, kalın kâküllü, gülüşünden sinsilik akan bir kızdı. "Evet."

"Salı günleri onunla yatıyordum işte. Bir de perşembeleri."

Bunu sindirmem biraz zaman aldı. "Ne? Ama bana evlenme teklif ettin."

"Evet. Garip bir durum, kabul ediyorum. Tam bir delilik aslında. Sanırım suçluluk duygusundan. İnsana garip şeyler yaptırıyor. Her neyse, sonuçta ortak geçmişimizde ben de az pislik yapmadım, Grace. Sen beni pubda sanırken, ben ona gidiyordum ve bir şişe ucuz şarapla birlikte sigara da içiyorduk çünkü yetmişli yıllardı ve on buluşmanın dokuzunda yatıyorduk. Senin Claudette'le görüştüğün günlerde. Bir seferinde bizi yakalamana ramak kalmıştı, hatırlıyor musun?"

"Bunu neden anlatıyorsun?"

"Çünkü gerçek bu. Kendi içindeki çarpık simetrisinde kusursuz olan aşkımızın kusurlu gerçeği. Ben seni seviyorum ve yaptığımız hatalar sevgimizin değerini azaltmıyor, Grace Winters."

"Karl—"

"Artık hayatına devam etmelisin. Dinle. Bak bana. Şu genç halime bak. Bundan biraz yaşlı bir versiyonum seninle evleniyor. İyi zamanlarımız, kötü zamanlarımız, vasat zamanlarımız oluyor. Birkaç çocuk yapma denememiz başarısız olduktan sonra sonunda bir çocuğumuz oluyor ve ben biraz ihmalkâr, asabi, işinden nefret eden birine dönüşüp çok içmeye, çok fazla horlamaya başlıyorum. Senin de en az benimki kadar stresli bir işin var ama buna rağmen çocuğu büyütme işinin çoğunu sana yıkıyorum ve sen de buna ses etmiyorsun. Çocuğu iyi büyütüyorsun. Onu kaybedinceye kadar mutluymuş gibi yapıyoruz. *Biz*, Grace. *Biz*. O gün ikimiz de yanında değildik. O öldü. Trajik bir olaydı ama yine de bütün kazalar gibi bir kazaydı işte. Yasını tutmayı beceremedim. Zaman zaman bağırıp duvarı yumruklayarak hışımla evden çıktım. Seni ihmal ettim ve sen de aptalca bir şey yaptın. Er ya da geç, hepimiz aptallık ederiz. Ne kadar suçluluk duyarsak duyalım geçmişi silemeyiz. Beni de geri getiremezsin. Ben artık yokum. Ama senin yaşamanı istiyorum. Gerçekten yaşamanı istiyorum."

"Daniel nerede?" diye sordum. Ardından Christina'nın da duyacağını umarak daha yüksek sesle bir kez daha sordum. "Daniel nerede? Seninle konuştuğum gibi onunla da konuşabilir miyim? Gerçekten o olmayacağını biliyorum. Sen de gerçekten sen değilsin. Ama onun gerçekliği olacak. Gerçeği görmeye ihtiyacım var. Onun yüzünü görmem lazım. O burada mı?"

Karl başını iki yana salladı. "Onu göremezsin. Bunun için hâlâ fazla... *üzgünsün*. Gerçeğin o kısmına ulaşmak en zoru. Ama benim gerçekliğim seni her zaman sevdi. Olduğun gibi. Bütün hatalarınla."

Bunlar güçlü sözlerdi. İçimde yarattıkları sarsıntıyı hissettim.

"Ben de seni hep sevdim," dedim, ağlamamayı başararak.

Karl dua edercesine ellerini birleştirdi. "Bunu zaten biliyordum, Grace. Bana her şeyi söyledin. Dile getirmesen bile. Sana benim de mükemmel olmadığımı söylemek için buradayım. Hatalarımla birlikte yaşayıp kendimi affettim ve sen de böyle yapmalısın. Sana ihtiyaç var. Seni seviyorum, Grace. Her zaman sevdim ve hep seveceğim. Sevgi yok olmaz. Işık gibidir. Sürekli seyahat eder. Ama senin hayata devam etmen lazım. Beni hatırlamıyorsun. Suçluluk duygun görüşünü bulanıklaştırıyor. Bizi hatırlamak, iyiyi hatırlamak için suçluluk duygunu aşmak zorundasın, Grace. Yaşamak zorundasın."

"Seni seviyorum, Karl."

"Öyleyse, lütfen, salıver gitsin… Buraya kusursuz olmak için gelmedin. Hiçbirimiz kusursuz değiliz. Yaşamak için buradasın. Şimdi, bırak gideyim…"

"Gitmeden önce söyleyeyim, sevdiğin müziği yüksek sesle dinlemene izin vermem gerekirmiş, söylemek istedim. Cidden güzel müzikmiş. Bir şans vermem gerekirmiş."

Karl'ın yüzünde geniş bir tebessüm belirdi. Gözleri uzaklardaki güneşler gibi parladı. Onu görmek güzeldi ama yapmam gerekeni biliyordum. O da biliyordu. "Git hadi. Git."

Zamanı gelmişti.

Çocuğun Uyanışı

La Presencia bazı şeyleri geri getiriyordu. Yaraları iyileştiriyor ve tükenen nesilleri hayata döndürüyordu. Olan şey buydu. Çatlaklardan çiçek açıyordum. Geri dönüyordum.

Tam o anda ayaklarıma çarpan suyu hissettim. Yere baktım. Su mavinin o tarifsiz tonunda parlayarak gelgitten olamayacak bir hızla yükseldi.

Başımı kaldırdığımda her şey kaybolmuştu. Masa. Kumsal. Ağaçlar. İnsanlar. Bir tek ben vardım. O saf ışıltının içinde yükselmiş, yükselmiş ve sonunda havaya ulaşmıştım. Yatağın üstünde, uyanık vaziyette, dimdik oturmuştum. Yaşamaya ve yaşamın sürmesine yardım etmeye hazır sayılırdım.

Parıltı

Saat sabahın biriydi ve şekerlemeden uyandığımda yavru köpekler gibi capcanlıydım.

Kavanozun her zamankinden daha güçlü parladığını gördüm.

Oda apaydınlıktı. Normalde yüzünü çevirmene neden olacak türden bir parıltıydı ama her nedense çevirmeme gerek yoktu. Evet, tehlike çok büyüktü. Art Butler hâlâ dışarıdaydı. İnsan olmayan bir adam yüzünden hepimiz tehlikedeydik büyük ihtimalle. Ama bunu söylemem lazım. İçimdeki, bütün görüşümü bulandıran o sisten kurtulduktan sonra dışarıdaki bütün kasırgalarla baş edebilirdim. O sis artık kalkmıştı. Cevabı apaçık olan bir soruyu sordum kendime: Uzaktaki bir arkadaşının dünyanın en heyecan verici adasında sana sevgiyle dolu bir ev bırakmasından daha iyi ne olabilir?

O parıltının içinde, yelken çiçeğinin artık kurumaya yüz tutmuş gibi görünmediğini fark etmem bir-iki saniye sürdü. Yapraklarının rengi kopkoyu, dipdiri bir yeşile dönmüştü. Çiçeğin varlığını hissettim. Tam olarak düşüncelerini hissettiğim söylenemez. Bitkiler bizim düşündüğümüz şekilde düşünmüyor.

Fakat en çarpıcı olanı, avucumda sıktığım şeydi. O zincir ve Aziz Kristof'lu ucu resmen avucumun içindeydi. Verdiğim armağan bana geri dönmüştü. Bebek İsa'yı nehirden geçiren Aziz Kristof kabartmasına dokundum. Kolyeyi bulduğum kayıp bir hazine gibi sımsıkı tutarak zeytin kavanozuna dönüp, "Teşekkür ederim," dedim.

Ardından duş alıp kolyeyi taktım ve giyeceğim şeyleri seçtim. Pileli şık bir pantolon ve şifon bluz. Aynaya bakarken kendimi hazır hissediyordum.

"Hadi bakalım, Grace," dedim kendi kendime. "Artık yaşamak zamanı."

Grace Winters Artı İki

Ada çok gürültülüydü.

Amnesia denen gece kulübü doğudaki Ibiza Town'u batıdaki San Antonio'ya bağlayan otobanın dibindeydi. Adadaki kulüplerin çoğu gibi muazzam bir yerdi. Katedral ya da uçak hangarı büyüklüğünde. Biraz da heyecan verici olduğunu kabul ediyorum.

1980'den beri gece kulübüne gitmemiştim; Lincoln'daki Roxy's'de Kool & the Gang çalarken sarhoş kadının teki ayakkabılarımın üstüne kusmuştu.

Sırada bekleyenlerin çoğu çarpıcı kıyafetler giymişti. Kıyafet kodu varsa bile anlaşılması zor bir koddu. Cart yeşil bikininin altına cart yeşil koşu ayakkabısı giymiş bir kadın vardı. Başka bir kadının üstünde fazlasıyla şık, uzun ve kırmızı bir elbise vardı. Siyah file tişört giymiş, el çantası taşıyan bir adam. Siyahlara bürünmüş havalı bir çift sırada el ele beklerken, bunun birlikte geçirecekleri son gece olabileceğini düşünüyorlardı. Çoğunluğun gözünde çok da gerekli olmayan güneş gözlükleri vardı. Ortancalarla kaplı bir çiçek tarhında görebileceğinden daha fazla renk. Alberto yine kot pantolondan bozma şortunu, parmak arası terliklerini, göğsündeki o yakışıksız orman gibi kılları gözler önüne seren Hawaii gömleğini giymişti. Kızının üstünde yine entelektüel bir tişört vardı; göğsünde minicik mavi bir dünya olan beyaz bir şey. Akla getirdiği sloganın *Soluk Mavi Nokta* olduğunu biliyordum. Carl Sagan'ın bir konuşmasında Dünya'nın uzay sondası *Voyager I*'den çekilmiş bir fotoğrafından söz ederken bu tabiri kullandığını –bugünlerde hemen her şeyi bildiğim gibi– biliyordum.

Marta'nın ayağında sarı bez pabuç, altında kurdele çiçeğinin yaprakları gibi yeşil-beyaz çizgili pantolon vardı. Yanaklarına sürdüğü çevre dostu, biyoçözünür simler sayesinde resmen parlıyordu. Kıvırcık saçları öyle müthiş ve vahşi görünüyordu ki gözlerini kısıp baktığında, onu tatlı bir Medusa gibi görebiliyordun. Kısacası, süper görünüyordu. Normalde benim yarı yaşımdaki havalı birinin yanındayken utanıp sıkılır, kendi giydiğim sıkıcı şeyleri dert ederdim. Ama bu kez yalnızca onun çok iyi göründüğünü düşündüm, o kadar.

Binanın önündeki uzun kuyruğu geçen Marta'yla babasının peşinden –hareketli rengârenk spotlar ve nergis sarısı Amnesia tabelasının ışığı bekleyenlerin üstüne vuruyordu– kapıdaki en iriyarı güvenliğin önüne kadar gittim. Tuttuğu iPad adamın elinde posta pulu gibi kalmıştı.

"Rafael!"

Güvenlik gülümserken, yüzüne mavi ışık vurdu. "Hey, Alberto!"

Rafael'le Alberto kucaklaştı.

"Papá eskiden burada DJ'lik yapardı," dedi Marta kulağıma. "Asırlar önce. Rafael onu doğduğundan beri tanır. Dalış yapmayı babamdan öğrendi. Burası küçük bir ada."

"Yılan için teşekkür," dedi Rafael. "Kızım çok sevindi."

"Ah, benim için zevkti. O yılan tam bir filozof, çok düşünen bir yaratık ve iyi bir arkadaşa ihtiyacı vardı…"

Rafael'le Alberto biraz şakalaştı. Yılanın o çekmeceden çıkıp bir yuvaya kavuştuğunu duymak güzeldi. Ama güvenlik yana çekilmiyordu. Kapalı kapı gibi önümüzde dikilmeye devam ediyordu.

Alberto'nun gülüşü bu kez şaşkınlık sosuna bulanmıştı. "Ee… geçmemize izin vermeyecek misin?"

"Hayır," dedi adam, dostça yüz ifadesine tezat bir sesle.

Marta'nın savurduğu yaratıcı küfürlerin hepsini anladım ama burada tekrar yazmayayım. Alberto'nun yeteneklerini kullanabileceğini düşündüm. Benim kullanmam gerekir mi, diye düşündüm. Sonra buna gerek olmadığını hatırladım.

Rafael'e kibarca, tam bir İngiliz gibi el ettim.

Dış görünümüm ve orada olmam ona komik gelmemiş gibi davranması büyük bir incelikti. "Sí, señora?"

"Merhaba, sanırım davetli listesinde adım olacaktı."

Adam şaşkın şaşkın bana baktı. Açıkçası, Alberto'yla Marta da öyle baktı.

"Evet. Bahçe merkezinde Lieke'ye rastladım da, çok düşünceli bir kız, adımı listeye yazdıracağını söylemişti. Grace Winters. Artı iki."

Rafael iPad'ine dikkatle göz gezdirdi. Ardından başını salladı. "Evet. Varmış." Sonra bizi kapıdan geçirdi. "İyi eğlenceler."

Bu duruma biraz bozulan Alberto kibar İngilizlerin hayret sözcüklerini mırıldanıyordu ki –"Oh. Anlıyorum. Elbette. Harika."– gitgide yaklaştığımız ses duvarı yüzünden sesi duyulmaz oldu.

Seramik karoların üzerinden yürüyerek girişin yakınındaki, çoğu İspanyollardan oluşan kalabalığın içinden geçtik. İnsanlar seslerini duyurabilmek için birbirlerinin kulağına bağırıyorlardı. Etrafta uçuşan düşünceler kafayı bulmuş çılgınca bir sevinç ve özlemle yüklüydü. Oraya gitmek için en az iki yüzyıl gecikmişim gibi hissettim ama Alberto düşüncelerimi okumuş olmalı ki kenevir yapraklı tişört giymiş yaşlı bir adamı gösterdi bana. "Diego. O müthiş seksen sekiz yazında İspanya'dan buraya gelip bir daha hiç ayrılmayan bir ihtiyar. İkimizden de daha yaşlı."

Diego'nun zihnine şöyle bir girip hortuma kapılmış dönen inekler misali soyut düşüncelerden tuhaf, saykodelik bir sisle karşılaşınca hemen vazgeçtim.

Kulüp aslında iki devasa odadan oluşuyordu. Mağaraya benzeyen, karanlık ana salonun dışında La Terazza denen daha aydınlık –daha büyük– tavanı cam pencereli ve açık havadaymışsın hissini veren başka bir bölüm vardı. Lieke yarım saat sonra çalacaktı ama ilk önce nispeten daha sessiz bir yere doğru gittik.

"Dediğim gibi, buranın üstü eskiden tamamen açıktı." Alberto cam tavanı gösterirken, Marta bara gitti. "Müthişti. Fellini filmi gibiydi... milletin her türden müzikle dans ettiği bir çiftlik evi... Rolling Stones, caz, hip-hop, mistik rock, Manuel Göttsching, Prince, Art of Noise, Chicago house, reggae, new wave, eski Arjantin tangoları, Fleetwood Mac, Kate Bush, Cyndi Lauper, Talk Talk. Talk Talk'u çok severim." Alberto şevke gelip "It's My Life"ı söylemeye başladı. Gözleri yaşarmıştı. "Ne var ne yoksa. Balearic beat. Todo vale konsepti. Her şey serbest. Sınır yok. Müzikle insan arasında sınır yok. Ortak ritim bulunurdu. Her sınıftan, kültürden, kimlikten, cinsiyetten insan. Müziği türlere ayırmak yok. Bölünmek yok. Klikleşmek yok. Her şey çok doğal, saf ve eğlenceliydi. Her şeyin içindeki evrende olanı bulmak. *Hill Street Blues*'un jenerik müziğinde bile."

"*Hill Street Blues*'un müziği mi?" Dizinin tekrarlarını izlemek için geç yatmasına izin vermemi isteyen Daniel'ı düşündüm. O parçayı nasıl da severdi. Kanepede otururken nasıl da öne doğru eğilirdi. O coşkunun ne kadar sahici bir şey olduğunu ve evrenin hafızasındaki bir yere kaydedilerek sahiciliğini nasıl koruduğunu düşündüm.

Alberto başını salladı. "Evet. Şu polis dizisi. Bir arkadaşım –Arjantinli efsane Alfredo– gecenin sonunda çoğu zaman o parçayı çalardı. *Hill Street Blues*'un müziğinden daha Balearik bir şey olamaz..."

Alberto'nun zihni artık bana açıktı ve onu olduğu gibi görebiliyordum. Adaya 1976'da döndüğünde, Franco öleli bir yıl bile olmamıştı. Yaptığı çalışmalardan vazgeçip pasifist olmuştu. Deniz biyolojisine dönme planı vardı ama bir süre sadece eğlenmek istemişti. Alberto aklını okuduğumu fark etti. Bunun üstüne dipnotlar vermeye başladı. "Madridli bir felsefeci kırların ortasındaki eski bir finca'yı açık hava diskoteğine dönüştürmeye karar verdi. Adını El Taller de los Olvidadizos koydu: Unutkanlar Atölyesi. Çok uzun bir isim olduğu için, zamanla Amnesia'ya dönüştü. Tek bir sözcük her zaman daha iyidir! Oraya giden herkesin unutmak istediği şeyler vardı. Bütün dünya travma geçirmiş gibiydi. Franco, Vietnam, nükleer bomba tehdidi hepimizin canına okumuştu. Dans etmek daha iyiydi... Dans yalnızca dans değildi. Özgürlüğün sembolüydü... Kim olursan ol, dans pistindeyken güvendeydin."

Marta cam bardaklara koydurduğu içkilerle yanımıza gelirken arkasında çakıp duran altıgen ışıklar kadar büyüleyici görünüyordu. "Nada de plástico. Plastik yasak. Plastik şeytan işidir. Yapılmadan önce de yapıldıktan sonra da dünyaya zarar veren bir şey. Mikroplastikler küçük birer iblistir. Balıkların ağzına sıçıyorlar. Tabii bizim de." Marta'nın balıklar için cidden savaşa gidebileceğini hissettim. "Neyse. Portakal sularınız geldi."

Saat ikiye yaklaşmıştı ve kalabalığın içinden kendimize yol açarak terastaki salona ilerledik. Uçakta gördüğüm kızların yanından geçtim. Kızlar hayatı severek dans ediyor, zihinleri hazla ışıldıyordu. Salondaki bazı kişiler gibi yapay uyarıcı kullanmamışlardı. Gelmeden önce uykularını almışlardı ve şimdi dans ederek bütün dertlerinden kurtuluyor, müthiş bir toplu şeytan çıkarma ayinine katılmışçasına gözlerini kapayıp bütün vücutlarıyla ritim tutuyorlardı.

Kesinlikle çok sıcak, gürültülü ve sıkış tepiş bir ortam olduğu halde –bunların üçü de normalde pek hazzetmediğim şeylerdi– ben de çok eğleniyordum. Bacaklarımda ağrı sızı yoktu, kalçam tutulmamıştı ve kulaklarım çınlıyorsa bile çınlamayı duymam mümkün değildi. Kendimi hep birlikte yaratılan enerjiye öyle kaptırmıştım ki oraya neden gittiğimi unutmuş gibiydim.

Saymadan Saymanın Hazzı

Marta beni dirseğiyle dürttü. Yukarıdaki DJ kabinini gösterdi. Gelmişti işte. Afişlerdeki o dokunulmaz tanrıça. Bahçe merkezindeki o gergin küçük kız. O muazzam kabine, Kolezyum'daki bir imparatora bakar gibi ona bakan insanların karşısına çıkmıştı.

Ondan önce çalan DJ'le laflayarak teknolojik aletleri kurcalıyor, salonu dörtnala giden görünmez canavarların çıkaracağı sese benzeyen bir müzik kaplıyordu. Vücudu bir sürü hayvan dövmesiyle kaplı iriyarı bir genç görüşümü engelliyordu. Yılan. Çita. Kaplumbağa. Çocuğun adı Stefano'ydu ve Bologna'da veterinerlik okuyan, zor bir ayrılığın acısını atlatmaya çalışan İtalyan bir turistti. *Sola kay, sola kay, sola kay, sola kay…*

Çocuk birkaç saniye içinde sola doğru birkaç adım atıp dans etmeye devam ederek Lieke'yle aramdan çekildi. Fakat aramızda o kadar çok şey, o kadar fazla mesafe, insan, havayı kaplayan o kadar çok karmakarışık düşünce ve duygu, öyle çok algı vardı ki Lieke'ye ulaşmak bütün sürünün içindeki tek bir arıyı ayırt etmek gibi olacaktı.

Lieke'nin çaldığı müzik cidden hoşuma gitti. Teknoydu belli ki.

Normalde elektronik müzikten nefret ettiğim için müthiş bir şeydi bu. Yani, gençlik yıllarımda Beach Boys'un "Good Vibrations'ını severdim ve o albümdeki theremin teknik olarak elektronik bir aletti. Ama ne demek istediğimi anlamışsındır. Panik atak geçiren bir robotun sesine benzeyen müzikten söz ediyorum. Bip bip diye öten müzikten. Meğer ne çok şey kaçırmışım.

Bu müziğin matematiksel bir güzelliği vardı. Binlerce vücut müziğin gücüne tabi, yalnızca ona tepki veren birer varlık gibi hareket ederken, ben dans pistinin kenarında öylece durdum.

Müziği anında anlamam ve ona karşı topluca duyulan o saf, muhteşem sevgiyi hissetmem benim için beklenmedik bir şeydi. Klavyeden çıkan seslerin altında zamanı hiç kaçırmayan bas bir davul sesi vardı. *Duf duf duf duf.* Kalp atışının ritmi. Onun üstünde daha hafif, iki kat hızlı bir ritim daha vardı. Bir de bu ritimden iki kat hızlı, ondan daha da hafif, üçüncü bir ritim. Ölçü başına dört vuruş. Bütün bölümlerdeki zaman aralıklarını eşit parçalara bölen kusursuz bir oran. Eukleides'in algoritmasının yaşam bulmuş hali.

Müziğin verdiği hazzın aslında insanın saydığını fark etmeden saymasının hazzı olduğu söylenir. Başımla ritim tutarak kalabalığı -kusursuz olmayan bir dünyadaki matematiksel uyumu deneyimlemenin verdiği toplu esrimeyi- izlerken, o an tanık olduğum şeyin tam da bu olduğunu fark ettim.

Eukleides'in Amnesia'da dans etmeyi çok seveceğinden emindim. Ben de sevmiştim. Dans eden insanların, özgürleşen bedenlerin içinde olmak çok hoşuma gitti. Barda sevgiyle öpüşen, birbirine âşık iki erkeği seviyordum. Cambaz ayaklarının üstünde dans edenleri seviyordum. Gelen herkesin hiçbir kalıba sığmayan gerçek benliklerini bulabildiği, istediği gibi giyinebildiği, saçını ve vücudunu istediği şekle sokabildiği, cinsel dürtülerini bastırmadığı, kuralları ve biyolojik saatleri yok saydığı bu yeri seviyordum. Işıklarla lazerleri, hatta kuru buz makinelerinden gelen ani bulut patlamalarını seviyordum.

Salonun üst kısmında boylu boyunca uzanan balkonlara, üzerinde biraz hüzünlü bir psişik sisin asılı kaldığı VIP bölümüne, masalarının yanında durmuş buz kovalarının ve boşalmış şampanya şişelerinin etrafında salınan insanlara baktım.

Sonra gözlerimi tekrar DJ kabinine diktim. Bu kez bir şeyi yakalar gibi oldum. Kırılgan bir karanlık. Belki de acı. Sayısız dirseğin ve onca coşkunun arasından kendime zar zor yol açıp kalabalığın içinde ilerleyerek ona biraz daha yaklaştım. Gündüz vakti arabayla marinadaki kiralık dairesine giderken gördüm onu. Dinlediği müzik çaldığı türden bir şey değildi. Gitarla çalınan hafif bir İspanyol müziğiydi.

Derken kulüpte yaşanan gerçek zamanda, Lieke ansızın başını kaldırıp kalabalığa baktı ve beni gördü. Açıkçası, ancak kedi otelindeki bir hamster kadar göze çarpıyor olmalıydım ama beni tanıyarak gülümsedi. Karşılığında, ben de ona bir düşünce gönderdim. Daha doğrusu, bir anı. Christina'yla birlikte, elinde ayıcığıyla çekilmiş fotoğrafındaki anıyı. Yedinci yaş gününde. Sevgi ve sıcaklık. Karanlıktaki ışık.

Hayır. Yine yanlış anlatıyorum. Aslında göndermedim. Zaten olan bir şeyi açığa çıkardım. Çok kolay oldu. Adamın tekine bacağına çatal saplatmak kadar kolaydı. Tek bir anı açığa çıktığında, ötekiler de peşinden geldi, dallanıp budaklandı ve Lieke tam sonraki şarkıya geçiş yapacakken, içindeki bir şey yapma gereksiniminin gitgide arttığını hissetti. Konumunu iyi bir amaç için kullanarak annesinin isteğini yerine getirme gereksinimiydi bu. Bu yüzden başka bir şarkı seçti. Vangelis'in *Bıçak Sırtı* filmi için yaptığı albümden, Lieke küçükken annesiyle babasının sıkça çaldığı, "Memories of Green" diye bir şey.

Sonra mikrofon istedi ve insanlar ne olduğunu anlamadan, müziğin üstüne konuşmaya başladı. Alberto bana bir bakış attı. "Oldu işte..."

Başımı salladım.

Cidden olmuştu.

"Herkese merhaba," dedi Lieke şaşkın dans müziği fanlarına, o garip aksanlı İngilizcesiyle. "Normalde böyle bir şey yapmam. Müziğin üstüne konuşmam. Dansınızı bölmek istemezdim. Ama size söylemek istediğim önemli bir şey var. Bir ay önce annem öldü..."

O gece kulübe gelenlerin beklediği bir şey değildi bu tabii. İnsanların çoğu telefonlarını çıkarmış, Lieke'nin konuşmasının her ânını kaydediyorlardı.

"Pek iyi geçinemezdik... Ama iyi biriydi... Gezegenimizi çok severdi... İbiza'nın korunması gerektiğini düşünürdü... Es Vedrà'nın da... Es Vedrà'yı biliyorsunuz, değil mi? Uçakla üstünden geçtiğiniz o güzelim kaya... İşte orası, çok önemli bir yer..."

Salonu çılgınca bir tezahürat kapladı.

"Kutsal bir yer... Adaya ait mitolojinin bir parçası... Ezelden beri el değmemiş bir yer... Şimdi oraya otel yapıp üstündeki bütün yaşamı yok etmek istiyorlar... Üstelik oradan Cala d'Hort'a kadar bütün bölgeyi ele geçirmek istiyorlar... Deniziyle birlikte... Dünyadaki en eski organizmayla birlikte... Binlerce yıldır orada olan deniz çayırıyla birlikte... Okyanusu, sahili, soluduğumuz havayı koruyan o deniz çayırını ele geçirip yok edecekler..." Çok etkileyiciydi. Lieke denizdeki bir karbon yutağından söz ederek insanları coşturuyordu. "... Ama buna izin vermeyeceğiz, çocuklar. Çünkü yarınki protestoya katılacağız... Es Vedrà'yı kurtaracağız... Annem çok özel bir kadındı –bazı özelliklerini anlatsam, inanmazsınız– ama esas süper gücü insanlara, doğaya ve yaşama duyduğu sevgiydi... Değerli olan şeylere...Değerli olan şeyleri korumak zorundayız... Yarın öğleden sonra saat dörtte Café Mar y Sol'de buluşup sokaklarda yürüyecek ve buraların altını üstüne getirmelerine engel olacağız... Kimler yanımda olacak? Sosyal medyalarında bunu kimler duyuracak? Annemin hayalinin gerçek olmasına kimler destek olacak?"

Yine coşkulu bir tezahürat. Lieke bana baktı.

"Tanıdığınız herkese haber verin! Yarın görüşürüz!" Ardından ustalıkla daha hızlı bir parçaya geçiş yaptı ve o sert ritim yeniden başladı. Parçanın adı "Meteorite"tı. "Bu parça annemin, bu gece burada olan bir arkadaşına gelsin." Lieke herkese beni gösterdi. "Grace Winters'a onu ne kadar sevdiğimizi gösterelim!"

Marta, "Vayy," diyerek omzumu sıvazlarken, kulüpteki herkes avuçları patlarcasına beni alkışladı. Uçakta gördüğüm kızlar beni tanıyıp ellerini başlarının üzerinde tutarak alkışlarken, en güçlü onlar haykırıyordu.

Alberto da benimle gurur duyarak tebrik edercesine gülümsüyordu.

"Şimdi!" diye haykırdı Lieke mikrofona. "Yarın hiç olmayacakmış gibi dans edelim!"

Biz de öyle yaptık, Maurice. Dans ettik. Dans *ettim*. Amnesia'nın ortasında, şifon bluzumla. İki yeni dostumla birlikte hiç de yorgun olmayan kollarımla bacaklarımı hareket ettirdim.

Dürüst olmam gerekirse, ne zamandır böyle eğlenmemiştim.

Marta'yla Alberto eğlenmeyi seven insanlardı. Alberto kıllı göğsünü gözler önüne sererek kıçından vurulmuş bir gorilin kaotik enerjisiyle dans ederken, kızı da en az onun kadar kendinden geçmişti ama Marta'nın ritim duygusu daha güçlüydü. Çok tatlı bir kızdı, bu arada. Yetmişli yaşlara geldiğinde, gençler ya seni görmezden geliyor ya da sana çocukmuşsun gibi davranıyor. Marta bu içgüdülerin ikisinden de yoksundu. Bana gerçekten arkadaş gibi davranıyordu ve ne zamandır arkadaşım olmamıştı.

Bir süre daha dans ettik ama oradaki işimiz bitmişti. Daha doğrusu, işi yarılamıştık. Protestoyu duyurmak için daha fazlasını yapamazdık ama bir şeye daha ihtiyacımız vardı. Yirmi bin kişi yetmezdi, seksen bin avro da lazımdı. Hem de yarına kadar. Yarın olmuştu bile. Saat gece yarısı üç buçuktu. Günün ancak gece çişe kalkmam gerektiğinde gördüğüm bir zamanı.

Fakat bir planım vardı. Dokuzuncu sınıflara dünyanın en muhteşem dersinin ne kadar heyecan verici olduğunu gösterebilmek için her şeyi yapan öğretmenlerden olduğumu hatırlarsın herhalde. Bazı derslerde matematiği iskambil kâğıtlarıyla da anlatırdım. Piramit solitaire, kesirler savaşı, işlem önceliği kuralını kullanarak dört kâğıtla belli bir sayıya olabildiğince yaklaşma ve –tabii ki– bütün matematikçilerin gözdesi blackjack (namıdiğer yirmi bir ama sayıları benim kadar çok seven biri bile blackjack* denebilen bir şeye neden yirmi bir dendiğini anlamakta zorlanır).

* (İng.) Cebe sığabilen, deriden yapılıp içine kurşun doldurulmuş cop anlamına geliyor. *(ç.n.)*

"İbiza'da kumarhane var, değil mi?" dedim Alberto'yla Marta'ya, hep birlikte taksilere doğru yürürken. Harika, serin bir esinti vardı. Yazları İbiza'nın havası gece yarısı saat üç buçukta düzeliyor.

"Var," dedi Marta, biraz yorgun ama sorduğum soruyla tetiğe geçmiş bir sesle. "Ibiza Town'daki marinada. Oraya bir kere gittim ve bütün maaşımı kaybettim."

"Ama o gün ben yoktum. Gideceğimiz yer orası."

Alberto ilk kez gördüğü yeni bir türmüşüm gibi bana baktı. "*Seksen bin* avroyu kazanmak için mi?"

Bu soruyu bir süre havada asılı bıraktım. Kulübe kıyasla sessiz denebilecek sokakta, kulaklarımın her zamankinden daha güçlü çınladığını fark ettim. Umurumda değildi. Nedensiz yere çınlamalarıyla bütün gece insana sevinç veren bir müzik eşliğinde dans ettiğim için çınlamaları arasında dağlar kadar fark vardı. Nedensiz negatifler derin acıların kaynağıdır. Onunla eşdeğerde pozitif bir neden vererek negatifi sıfır yapabilirsin.

Alberto'nun cevabını sekiz saniye sonra verdim.

"Hımm. Evet. Yetenekleri bu şekilde kullanmanın normal koşullar altında etik olmayacağını biliyorum. Ama bu koşullarda normal denebilecek pek bir şey yok. Yine de siz ikiniz eve gidin... Çok geç oldu ve yarın büyük bir gün olacak."

Marta başını iki yana sallayarak geğirmesinin sesini bastırdı. Biraz çakırkeyifti ve alnına bir konfeti parçası yapışmıştı. Konfetiyi ben aldım. "Gracias, hermana," dedi. (Sağ ol, bacım; bunu duymak hoşuma gitmişti.) "Ben şekerlememi yaptım. Daha fazlasına ihtiyacım yok. La Presencia'nın lütfuna mazhar olmamış olabilirim ama sonuçta İbiza doğumluyum. Biyolojik saatim buna alışkın."

Hep birlikte taksiye binerken, Marta gideceğimiz yeri söyledi.

"Merhaba, şoför bey," dedi, İngiliz rolü yapıp beni eğlendirerek. "Casino de Ibiza lütfen, efendim." Böylece yola koyulduğumuzda, üçümüzün cebindeki para toplamda kırk yedi avroydu.

Defne

Casino de Ibiza altın mil diye bilinen zengin mahallesindeydi. O tatlı havayı içime çekerek etraftaki pahalı modern apartmanlara, onlardan daha da pahalı modern yatlara, yol kenarına eşit aralıklarla dikilmiş palmiyelere, bakımlı çiçek tarhlarına, kusursuz biçilmiş çimlere baktım.

Taksiciye parasını verdikten sonra çalıların altından çıkan bir kedi Alberto'ya geldi. Beyaz, siyah ve turuncu benekli bir sokak kedisi. Zihni sorularla, felsefi konularla ve merakla dolu bir kedi. Hayvanlar Alberto'yu çok seviyordu. Adam onları mıknatıs gibi çekiyordu. Alberto yaşlı dizleri yüzünden yüzünü buruşturarak çömeldi ve hayvancağızı okşayarak kediyle biraz sohbet etti.

Marta her zamanki gibi babası onu deli ediyormuş gibi davranarak işi şakaya vurdu. "Papá, Dr. Dolittle'cılık oynamanın zamanı mı şimdi?"

"Farları izlemenin ne kadar zevkli olduğunu anlatıyor. Hareket halindeki arabaların ışıklarını izleyerek esintiyi tüylerinde hissetmek gibisi yokmuş..." Ama sonra fare avında şans dileyerek hayvana veda etti.

İlk başta Alberto'yu deli sanmıştım ama yalnızca başkalarının anlamadığı şeyleri anlayabilen biri olduğunu şimdi görebiliyordum. Belki de delilik buydu: Başkalarının anlamadığı şeyleri anlayabilmenin getirdiği yalnızlık.

Kumarhane civardaki milyar dolarlık estetikle tam bir uyum içindeydi. Modern bir tasarımı vardı. Önündeki saksılı defne ağacı öyle kusursuz budanmıştı ki bahçecilik yarışmasında yeni birinci olmuş sanırdın. Binanın dış cephesinde çok havalı görünen, eskitme çelikten pas rengi bir kaplama vardı. İçerisi görünmüyordu ama spot aydınlatmaların dışarı vuran ışığı insana vur patlasın çal oynasın bir cennete geldiğini düşündürüyordu.

Hayatımda kumarhaneye gitmemiştim. Hayır kurumunun mağazasındaki Angela'yla bir kez tombala salonuna gitmiştim ama burası bambaşkaydı. Kapıdaki adam -saçlarını geriye tarayıp başına yapıştırmış, jilet gibi giyinmiş, bileğinde sonsuzluk sembolünün dövmesi olan bir tip– içeri giremeyeceğimizi söyledi.

"Üzgünüm ama doluyuz," dedi. "Ayrıca hepiniz fazla gündelik giyinmişsiniz." Marta'ya ve yüzündeki simlere baktı. Sonra Alberto'yu, kot pantolondan bozma şortunu, parmak arası terliklerini, önü açık Hawaii gömleğini, orman gibi göğsünü gösterdi. "Özellikle de siz. Burası şık bir yer."

Marta ciddi bir tavırla bol bol el kol hareketi yaparak adamla konuşmaya başladı ama işe yaramayacaktı.

"Fikrini değiştir," diye fısıldadı Alberto. "Ben çok zorlanıyorum. Adam çok kasmış. Aynı..." diyerek en uygun şiirsel benzetmeyi bulmak için biraz düşündü, "... tavşan götü gibi."

Böylece kapıdaki adamın zihnini, nasıl desem, *gevşetmeyi* denedim. Aslında kumarhaneye girmekten çok daha kolay oldu.

Adamı adı Javier'di. Asıl memleketi Cádiz'di. Yüzmeyi, MMA maçlarını izlemeyi, domuz eti ve köy biberi yemeyi seviyordu. Karısını geçenlerde Playa d'en Bossa'daki plajda tanıştığı İskoç bir turistle aldatmıştı. Turistin adı Alice'ti.

Bu yüzden onu tanıdığımı yeni fark etmiş gibi davrandım. "Javier!" dedim. "Vay canına. Javier'di, değil mi?"

Adam şüpheyle bana baktı. Zihni turuncu bir şaşkınlık çölü gibiydi. "Hımm. Evet."

"Sana rastladığıma çok sevindim! Ben Helen!"

Javier alnını kırıştırdı. "Helen mı? Helen diye birini tanımıyorum. Şimdi, lütfen, uzaklaşın artık buradan..."

"Alice'in annesiyim." Sonra iyice açıldım: "La madre de Alice."

Adam suratına tokat yemiş gibi oldu. Ne diyeceğini bilemedi.

"Birlikte çektirdiğiniz fotoğrafı göstermişti," diyerek en iyi saf anne performansımı sergiledim. "Gündüzleri açık çok eğlenceli bir diskoya gitmişsiniz. Ha, bir de San Antonio'da, deniz kenarındaki popüler bir kafede çektirdiğiniz fotoğraf vardı. Café Mambo. Tatlı bir adam olduğunu söylemişti. Ona çok iyi davranmışsın."

Javier'in paçası tutuşmuştu. Dalgacı bir tipe benzeyen kır saçlı, bodur iş arkadaşı ilgiyle ona bakıyordu.

"Neden söz ettiğinizi anlayamadım, hanımefendi."

"Zavallı Alice," diye rolüme devam ederken, artık iyiden iyiye eğlenmeye başlamıştım. "Resmen sana vurulmuş. Aşkını bütün dünyaya haykırmak istiyor." Ona doğru uzanıp göğsüne pat pat vurarak şantajcı bir ses tonuyla fısıldadım. "Ama ben senin bütün dünyaya duyurmak *istemeyebileceğini* söyledim. Özellikle de *birine*."

Javier şöyle bir yutkundu. Başını salladı. Anlamıştı. "Ne istiyorsunuz?"

Bir nefes alıp en makul ses tonumla konuştum: "İki arkadaşımla birlikte biraz poker oynayabilmek çok hoşuma giderdi."

Javier pes etmiş gibiydi. O ifadeyi daha önce de görmüştüm. Kısırlaştırıldıktan sonra bizim köpeğin gözlerinde.

Zavallı adamcağız bizi kapıdan geçiriverdi.

Marta kıkırdamamaya çalışarak beni dürttü. Uykulu zihni birdenbire havai fişeklerle kaplı bir gökyüzü gibi canlanmıştı. "Şu halimize bak," dedi. "Ocean's Three olduk."

"Tamam, soğukkanlı olalım," dedi Alberto, sauna kadar soğuk bir tavırla. "İşimize bakalım artık."

Rulet

İçeride sessiz bir resmiyet havası vardı. Kiliselerde görebileceğin türden. Masalarda oturmuş ya da rulet çarklarına doğru eğilmiş sessizce dua eden insanlar.

Blackjack masasının önünden geçerken, Marta soran gözlerle bana baksa da, başımı iki yana salladım. Parayı kazanmak için blackjack oynamayı denememiz anlamsızdı çünkü toplama çıkarma yapmayı beceren ve azmeden herkes kartları sayarak bu oyunda hile yapabilirdi. Dağıtılan yediden küçük kâğıtlara +1, yediden büyük kâğıtlara -1 verir, bir sonraki kâğıdın büyük mü yoksa küçük mü olacağının olasılık hesabını yaparsın. Kumarhaneler bunu yapanları yakalamak için gözlerini dört açar. Rulet çarkı daha güvenliydi. Bu yüzden oraya gittik.

Herkes temkinli davranıp parasını siyaha, kırmızıya ya da birkaç sütuna birden yatırıyordu ama bu bizim işimize yaramazdı. Bir renge yatırdığımız para yalnızca iki katına çıkardı ama tek bir sayıya oynarsak 35–1 kazanç sağlardık. 35 x 47 de €1.645 ederdi ve 1.645 fena rakam değildi. Rulet masasına otururken kendimden gayet emindim.

Bir süre oyunu izledik ve Alberto sonucu ancak çark dönmeye başladıktan sonra görebilirken, ben kazanacak sayıyı iki, üç hatta dört çevirme öncesinden görebildim. Yani iş bana kaldı. Masadakiler fişleri –hepsini birden– gördüğüm sayıya, yani otuz üçe koymama bayağı bir şaştı.

Marta masadaki küçük kalabalığa İspanyolca, "Bugün benim yaş günüm!" diyerek bana sarılıp sevinçle sahte yaş gününü kutladı. "Tengo otuz üç años."

"Doğru diyor," diye yalanı sürdürdüm. "Arkadaşım çok şanslıdır! O yüzden otuz üç!"

Çarkla birlikte top da dönmeye başlarken, gergin bile değildim. Hem bir dakika sonrasını hem de bir dakika öncesini görebiliyordum.

Derken beklenen oldu. Top otuz üçe düştü. Bizim inatçı otuz üçe.

Bir tur daha oynadık ama parayı tek bir sayıya yatırmamın şüphe uyandıracağını biliyordum. Sonuçta bir kez kazanma olasılığı otuz yedide birdi ve bu olabilecek bir şeydi. Ama üst üste iki sayıyı da tutturma olasılığı çok daha düşüktü çünkü:

$$1/37^2 = 1/1369$$

Ruletin güzel yanı, çok fazla seçenek sunması. Tek bir sayıya, bitişik sayılara, çuhanın üstüne yan yana yazılmış üç sayıya, bütün bir sütuna, aynı turda on iki sayıya birden, sayıların ilk ya da ikinci yarısına, bütün kırmızılara ya da bütün siyahlara oynayabilirsin. Seçeneklerin çokluğu seni baştan çıkarabilir. Hayatta olduğu gibi, bu oyundaki risklerle ödülleri de teraziye vurarak ona göre davranabilirsin. Hem temkinli davrananlara hem de risk almayı sevenlere hitap eden bir oyundur.

Böylece, Alberto'nun da teşvikiyle, tek tek sayılara oynamaktansa birkaç kez renklere para yatırdım. Sonra, Marta tuvalete giderken, ben de bitişik iki sayıya daha düşük bir miktar yatırarak kasten kaybettim. Ardından son on iki sayıya büyük bir meblağ yatırdım. Artık on beş binden fazla kazanmış ve dikkat çekmeye başlamıştık.

"Palyaçobalığı değil, mürekkepbalığı gibi olmalıyız," diye mırıldandı Alberto. "Fazla göz önündeyiz."

Ama sonra yine Ibiza Town'da yanından geçtiğim adam aklıma geldi. O adam yalnızca önceki gece parasını kaybetmiş biri değildi; kazananın kim olduğunu görmeye çalıştığımda, karşısında Art Butler'a fazlasıyla benzeyen birinin oturduğunu gördüm.

"Poker," diye fısıldadım Alberto'ya.

Tam o anda tuvaletten dönen Marta hayalet görmüş gibiydi. Marta'ya baktım. Alberto da ona baktı. İkimiz de hemen anladık.

Marta az önce Art Butler'ı görmüştü. Adam kumarhanedeydi. Poker salonundaydı.

*Dönemeç ve Nehir**

Fişlerimizi alıp gizli bir mabede benzeyen poker salonuna doğru yürüdük.

"Bir saniye," dedim içeri girmeden önce.

Marta başını yana eğdi. "*Ne* oldu?"

"Senin girmemen lazım."

Alberto da beni destekledi. "Grace haklı. Elvis Presley. Radyo. Şarap kadehi. Hepsi seni uyarmak içindi. Sen dışarıda kal…"

"Sen de onunla kalmalısın," dedim, uzaktaki bakara masasından alkışlar yükselirken. "Ona göz kulak olman lazım."

Marta bundan hoşlanmamıştı. "Oraya tek başına girmene izin veremeyiz."

"Artık koca kız oldum. Bir şey olmaz."

Alberto isteksizce homurdanarak fişlerini bana verdi. Kızı da öyle yaptı. "Tamam," diyerek içini çekti Alberto. "Ama fazla uzakta olmayacağız."

Böylece poker salonunun gerilimli sessizliğine ve Art Butler'ın ürkünç gizemine doğru yürüdüm.

Art üstünde buruşuk görünümlü keten bir gömlek ve gömlekle uyumlu bir kaş çatışla, öteki oyuncularla birlikte oturuyordu. Gözleri yalnızca kendi kâğıtlarına odaklanmıştı. Fakat bunun dışında başka bir şey algılayamadım. Jackson Pollock tablosunda figür görmeye çalışmak gibi bir şeydi. Adamın zihni karmakarışıktı ve girişi engelleyen bir güçle uğulduyordu.

Christina onu öldürmek isteyenin kim olduğunu bu yüzden

---

* Türkçede kullanılmayan bu poker terimleri metnin okunabilirliği açısından aynen çevrilmiştir. (*ç.n.*)

görememişti. Art neredeyse geçit vermez biri olduğu için. Adamın zihni Fort Knox gibiydi.

Turuncu yelpazeli bir kadın başını Art'ın omzuna yaslamıştı ama Art kadının farkında değil gibiydi. Erimiş mum gibi bitkin görünse de, oynadığı oyunu kazanmaya kararlı olduğu beliydi. Kazandı da.

Masaya oturup gerekli miktarı, yani yüz avro değerindeki siyah çipi yeşil çuhanın üstüne bıraktım.

Art bana baktı. Ne düşündüğüne dair hâlâ bir fikrim yoktu ama bir şey yokmuş gibi davrandığı kesindi.

Planım biraz para kazanıp Art'ın zihnine girmeye çalışmaktı.

Bir taşla iki kuş.

Devam etmeden önce, burada hayatımda hiç poker oynamadığımı söylemem lazım. Dokuzuncu sınıflara verdiğim örneklerde poker hiç yer almamıştı ve hiç kumarhaneye gitmemiştim. Buna rağmen ansızın oynayabileceğimi fark ettim. Poker sahneleri içeren öyle çok film izlemiş, öyle çok kitap okumuştum ki -gelişmiş zihinsel gücüm sayesinde- kimsenin zihnini okumama gerek kalmadan oynayabilecektim.

Şimdi.

Texas hold'em.

Benimle Art Butler'ın dışında, altı oyuncu daha vardı.

Bunlar: Müzik hukukunda uzmanlaşmış elli yaşında Angloamerikan zengin bir adam ve o an kokain yüzünden uçmakta olan Melissa diye bir kişisel gelişim uzmanı. Seksen bir yaşında José diye bir restorancı. Bir ilaç şirketini miras almış, yatı kısa bir yürüyüş mesafesinde duran, yeni boşanmış, Dietmar diye eski bir milyarder Alman. Art Butler'ın kaplıca otelinde kalma masrafını şirkete ödeten, kumarhaneye yakındaki Pacha'da dans ettikten sonra gelmiş, köpekleriyle annesini ve Milano'daki erkek arkadaşını özleyen, hafiften sarhoş, Atlanta'da yaşayan Benjamin diye duygusal bir adam. Varlık yönetiminde çalışan ve kimsenin görmediği erotik şiirler yazan, yandaki otelde yatarak okumaya çalıştığı romana konsantre olamayıp kocasının yanında gözüne uyku girmeden öylece yatmak istemediği için kumarhaneye gelmiş Parisli uykusuzluk hastası Anne. Michelangelo heykellerindeki gibi pazuları olan, Flavio diye İtalyan bir sanat taciri. İşte sokakta yanından geçtiğim adam oydu. Dün gece parasını Art'a kaptırmış ve kaybetmeye doymamıştı. Tabii bir de Art Butler vardı.

Hem orada hem de çok uzaklardaydı.

İlk el kötü gelince oyundan erken çekildim. İkinci tur da hemen hemen aynıydı ve Art elindeki maça floş sayesinde büyük para kazandı. Yine zihnini okumayı denedim ama bir şey göremedim. Ne bir bilgi, ne bir duygu, ne bir psişik metin ya da bağlam. Zihnine ancak zayıf bir noktadan girebileceğime dair güçlü bir sezgim olduğu için onu yenmem gerektiğini biliyordum ama o âna dek görünürde bir zayıflık –hatta herhangi bir şey– yoktu.

İşler üçüncü turda ilginçleşmeye başladı.

Flop'tan sonra elimde iki altılı vardı. Ardından dördüncü ve beşinci kartlar da açıldı. Dönemeç ve nehir (pokerin sadece kurallarını değil, gayet şiirsel terimlerini de biliyordum artık). Bu kez iki de papazım olmuştu.

Epey güçlü bir eldi.

Ötekilerin ellerini sezdim.

Melissa'da iki tane üçlü vardı. Dietmar'ın eli güçlüydü –beşli dizisi vardı– ve fişleri masaya yığıp bahis miktarını artırmaya hazırdı. Ortada bin dört yüz avro vardı. Oyundan çekilmek istemiyorsam, en azından Dietmar'ı görmek zorundaydım. Ben de parayı yatırdım. Ellerinde bir şey olmayan Anne, Benjamin ve José oyundan çekildiler. Hem masada hem de Flavio'nun elinde sekizli vardı. Biraz düşündükten sonra o da oyundan çekildi. Art bahsi artırdı. Melissa gördü.

Dietmar'ın zihnine şüphe sokmanın zamanı gelmişti. Bunu yapmak kolaydı. Plajdaki lokantada gördüğüm zavallı Brian'dan sonra rastladığım en uysal ve esnek zihin onunkiydi. Zihnine çok dolaysız bir şüphe soktum: *Bir terslik var.*

Birden öyle gerildi ki oyundan çekilerek kendini de şaşırttı.

"Bunu neden yaptım ki?" diye sordu, İngilizce.

Geriye Melissa, Art ve ben kalmıştık.

Kokainin düşüşünü yaşadığı için paranoyaklaşıp kasılmaya başlayan Melissa, tatilden sonra tam bir hafta meyve suyundan başka şey tüketmeyip ashtanga yoga yapacağına yeminler ederek oyunu bıraktı. Art'la ikimiz kaldık. Art bana baktı. Bakışına karşılık verdim. O an masaya oturduğumdan beri ilk kez bir açık, zihin dokusunda minicik bir yırtık yakaladım. Hiç zaman kaybetmedim. Pencereden giren bir soyguncu gibi zihnine dalıverdim.

Art içkisini yudumlarken, elinin benimkine benzediğini fark ettim. İki çiftlisi vardı. İki dörtlü ve bende de olduğu gibi iki altılı. Aradaki fark bendeki iki papazın ona karşı koz olmasıydı. Ama görmek istediğim yalnızca kâğıtları değildi. Fırsattan istifade, daha derine daldım.

Çelişkiler

Art Butler'ın zihni bir çelişkiler yumağıydı. İçinde iyi denebilecek bir şey yoktu ama bol bol karşıt güç içeriyordu.

Gurur ve utanç, ego ve güvensizlik, soğukluk ve sıcaklık, korku ve kararlılık, apati ve tutku, çekimserlik ve dürtüsellik kol geziyordu zihninde. Adam oturan bir paradokstu. Dibine kadar kusurlu bir yaşam formu. Kısacası, insandı.

Ama. *Ama.* Bir şey daha. Zihninde ulaşabildiğimden daha fazlası vardı. Hayal meyal sezebildiğim bir şey. Orada bir şey hem vardı hem de yoktu. Karanlığı ve ışığı bulandıran görünmez bir unsur, ruhunun mağarasında gizlenen gizemli bir *yarıgölge*. İncinmiş, üzgün ve hassas bir şey.

Onu çok esrarengiz ya da karizmatik biri gibi göstermek istemem. Sonuçta katildi. Siyasetçi Ricardo Martínez'i öldürmüştü. Belki başkalarını da. Christina'yı da öldürecekti. Marta'yı öldürmeye hazırdı. Ama bilmek fethetmektir. Onu tanımak istiyordum.

Bana çarpıcı gelen başka bir şey de zihninin bir çeşit özlemle kaplı oluşuydu. Doldurmaya çalıştıkça daha da çöken bir çukur gibi göründü gözüme bu özlem. Art o çukurdaydı. Çukurun içindeydi. Düştükçe düşüyordu. 889 milyon sterlini vardı ve onu bir milyar yapmak için yanıp tutuşuyordu. Çok büyük bir yatı vardı. Durmadan gezip dolaşıyor, içiyor, pahalı şeyler tüketiyordu. Ama aslında yaşamadığını fark ettim. Yaşama fikrinin yerine başka bir şeyi, doyurulması imkânsız bir çeşit açlığı koymuştu.

Art elini açınca, ben de açtım. Yaşadığı yenilgiye de her şeye verdiği tepkiyi verdi; bunu kişisel algıladı. Ben fişleri önüme çekerken,

Art'ın öfkesi iyice arttı. Zihnimde onu çayıra yansıyan bir gölge gibi hissettim.

Tekrar oynadık. Yine kazandım. Melissa oyundan çıkınca oyuncu sayısı altıdan beşe düştü. Bir şey kazanamayan Dietmar da esneyerek gidince, dörde.

Zihinlerinden herkesin elini görebildiğim için, ne zaman oynayıp ne zaman çekileceğimi biliyordum. Yaşamın kodunu çözmüş gibi hissediyordum kendimi. Hangi eli açıp hangi elde pas geçeceğimi biliyordum. Elim kötü olduğu halde oynayıp yine de kazanabileceğim turları biliyordum. Temkinli davranmakla bile uğraşmıyordum. Onu zayıflatmak, kırılganlaştırmak istiyordum. Öfkelenmesini göze alarak riske giriyordum ama kalkıp gitmek daha riskliydi. Bu yüzden devam ettim.

Fakat burada dürüst olmam lazım.

Çok *eğleniyordum*. Az şey değildi bu.

Zevk almak!

Ben. Ömründe piyango bileti bile almamış biri. Biliyorum, eski bir öğretmenin eski öğrencisine sabahın beşinde poker oynamanın ne kadar zevkli olduğunu anlatması korkunç bir şey olabilir ama konu kumar değildi. Yaşlı dulların yapmaması gerektiği düşünülen bir şeyi yapmanın verdiği histi. Caesar geri gelmişti de, Rubicon'u geçiyordu sanki. *Dönemeç ve nehir*. O gece risk alıp eski halimi geride bırakmış ve kendime ait alanı genişletmiş gibiydim. Kim olduğumuzu belirleyen kurallar bazen de yıkılmak zorundadır. Çok daha derindeki bir şeye itaat etmek zorundayız bazen. Karl'ın İbiza'ya gelip yeni ortaya çıkmış paranormal yeteneklerimi kullanarak psikopatın tekiyle poker oynamama ne diyeceğini düşünürken, bunun gereksiz bir düşünce olduğunu fark ettim. Hayaletlerin dikte ettiği hayat benim için geride kalmıştı artık. Özellikle de yaramazlık maskesi altında iyi bir şey yapıyorsan, yaramazlık yapmak güzeldi. Masaya oturduktan sonra bir saat içinde, kumarhanede daha önce kazandığımla birlikte, elli altı bin avro toplamıştım. Başka bir deyişle, gerekli paranın yarısından fazlasını kazanmıştım. Yalnızca oyunun değil, gizemli Art Butler'ın ipleri de benim elimdeydi sanki.

Krupiye –anne figürüyle sorunları olan uzun boylu bir adamdı– bana gülümsüyordu. Art Butler'dan pek hoşlanmıyordu. Art ağzını bile açmadan öylece oturuyordu. Etrafımız bayağı kalabalıklaşmıştı.

Her şey yolundaydı.

Derken son turu da kaybeden Art'ın bana gülümsediğini gördüm. O gülümserken ani bir dehşete, varlığından habersiz olduğum bir tuzağa düştüğüm hissine kapıldım.

"Çok garip," dedi Art, masaya ilk oturduğumda bana baktığından beri ilk kez konuşarak. "Pokerde yapılması gereken, diğer oyuncuların zayıf noktalarını bulmaktır. Hata yapmalarını sağlayacak şeyleri. Ben seninkini buldum sanırım. Yandaki salondaymış."

Sonra yüz ifadesi değişti ve Art yoğun bir öfkeyle çıkışa doğru baktı. Bunu diğer oyuncular bile fark etti. Ama neler olduğunu anlayamadılar tabii.

İşte tam o anda, olanlar oldu.

Yandaki salondan yükselen gürültüyü o anda duydum. Bir çığlık yükseldi. Alberto'nun zihninden yayılan korkunun gücünü hissettim. Bir görüntü, koku ya da panik alarmı kadar netti.

Sonra da uzaktan gelen sesini duydum.

"Marta!"

Dayanması Güç

Bir şeyin yaşanmış olması, ona inanmanı gerektirmez. Benim tek yapacağım, gerçeği hatırladığım haliyle aktarmak, gerisi sana kalmış. Senden tek istediğim, zihninde olasılıklara açık bir kapı bırakman. Hayatı anlamanın bitiş çizgisine asla ulaşamayız. Hayatta ve evrende keşfedilecek şeyler hiç bitmez. Aldığım en önemli ders buydu. Varoluş çizgimizin her an çatallanabileceği. Düz bir çizgide gitmesini o kadar kanıksıyoruz ki hayatın bundan ibaret olduğunu sanıyoruz ama sonra ansızın kıvrılıp dolanıyor, birdenbire dik açı çiziveriyor.

Neyse.

Başlıyorum.

Olanları hatırladığım şekliyle anlatacağım.

Poker masasından kalkıp ana salona geçtim.

İçeri girer girmez Marta'nın o tatlı çizgili pantolonu, mavi puanlı tişörtüyle baklava desenli halının üstünde sırtüstü yatmış nefes almaya çalıştığını gördüm. Başında küçük bir kalabalık vardı. İnsanları iterek aralarından geçtim. Marta'nın yanakları hafif morarmış, dağınık saçları bir şeyle mücadele ediyormuş gibi iyice dağılmıştı. Etrafında bir kalabalık toplanmıştı. Alberto kızının yanında diz çökmüştü. Çocuksu bir korkuyla bana baktı. Gözleri kocaman açılmıştı.

"Grace, onu bırakmıyor... Bir şey yap... Ben denedim... Adam çok güçlü..."

"Marta?"

Marta elleriyle kendi boynuna yapışmıştı. Nefes borusunun sıkıldığını hissettim. İnsanlar kumarhane çalışanlarını çağırıyordu.

Çalışanlardan biri blackjack masasından ayrılmamış, telefonla ambulans çağırıyordu. Derken ansızın bir şey oldu. Elindeki telefondan dumanlar çıktı ve kadın içgüdüsel olarak kolunu savurup telefonu elinden attı. Cihaz paramparça olup yanarak küle döndü.

Bunu yapan oydu. Hâlâ orada, poker masasında oturmuş zihin gücüyle canının istediğini yapıyordu. Korkunç bir şeydi. Böyle bir cinai güçle karşı karşıya olmak. Soğukkanlılıkla gülümseyen. Hukukun ve gerçekliğin çitleri olmasa, kötülüğün etrafta nasıl da özgürce dolaşabileceğini görmek.

Ben de diz çöktüm.

"Marta, yok bir şey, yok bir şey..." O koşullar altında söylenebilecek en saçma şeydi. Fakat zihin gücüyle koca adamların bacağına çatal saplatabiliyor ve ıstakoz tanklarını paramparça edebiliyorsam, daha yakın mesafeden daha küçük ölçekli bir şeyi de yapabileceğimden, mesela resmen birkaç santim uzağımdaki sıkılmış bir nefes borusundan hava geçmesini sağlayabileceğimden emindim. Çabuk davranmam gerektiğini biliyordum. Marta'yı ambulansa koyup götürdükleri takdirde onu bir daha göremeyebilirdik.

Önümde iki seçenek vardı. Ya poker salonuna dönüp Art'la mücadele ederek onu etkisiz hale getirecek ya da Marta'nın yanında kalacaktım. İt ya da çek. Yak ya da yan. Ben Marta'nın yanında kaldım.

Daha önce ne dediğimi biliyorum. Zihnimin artık bir beden gibi olduğunu, bedenler nasıl fiziksel alanlarda dolaşabiliyorsa, zihnimin de artık hiçbir engel tanımadan her yerde gezinebildiğini, isteklerimin güçlü bir enerji kazandığını söylemiştim. Bu durum hâlâ geçerliydi.

Ama çok zordu. Her şeyden daha zordu. Marta'nın rahatça nefes alabilmesini kimsenin isteyemeyeceği kadar çok istediğim halde zihnimle bir duvarı iter gibiydim. Hayır. Yanlış benzetme oldu. Daha çok halat çekme oyunu gibiydi. Bir an ilerleme kaydettikten –ona bir parça nefes aldırabildikten– sonra kendimi ona yardım edemeyecek kadar güçsüz hissediyordum.

Çünkü tabii ki her bir isteğimin karşısında beni aksi yönde iten karşıt bir güç vardı.

O sırada bütün salon sessizleşti. Artık ne bir ses ne de havada uçuşan düşünceler vardı. Çünkü bu kez salondaki herkes yere serilmişti. Marta gibi nefesleri kesilmemişti. Yalnızca bilinçleri geçici olarak etkisiz hale getirilmişti. Bir hipnozcu tarafından uyutulmuş gibi. Ama toplu olarak ve hipnozcuyu duymadan. Yere serilmeyen bir tek Alberto vardı çünkü –yetenekleri hâlâ tam kaybolmadığı için– onu kontrol altına almak biraz daha zordu. Buna rağmen o da kasırgaya yakalanmış gibi Marta'dan uzaklaştıkça uzaklaştı ve sonunda bir slot makinesine mıhlanıp kaldı.

"Boğazımı sıkıyor," diyerek elimi sımsıkı tutmayı başardı Marta ama sonra eli yeniden gevşedi. Sesi hırıltı halinde çıkmıştı. Parmakları bir çiçeğin taç yaprakları gibi açılıp öylece kaldı. Art'ın planı belliydi. Marta'yı öldürüp bu işten de paçayı sıyıracaktı. Buna izin veremezdim.

Taktik değiştirdim. Marta'nın nefes yolunu gevşetmeye yoğunlaşmak yerine poker salonuna doğru bakarak Art'ı itmeye odaklandım. Ama poker salonunda değildi.

Tam karşımda, yere serilmiş vücutların tepesinde duruyordu. Viski bardağı elinde öylece dururken, dudak uçları kedi kuyruğu misali yukarı kıvrılıverdi.

"Selam, Grace," dedi. "Nasıl gidiyor?"

Minyatür Şişe

Marta yanı başımda nefessiz kalmak üzereydi. Alberto hâlâ kumar makinesine yapışmış vaziyette, acılı bir yüz ifadesiyle Art'ın gücüne karşı koymaya çalışıyordu.

"Büyük hata ettin," dedi Art, yüzünde neredeyse içten bir ifadeyle bana bakarak. "İbiza'ya hiç gelmemeliydin. Olduğun yerde kalman gerekirdi, ihtiyar teyze. Kanepenin üstünde."

Gözlerimi ondan ayırmadım. Bu kez içinde kazıya çıkmış gibiydim. Gerçeği görüyordum. Tehdit edip zarar verdiği, öldürdüğü siyasetçileri ve protestocuları. Seçtiği her yeni arazide yaşamı hiçe sayışını. Fakat aynı zamanda acısını da görüyordum. Pütür pütür, açık bir yara gibiydi. Altı görünmeyen bir ışıltı. Yakasını bırakmayan bir anı. Babasını garajda ölü buluşu.

Alberto'nun sözlerini hatırladım.

La Presencia'nın güpegündüz görüldüğü tek olay. Dokunduğu kişi yetişkin değilmiş. Çocukmuş. İngiliz bir oğlan. Burada tatil yapıyormuş. Az kalsın boğulacakmış. Plajdan denize girip çok fazla açılmış ve kimse yardımına yetişememiş. Babası onu gördüğünde artık çok geçmiş. Çocuk dibe çökmüş. Yedi dakika boyunca suyun altında kalmış. Resmen ölmüş...

Art'ı plajdaki bir çocuk olarak gördüm. O zamanki adıyla Arthur. Artie. Plaj, Cala d'Hort'tu. Annesi romanını, babası *The Times*'ı okurken, dalgaları yakalamak için çukur kazmaktan sıkılmıştı. Yüzmek istemişti.

Art'ın Es Vedrà'ya kadar gidebileceğini düşünerek gitgide açıldığını gördüm. Derinliğin boyunu kat kat aştığını, güçlü akımların kıyıya dönmesini engelleyeceğini fark ederek etrafa bakındığını gördüm. Küçük kollarının tek bir kulaç daha atamayacak kadar ağırlaştığını hissettim. Çenesi suya gömülürken annesiyle babasına seslendiğini, panik içinde çırpındığını hissettim... Babası nihayet onu gördü. Başını ansızın yukarı kaldırdı ve avucunu kuma bastırarak kalkıp denize koştu. Yüzüstü yüzerek deliler gibi kulaç attı ama yetişemedi. Onu daha erken görmediği için, Artie babasını hiç affetmemişti. "Sana kalsa ölmüştüm." Babası, olmasına ramak kalan şeyle de, olan şeyle de baş edememişti. Aklını yitirir gibi olmuştu. İçmeye başlayıp sonunda kendini asmıştı ve bunlar Artie'de öyle derin bir acıya yol açmıştı ki acıyı hissetmemek için yanında bir kutu kibrit taşımayı, zaman zaman avucunda bir kibrit çakmayı âdet haline getirmişti.

Viskisini yudumlayan Art'a bakarken, böyle bir şey olamayacağını düşündüm. La Presencia güçlerini ancak kötüye kullanacak birine asla dokunmazdı.

"İşte burada yanılıyorsun," dedi Art, ben bilincini yitiren Marta'nın yanında diz çökmüşken tepemde dikilmeye devam ederek. Bunu sesli söylemişti ama onu zihnimde hissedebiliyordum. "Kendini özel zannettiğini biliyorum, Grace. Sana ne dediklerini biliyorum. En azından Joan Bonanova'dan bu yana en güçlü yeteneklerin sende ortaya çıktığını söylediler. Ama kafadan atıyorlar. Doğru değil. Gördüğün gibi, bendekilere kıyasla senin yeteneklerin ne yazık ki gayet vasat. La Presencia bana *çocukken* dokundu. Annemle babam öldüğümü sanırken, ben tam yedi dakika boyunca onunlaydım. O benim için çabalarken bütün okyanus parladı. Artık benim içimde. Beni seçti. Ailem beni korumadı ama La Presencia kurtardı. Bendeki potansiyeli gördüğü için. Benim neye dönüşebileceğimi gördü. Ben buraya para kazandırıyorum. Aldığım şeyi geri veriyorum. Güzel deneyimler yaşatıyorum..."

"Hayır," derken, Art'ın zihnindeki her şeyi olduğu gibi görüyordum. "Yaşamı yok ediyorsun. Başka bir şey yaptığın yok. Marta'yı öldürmek istiyorsun çünkü yarınki protestoyla Es Vedrà'da otel yapılmasını önleyeceğini biliyorsun. Bunu Christina'nın da yapabileceğini biliyordun. Otellerinden biri için yapılan başvuruyu veto ettiği için Ricardo Martínez'i sen öldürdün. Okyanusun sana verdiği gücü kullanarak korkunç şeyler yapıyorsun. En tartışmalı bölgelerle en hassas habitatları seçiyorsun çünkü bu sayede kontrolün sende olduğunu hissediyorsun. Annenle baban seni kurtarmak için yanında değilken hissedemediğin şeyi hissetmeni sağlıyor bu."

"Çocuğunu ihmal etmenin nasıl bir şey olduğunu sen de iyi bilirsin, Grace..."

Marta artık nefes almıyordu. Hareket etmiyordu. Bu hareketsizliğin ne korkunç bir şey olduğunu gayet iyi biliyordum.

"Onun için üzülme. Özel biri değildi. La Presencia bile bunu anlamıştı. Seçilmişlerden olamayan zavallı Marta..."

Art bir şey dememi istiyordu. Onunla iletişim kurmamı istiyordu. Nefret nefreti ister. Ama bunu yapmama gerek olmadığını fark ettim. Nefretle karşılık vermem gerekmiyordu. Çünkü Alberto'nun elinde tuttuğu şeyin ne olduğunu anlamıştım. O rom şişesi. Alberto'yla ilk karşılaşmamızda gösterdiği minyatür rom şişesini hatırlıyordum. Karısının ölümünden sonra içkiyi bırakmasına yardım ettiğini anlattığı şişe. O an elindeydi. Cebinden zar zor çıkarabilmişti. Art onu sımsıkı olduğu yerde tuttuğu için elini çevirip gösteremiyordu. Gerek de yoktu. Çünkü parmaklarının arasından sızan parlak ışığı görebiliyordum. O ışığın ne olduğunu biliyordum. La Presencia'nın özü.

Bu yüzden Art'a ya da Marta'ya değil, Alberto'nun o kalın, yaşlı, güneşte kavrulmuş parmaklarına odaklandım. Parmakları açtım. Şişe halıya düştüğü için kırılmadı ama Art düştüğünü duymuş ya da fark etmiş olmalı ki bir an dikkati dağıldı. Ben de şişeyi zihin gücümle kırıp içindeki şeyi serbest bıraktım. La Presencia halıya emilmeyi reddeden küçük ve parlak bir su birikintisi halinde öylece kalıp Marta'ya doğru gelmeye başladı.

"Dur," diye emretti Art. "*Dur!*"

Ama durmadı. Bacakları olmayan akışkan ve parlak bir yaratık gibi gitgide daha da ışıldayarak yerde süründü ve Marta'ya kadar gelip saçlarından, teninden yukarı çıkarak ağzından içeri girdiğinde, Marta öksüre öksüre hemen gözlerini açtı. Capcanlıydı.

Benim gözlerimle birlikte o gözler de, kumar makinesine mıhlanıp kalmış Alberto'nun gözleri de Art'a kenetlendi. Olmuştu işte. Artık üçümüzde de La Presencia'nın bize vermeyi seçtiği yetenekler vardı.

Derken daha da inanılmaz bir şey oldu. Marta'nın vücudu parladı. Muazzam bir parıltı değildi ama parladığına şüphe yoktu ve çok uzun sürmese de yeterince uzundu. Damarları boyunca şehirdeki araba farları gibi ilerleyen nokta nokta, titrek, mavi ışıklar. Ya da Alberto'nun sonradan diyeceği gibi, okyanusun derinliklerindeki binlerce fenerbalığına benziyorlardı.

Derken içimde garip bir şey hissettim. Mutlak bir *dinginlik* hissi. Bir kumarhanenin ortasında, yere serilmiş bir sürü insanla çevriliyken ve insanüstü güçlere sahip psikopat bir katille yüz yüzeyken, böyle hissetmem çok saçmaydı. Bu dinginliğe içimi kaplayan bir sıcaklık ve birlik olma hissi eşlik ediyordu. Eksik olan bir şey tamamlanmış gibi hissettim. Elime baktım ve benim damarlarımdan da minik noktalar halinde ışıkların geçtiğini gördüm. Alberto'ya da aynı şey olmuştu. O da gördüğüne inanamayan gözlerle ellerine bakarak kahkahalarla gülüyordu.

"Hepsi birleşti… Aramızda bağlantı kuruyor!"

Marta pankartında yazan şeyi hatırlayarak ayağa kalkarken, La Presencia'nın ateşböceklerine benzeyen ışığı hâlâ vücudunda dolaşıyordu. "Nos alzamos como el océano."

Art şaşkınlık ve dehşet karışımı duygular içindeydi. Kendi ellerine bakıp onlarda da ışık dolaştığını görünce rahatladı. "Bana bir şey yapamazsınız!"

Ama yine de kaygılıydı. Saldırıya geçmek için iyi bir zaman olmadığını hissetmişti. Kaygısı geri çekilmesini sağlayacak kadar büyüktü. La Presencia'nın ışığı hepimizde sönerken, Art uzaklaşmaya başladı.

"Yarın," diyerek parmağını bize doğrulttu giderken, yaşanacakların dehşetini içeren bir sözcük bulmuş gibi. "Bu iş yarın bitecek."

Kumarhanedekilerin bilinci geri geliyor, herkes uykulu gözlerle, şaşkın şaşkın ayağa kalkıyordu. Salonda bu kez hayret nidalarını ve mırıldanarak sorulan soruları içeren, ortak şaşkınlığı anlatan genel bir konuşma balonu vardı yine.

Alberto kaşlarını çatarak kızına baktı. "Böyle gitmesine izin veremeyiz. Az önce seni öldürmeye kalkıştı... Adam katil."

"Oteli durdurabiliriz," dedi Marta. "Yeterli sayıda insan olacak. Paranın çoğunu kazandık, üstünü tamamlayabiliriz. Yapabiliriz. Kumarhane kapanmıyor..."

Art Butler kapıya geldiğinde, gözünü dikmiş ona bakan insanlara bir bakış attı. Bir şey daha diyecekti. Seğiren dudaklarının ardında yumurtadan çıkmayı bekleyen, tam şekillenmemiş uzun bir monolog olduğunu hissettim. Sonra bir kez daha düşündü ve fuayeyi, güvenlikleri geçip doğmak üzere olan güne çıkarak çekip gitti.

Orada bir sürü şahit olduğu için, hiçbir şey yapmadan, gidişini izledik. Ardından poker salonuna gidip, *Biraz fazla kolay oldu*, diye düşünerek fişlerimi aldım.

Çünkü cidden kolay olmuştu.

Toplanış

Marta göz kamaştırıcı sıcakta, göl kenarında konuşuyordu. Güneş, ışığını binlerce mücevher misali suyun üzerine saçmıştı.

Bütün protestocularla birlikte Ibiza Town'ın sokaklarından geçerek yaptığımız yavaş ve gürültülü yürüyüşün ardından ulaştığımız, Parc de la Pau'daki küçük bir göldeydik.

Sonradan *Diario de Ibiza*'da o perşembe öğleden sonrasında Ibiza Town sokaklarında yirmi binin üstünde protestocu olduğu yazacaktı. Aslında gerçek sayı yirmi bin dört yüz elli ikiydi.

İbiza'da görebileceğin her türden insan gelmişti. Yaşlısı genci. Hippisi işinsanı. Yerlisi yabancısı. Zengini fakiri. Elektronik dans müziği fanatiği yogisi. Modernisti gelenekçisi. Kökten değişimcisi gericisi. Süper sağlıklısı ve sürekli akşamdan kalma olanı. Bağıranı sessiz kalanı. Kazananı kaybedeni. Aileler, arkadaş grupları, tek gelenler. Bir de davulcular. Bir sürü davulcu. Davulcular olmasa da olurdu, açıkçası.

Marta'nın yaptığı konuşmanın üstünkörü tercüme edilmiş bir özetini veriyorum:

"Arkadaşım Christina'yla birlikte internete girip Es Vedrà'ya otel yapılmasını protesto etmemiz gerektiğini söylediğimizde, yüz kişi falan bekliyordum. Bugün hepinizi burada görmek müthiş bir şey. İbiza özel bir yer. Keşke Christina da bugün burada olabilseydi. Bu manzaraya bayılırdı. Geldiğiniz için hepinize teşekkür etmek isterdi. Bugün ayağa kalkıp gücü elinde tutan insanlara doğayı korumak istediğimizi söyleyeceğimiz gün olacak... Çünkü doğayı yok ettiklerinde, bizden bir parçayı da yok etmiş oluyorlar. Bugün Sofia Torres'e çiçek türlerinin yok olmasını istemediğimizi söyleyeceğiz.

Keçilerin vurulmasını istemiyoruz. Bu adanın en değerli yerlerini yok edecek daha fazla anlaşma istemiyoruz. Art Butler'ın ve Sekizinci Mucize Otelleri'nin adayı talan etmesini istemiyoruz artık. Bu adanın iyiliğine olan şey, bizim için de iyidir. Burayı özel yapan şeyleri korumayı sürdüreceğiz. Deniz gibi yükselmeyi sürdüreceğiz... yükseliyoruz. Bugün Sofía Torres ve Art Butler'la konuşup Sofía'nın basın toplantısı başlamadan önce en az yirmi bin kişi topladığımız ve seksen bin avro bulduğumuz takdirde Es Vedrà anlaşmasına verdiği desteği çekeceği sözünü tutmasını sağlayacağız. Dolayısıyla partisinin desteği de geri çekilmiş olacak. Yani anlaşma falan olmayacak. Yapacağımız şey bu! Talamanca'daki, Talamanca plajının yanındaki Sekizinci Mucize'ye kadar yürüyeceğiz ve..."

Marta bu işte çok iyiydi. İleri geri yürüyor, yumruklarını rock starlar gibi havaya kaldırıyordu. Kalabalık gerekli yerlerde tezahürat yapıyordu. Her şey iyi gidiyordu. Plaj çantamın içinde seksen bir bin avro nakit vardı.

Yine çok eğleniyordum. Protestoların öfkeyle ya da ağırbaşlı bir umutla dolu şeyler olduğu düşünülür ama gayet meditatif ve şifalandırıcı da olabiliyorlar. Kendinden daha büyük bir şeyin parçası olmanın getirdiği bir şey bu. Sözcüğün gerçek anlamında, bir çeşit kendinden vazgeçiş. Yoldaşlarından oluşan bir sürünün içinde yüzen ringa balıkları da böyle hissediyordur herhalde.

Artık tek yapmamız gereken, hep birlikte yürüyerek Sekizinci Mucize'nin saat beşte başlayacak basın toplantısından önce Talamanca'ya gitmek, parayı ve insanları Sofía Torres'e göstermekti ve bunun ardından ya sözünü tutacak ya da bütün adanın gazabını üstüne çekecekti.

Fakat bir şey oldu. Planı bozan bir değişiklik.

Yan yana durduğum gazetecinin –Rosa Piera, yaş otuz sekiz, hastalık hastası, yeni boşanmış, yağmur altındaki işlek bir lunapark misali zihin– iş arkadaşından gelen WhatsApp mesajında basın toplantısının yarım saat sonra Cala d'Hort'ta yapılacağı yazdığı için öğrenebildim bunu. Resmen plajda yapılacaktı.

Alberto da anladı. "Herkese söylemeliyiz."

"Olmaz. Kafanı çalıştır. Arabayla yirmi dakikalık mesafe. Buradaki herkes oraya yürümeye başlarsa, asla zamanında yetişemeyiz. Yollar tıkanır. Hem ya Art onlara bir şey yaparsa? Çok riskli. Marta'yı bekleyip üçümüz gidelim."

Alberto içini çekti. Ne düşündüğünü biliyordum. Marta'nın konuşmasını dinlemişti ve *uzun* bir konuşmaydı.

"*Şimdi* gitmemiz lazım. Hemen. Marta'yı burada bırakalım. Biz hallederiz. Protestoya yirmi binden fazla insan katıldı, o iş tamam. Şimdi tek yapmamız gereken, parayı Sofía'ya göstermek ve o ânı videoya çekmek; Art sorun çıkarırsa da, icabına bakarız. ¡Vamos! ¡A la playa!"

Bütün Para

Basın toplantısı başlamak üzereydi.

Plaja küçük bir sahne kurulmuş, gazeteciler kumların üstündeki sandalyelere oturmuş, sandalyelerin ortasında dar bir aralık bırakılmıştı. Düğünlerdeki gibi. Ya da cenazelerdeki. Arka planda dev gibi yükselen Es Vedrà, gölgede kalmış kaçışı olmayan bir gerçek gibi kapkara, güçlü ve çok güzeldi.

Sofía Torres'le Art Butler sahnede, kâğıtlar ve su şişeleriyle donatılmış bir masanın arkasında oturmuştu ve moderatörlüğü Art Butler'ın halkla ilişkilercisi yapacaktı. Sofía saatine bakıp duruyordu.

Alberto kumların üstünde koşarcasına yürüyüp İspanyolca, Katalanca, İngilizce ve Albertoca karışımı sözler haykırarak basın toplantısını durdurmalarını söylüyordu.

Art Butler'ın soğuk ve sert bir tip olan halkla ilişkilercisi Alison arka sıradaki özel korumaya doğru bakarak parmak şaklattı.

"Paco?"

"Sorun çıkaracak değilim," diye haykırmaya devam etti Alberto, ben kumların üzerinde ona yetişmeye çalışırken. "Yalnızca Sofía Torres'e söylemem gereken önemli bir şey var. Yirmi bin protestocu ve seksen bin avro bulduğumuz takdirde Es Vedrà'ya otel yapılmasını engelleyeceğine söz verdiği videosu internette dolaşıyor. Şu an Ibiza Town sokaklarında çok daha fazla sayıda insanın yürüdüğünü söyleyebilirim. Bu yakın arkadaşımın çantasında da nakit seksen bin avro var ve—"

Sofía had safhada rahatsız olmuştu. Su şişesinin kapağını açtı. "Bunu sonra konuşuruz."

"Hayır," dedi Alberto öne doğru atılarak. "*Bunu şimdi konuşacağız.* Söz verdin."

Dağınık vaziyette oturan gazeteciler bize bakıyordu. Bir çiçeğin üzerine basıldığını hissedeceği şekilde bana odaklandıklarını hissetsem de, sağlam durdum. Etrafa bakındım. Plajda başka hiç kimsenin olmadığını fark ettim. Kumsaldaki butik boştu. Lokanta bile boştu. Yeni bir tank getirttiklerini gördüm. Yeni ıstakozlar da gelmişti. Ama Alberto'nun teknesi oradaydı. Bizim külüstür *Neptuno*. Denizde yükselip alçalıyordu. Bir zamanlar büyükannesine ait olan, tekneden daha eski kayığı bile plajın yukarısına tünemiş duruyordu.

Sofía başını çevirip Art'a baktı. "Kusura bakmayın."

Art gülümsedi. Gülüşü beni rahatsız etti. Anlayamadım. Önceki gece adamın zihnine girmek bir saatimi almıştı. Ama bunun içten bir tebessüm olduğuna emindim. Önceki gece kumarhaneden kendi isteğiyle ayrılışını hatırladım. Fazla kolay olmuştu. Bize tuzak kurmuştu kesin. "Artık oyun bitti, Bayan Winters."

Bu kadarı fazlaydı. Bir hışım gidip çantamı masaya koydum. Açıp içindeki parayı gösterdim. "Hepsi burada."

"Artık çok geç," dedi Sofía, eliyle mikrofonu örterek. "Anlaşma imzalandı bile."

Alberto, "Hayır," diyerek bana arka çıktı. Havaya benimkiyle birlikte beyhude bir "hayır" daha yükselmiş oldu. "Parayı bulduk. Parayı *bulduk*, Sofía."

"Maalesef bulamadınız," dedi Sofía.

"Ne?"

"Kumarhane bu parayı geri istiyor. Hileyle kazanıldığını düşünüyorlar. Poker masasına kendi kâğıtlarınızı getirdiğinizi gören çok fazla görgü tanığı var."

Başımı iki yana salladım. "Yalan. Öyle düşünmelerini Art sağlamıştır. Kesin, o yaptı."

Sofía omzunu silkti. "Üzgünüm. Artık gitmeniz lazım."

Alberto gözlerini kadından ayırmadı. "Bilmiyor olabilirsin ama ben de bu adanın kuzeyindenim. Seninle aynı köydeniz, Sofía. Santa Agnès de Corona. Sen doğduğunda ben koca adam olmuştum ama oradaydım. Kilisenin karşısındaki küçük evde. Penceresinin önünde badem ağacı olan evde."

"Orayı biliyorum..."

Bir an Alberto'nun ne yapmaya çalıştığını anlayamadım. Ama sonra Sofía'nın anısını gördüm. Çocuktu ve Alberto'nun büyükannesini tabutla sokağın karşısındaki kiliseye taşıyanları izliyordu.

"Ben de senin gibi bu adadanım," diyordu Alberto. "*Bu adamın aksine*, senin gibi, ben de adanın iyiliğini istiyorum. Kuzeyden güneye gitmenin yarım saat değil, yarım gün sürdüğü zamanları hatırlıyorum. Ne güzeldi. Arazinin şekline saygı duyulurdu. Topoğrafyasına. Tepelere saygı duyardık. Çamlara ve toprağa. Her şeye. Bunu yapmak kendi bütünlüğümüzü de korumamızı sağlardı. Çevrendeki doğayı yok edersen, çok geçmeden içindeki doğa da yok olur."

"Artık zaman değişti," dedi Sofía usulca, plajdaki Guardia Civil memuruna doğru bakarak. Görüştüğüm o çatık kaşlı, zor adam kumların üzerinden bana doğru yürüyordu. Carlos Guerrero. Rüyalarında üstüne aslan işeyen adam.

"Kumarhanede hile yapmak yasalara aykırıdır," dedi Art. "İbiza'da çok ciddiye alınan bir konudur bu. Haklı olarak."

O sıcağın altında, kendimi berbat, halsiz ve işe yaramaz hissediyordum.

Alberto kumların üzerinde durup Art'ın arkasında kalan denize doğru bakarken, öfkeli olmaktan çok üzgün gibiydi. "*Hijo de puta*."

"Gerçeği anlatacağım," dedim Art'a, hayatımda ilk kez korkusuzca meydan okuyarak. "Polise. Herkese. Tekrar tekrar anlatacağım. Birileri bana inanıncaya kadar. İnandırıcılıkta üstüme yoktur."

Art bunları duymazdan gelip oturduğu yerde kalarak gözlerini bana dikti. "Hasta gibisin," dedi. "Yorgun görünüyorsun. Oturmak ister misin?"

Bir şey yapıyordu. Bir şey yaptığından emindim. Ne zaman üstünlüğün bizde olduğuna inansak –dün gece kumarhanede olduğu gibi– aslında *buna inanmamızı onun sağladığını* anladım o an.

"Grace?" Alberto'nun sesi kafamın içinde dönüp durdu.

Sofía ayağa kalktı. "İyi misiniz? Oturmak ister misiniz?"

"Ben..."

Gökyüzü bütün ağırlığıyla omuzlarıma binmiş gibi, birden her şey çok ağırlaşarak dönmeye başladı ve gözlerim Art'ın gözlerinde, dengemi korumaya çalışarak öne doğru sendeleye sendeleye eğimli kumsaldan aşağı, neredeyse denize kadar gittim. Sonra yere devrildim.

Salacia

Uzun ağaçlarla ışıltılı denizin arasında, o diğer dünyada sıkışıp kalmıştım.

Gerçeklik Plajı

"Neden yine buradayım?"

Öyle halsizdim ki kumun üzerine yatırılmış bisikleti fark etmem biraz zaman aldı. Bildiğim bir bisikletti. Modelini bile biliyordum. Dünyada bu kadar iyi bildiğim tek bisiklet oydu. Seksenlerden kalma, eski, kırmızı bir BMX.

Sonra kumların üstündeki ayak izlerini fark ettim.

Bisikletten ağaçlara doğru gidiyorlardı.

İzleri takip ederek ormana doğru giderken attığım her adımda daha büyük bir mücadele veriyordum ama yürümeye devam ettim. Christina'nın sözünü verdiği gerçeğe ulaşmak istiyordum.

Nihayet ulaşabildim. Yere bağdaş kurmuş oturan bir çocuk. Gölgede kalmıştı. Yürüyerek iyice yaklaştığımda, üstünde tekstil dersinde diktiği şal desenli gömleğinin olduğunu, yüzünü kaplayan koyu renk kanın parlaklığını gördüm. Saçları kandan keçe gibi olmuştu. Ama beni görünce gülümsedi.

Oydu. Sonunda onu görebilmiştim. Onun gerçekliğini. Aslında Salacia'da değildi. Ama bu Salacia görüsünün içindeydi ve Salacia'da gördüğüm bütün görüler gibi o da bana uzun zamandır inkâr ettiğim bir gerçeği göstermeye çalışıyordu.

Oğlumuz. Tatlı, güzel oğlumuz.

"Daniel."

Koşup ona sarıldım.

"Ağlama, anne. Ne olur ağlama."

Ses onun sesiydi. Tam onun sesiydi. Otuz iki yıldır hiçbir şey olmamış gibi, karşımda duruyordu.

"Daniel, çok üzgünüm. Suç bendeydi. Sana göz kulak olmam gerekirdi. Yağmurda bisikletle çıkmana izin vermemem gerekirdi."

"Senin suçun değildi, anne. Kimsenin suçu değildi. Durduk yere tepem atıvermişti işte..."

"Benimle alışverişe çıkmak istedin ama ben gelmedim. Yağmur yağıyor diye."

Daniel başını iki yana salladı. Kararlıydı. "Hayır. Hayır. Ben seni istemedim. Yalnız olmak istedim. Öylece çıkıp gittim. Kusura bakma ama beni çok kısıtlıyordun, anne."

"Ama... benim..." Suçluluk duygusunu serbest bırakmak kolay değil. Bu yüzden biraz kekeledim. "Benim yine de o sağanak yağmurda çıkmana izin vermemem gerekirdi."

"Gitmememi söyleyecek fırsatın olmadı ki. Sen evde olmadığımı fark ettiğinde, ben çoktan Wragby Yolu'na doğru gidiyordum."

Doğruydu. Hepsi doğruydu. Ama her nedense hafızam bunu kaydetmemişti.

"Önünde uzun bir hayat vardı. Çok yazık oldu. Ben her gün seni düşünüyorum, Daniel."

"Böyle olması gerekmiyor. Suçluluk hissetmeni gerektirecek bir şey yok. Herkes ne kadar suçluysa, sen de o kadar suçlusun."

"Seni çok özlüyorum."

Daniel burnunu kırıştırdı. "Özlüyor ama görmüyorsun. Gördüğün tek şey, kendi suçluluğun. Sadece büyümüş hallerimin büyük ihtimalle asla var olmayacak versiyonlarını görüyorsun."

Buna diyecek sözüm yoktu çünkü doğruydu. Tabii ki doğruydu. Orada yalnızca doğrular vardı.

"Sana ihtiyaçları var, anne. Yeniden mutlu olabilirsin. Hayattan el etek çekmek zorunda değilsin. Bir zamanlar nasıl da mutluydun. Yine öyle olabilirsin."

Bir zamanlar.

"Çok derinlere işlemiş bir şey. Bu suçluluk duygusu. Ben senin annendim. Seni korumam gerekirdi."

"Suçluluk duygunun kaynağı olmak istemiyorum ben. Oğlun olmak istiyorum. Lütfen... artık zamanı geldi..."

"Evet," dedim. "Cidden geldi."

Derken kanlar yok olmaya başladı.

O iri gözleri ve güleç yüzü, her duygu halinde şekilden şekle girmeye hazır, ağladığı zaman kaşıkla kırılmış bir yumurta gibi buruş buruş olan o yüz. Okulda çekilen son fotoğrafındaki kadar mutlu ve sağlıklı görünüyordu.

"Artık beni böyle hatırlayacaksın. Bir an olarak değil, kişi olarak. Bir suçun olmadığını bileceksin. Şimdi lütfen git. Artık arındın. Sözünü ettikleri o sinyale dönüşebilirsin. Hem kendini hem de başkalarını kurtarabilirsin. Sana ihtiyaçları var."

Sonra koşup ağaçların arasına daldı ve ben bir an öylece dururken, havada tek bir mavi kuş uçarak dans etti.

Artık Sinyal Duyulabilir

Gözlerimi açtım. Dalgalar saçlarımı yalıyordu.

Art'ın önünde duran Sofía'yı gördüm. Art'a bir şeyler diyordu.

Art sıkkın görünüyordu. Evet, ancak böyle denebilir. *Sıkkın*. Öfkeli, soğuk ya da kötü adam gibi değil.

"Ama ben..."

Art bu cümleyi bitiremedi. Söylenmeyen kısım sonsuza kadar sır olarak kaldı. Fakat yüz ifadesi değişip Sofía'ya bakan gözlerinde delici bakışlar belirdiğinde, artık kaybedecek zaman yoktu. Ona bir şey yapacaktı. Sofía müdahale etmese, çoktan ölmüş olacağımı biliyordu.

Sofía kararlı bir sesle konuştu. "Büyük bir hataydı bu. Hata *ettim*. Bu ada seni istemiyor." Sofía'yı çocukluğunda romatizmalı dedesinin koltuktan kalkmasına yardım ederken gördüm.

Art ona kötü bir şey yapacaktı. Buna izin veremezdim.

Yanımda Alberto vardı. "Grace, şimdi daha güçlüsün. Sana tekrar dokundu. Sen baygın yatarken. Artık sinyal duyulabilir. Gönderebilirsin. Tek yapman gereken, her şeyle nasıl bir bağın olduğunu idrak etmek. Her şeyle. Yapabilirsin, Grace."

Alberto'nun *La vida imposible*'de yazdığı paragrafı hatırladım.

Bu balıkçının adı Joan Bonanova'ydı... Bir gazeteciye damarlarından geçen mavi ışığı kendi gözleriyle gördüğünü, ayrıca İbiza'daki bütün hayvanlarla arasında bir bağ hissettiğini ve onlara sinyal gönderebildiğini söylemişti. Hayvanların o gece hiç görülmedik şeyler yaptıklarına şahit olduklarını söyleyerek onu doğrulayanlar da vardı. O gece her türden hayvan yekvücut halinde ...

"Baksana, Grace... Denize bak... Seni o iyileştirdi."

Böylece denize baktım. Zaten o an herkes denize bakıyordu. Bir kez gördükten sonra bakmamak *imkânsızdı* çünkü.

Deniz, mavinin o inanılmaz tonunda parlıyordu. Hiç olmadığı kadar parlak ve büyüktü. Kumsaldan ta Es Vedrà'ya kadar. La Presencia'nın parıltısını ilk gördüğümde olduğu gibi, bir duyguya baktığım hissi vardı. Fakat bu kez bu his de hiç olmadığı kadar güçlüydü. Gerçeğe dönüşecek kadar güçlü bir umut.

"Bunu daha önce de görmüştüm," dedi Art dehşet içinde. La Presencia'nın onu kurtarıp aynı kumsala kadar getirdiği günü hatırlamıştı. Bir an için on bir yaşına döndü.

Ayağa kalktığımda, her şeyin değiştiğini fark ettim. Joan Bonanova'yı düşündüm. La Presencia'nın kurtardığı balıkçıyı. Hem Alberto'nun kitabında hem de Christina'nın mesajında sözü geçen adamı. Christina'nın "suçtan ve günahtan uzak, öyle saf bir ruhu varmış ki" diye söz ettiği. Faşist askerlerle savaşmaları için adadaki bütün hayvanlara sinyal gönderen.

Suçluluk duygusunun, hüznün ve acının zincirlerinden kurtulmuş, artık her yerde olduğumu fark ettim. Biz olmuştum. Sonsuzlukların toplamıydım. Bütün zihinlerdeydim. Her bir kum tanesinde ben vardım. Her bir su damlasında. Dışa kapalı bir kale olan ben artık yoktu. Hâlâ kendimdim ama aynı zamanda herkestim. Bir sayısının başlı başına bir varlık olması, aynı zamanda bütün sayılarda bulunması gibi. Sonuna kadar açılmıştım. Benimle başkaları, insanlarla hayvanlar, hayvanlarla bitkiler arasında sınırlar yoktu. Her şey yaşamın dokusunu oluşturan bir iplikti. O an sonsuz bir güce sahiptim. Okyanus tarafından, La Presencia tarafından bahşedilmiş bir güce. *Gezegeni kurtaracak* kişi değildim. *Ben gezegendim.* Hepimizin de bu gezegen olduğumuz gibi. Benim o an için bunu gerçekten hissetmeme izin verilmişti sadece. Dünyadaki bütün varlıklara ulaşabilmemi sağlayan bir telefon hattım vardı sanki.

Ve yardım çağırıyordum. Sinyali gönderiyordum resmen.

"Bu ne *be?*" diye sesli düşündü Art.

Bu kez La Presencia'nın ışığından söz etmiyordu tabii. Bütün mucizeler gibi hem muhteşem hem de saçma görünen bir şeyden söz ediyordu. Bütün gökyüzünü kaplayan kuşlardan.

Benim herkes gibi, onun baktığı yere bakmam gerekmedi. Sessiz umuduma yanıt veren karabatakların uzun boyunlarını aynı noktaya doğru uzatmış, parlak siyah kanatlarını hızla çırparak ona doğru uçtuklarını biliyordum.

"Karabataklar," dedi Art hayretle, Sofía'yla yaptığı görüşmede bu kuşların Es Vedrà'da yuva yaptıklarından söz ettiklerini hatırlayarak.

Ama gökyüzünde yalnızca onlar yoktu.

Martılar da vardı. Birkaç kerkenez, tek bir doğan ve ansızın – bunu görmek müthişti– yaz için Ses Salines yakınındaki tuz göllerine yeni göç etmiş bir pembe flamingo sürüsü. Gökte hızla çırptıkları, ok ucu gibi geriye kıvrık kanatları karabataklarınkinden bile daha büyüktü.

Adaya geldiğim gün taksi şoförünün flamingolardan söz ettiğini hatırladım. *Görmeniz lazım.*

"Görüyorum işte, Pau," diye fısıldadım. "Görüyorum."

Art geri geri yürümeye başladı. Bir taşa takılıp sırtüstü yere düşünce, mecburen göğe baktı.

Ardından, yine plaj seviyesinde, başka hayvanlar da belirdi. Bir de keçi. Keçi Atlantis Scuba'nın yanındaki gölgelikten ve boş olduğunu görüp bozulduğu kabın yanından ayrılıp otoparkın arkasından çıkmıştı. Nostradamus o bildik insan sevmezliğine eşlik eden bir kararlılık hatta belki de umutla, çatal tırnaklı ayaklarıyla kumların üstünde ağır aksak ilerliyordu. Zaten bir-iki kilometrelik alan içindeki bütün hayvanlar enfeksiyona üşüşen akyuvarlar misali hep birlikte koşturuyor, o sırada ayağa kalkmak için debelenen zincir otel sahibine doğru gidiyordu.

Restoranda yeni tanklarından kurtulan ıstakozlar yine kumsala doğru seğirtiyordu.

Bir şişeburunlu yunus sudan yukarı fırlayıp tekrar denize dala dala hızla bize doğru geliyordu.

Kumların üzerinde hoplayıp sıçrayan tavşanlara gekolar, kertenkeleler, yılanlar eşlik ediyordu.

Kanat çırparak dans edercesine kıyıya doğru giden güvelerle kelebeklerin arasındaki boşluk benek benek görünen sivrisineklerle ve hafif bir ağustosböceği bulutuyla kaplıydı. Hayvanların hepsi mıknatısa çekilen demir tozu gibi dosdoğru Art'a yönelmişti.

Sofía kalabalığa hitap edip kendi güvenlikleri için kumsalı terk etmelerini söylemeye çalıştı ama kulak asan olmadı. Daha doğrusu bir tek vahşi hayvanlardan korktuğu için otoparka kadar giden Guardia Civili memuru söz dinledi.

Alberto bana hınzır bir bakış attı. "Başardın işte, Grace. Sinyali gönderdin."

Dönüp oraya baktığımda, kumların üzerinde koşmaya çalışan Art'ı gördüm ama en öndeki karabatak da ona yetişmiş gagalıyor, onu tekrar okyanusa doğru itmek amacıyla Art'a saldırıyordu. Art bir an durup hayvanı zihin gücüyle iterek uzaklaştırınca, zavallı kuşun boynu kırıldı. Kuşun cesedi küt diye kuma düştü. Sonra Art bir tavşanı tekmeleyip bir sürü böceğin üstünde tepindi. "Geberin," derken hem kendini rahatlatıyor hem de bu sözcüğü komut olarak kullanıyordu. "Geberin, geberin, geberin, geberin…" Dört bir yanlarında hayvanlar yürüyüp koşar, süzülüp uçuşurken, çoğu hâlâ afallamış bir sessizlik içinde olan gazetecilerle seyahat vlogger'larına sürdürülebilirlik ve çevreye duyarlı turizm hakkında konuşma yapmayı planlayan adam diyordu bunu.

Ama Art için artık çok geçti. Alberto'nun Amnesia'nın kapısında duran adama verdiğine benzeyen bir Montpellier yılanı ayak bileğini ısırmıştı. La Presencia'nın verdiği ışık ondan geri alınıyordu. Yılanın açtığı yaradan çıkıp suya karıştığı gözle görülüyordu.

"Hayır!" diye bağırdı Art, kırık dökük ve cılız bir sesle. "Geri gel! Geri gel! Geri *gel!*"

Keten takımının içinde denizde biraz daha ilerledi. Tuzlu suyu avuçlarına alıp La Presencia'nın ışığını tekrar içine sokmak ister gibi kana kana içti.

Artık bütün plaj o kadar çok hayvanla dolmuştu ki bir orduyu izler gibiydik. Hayvanlardan oluşan tuhaf, eklektik bir orduyu.

Fakat Art'ın sonunu getirenler kara hayvanları olmadı. İbiza'nın denizinde en az yedi yıldır görülmemiş, dokunaçlarındaki nematosistlerde müthiş düzeyde zehir bulunan Portekiz savaş gemisi denizanalarından biri Art'a dolanıp baldırını ve bacak arasını defalarca çarptı.

Art, "Ben daha iyiydim!" diye ulurken, zihni bir tespihböceğine yaptığı işkencenin geçmişte kalmış, belki de biraz acıklı anısıyla kaplıydı ve sonunda acıya mağlup olup suya düştü.

Ben daha iyiydim. Muğlak bir sözdü. Birçok anlama gelebilir, herhangi bir şeyden söz ediyor olabilirdi ve korku, hiddet, bir parça pişmanlıkla dolu öyle bir ruh hali içindeydi ki insan bu sözünü hiçbir şeye yoramıyordu. Ağzından bir ses daha çıkardıktan sonra bütün vücudu şoka girdi ve Art suya yüzüstü düşüverdi.

Cesedini kıyıya insanlar getirdi. Alberto'yla ikimiz de aralarındaydık. Art'ın ölmesini istemedim. Yemin ederim. Hayatta kaldığı takdirde Marta'yı ve yoluna çıkan herkesi sinsice öldürmeye çalışacağı halde daha fazla ölüme neden olmak istemiyordum. Alberto suni teneffüs yapmayı bile denedi. Fakat doğanın başka planı vardı anlaşılan. Bir dakika içinde hayati organları durdu. Son birkaç saniyede zihnini okumayı denedim ama imkânsızdı. Mürekkeple yeni yazılmış bir şeyi yağmur altında okumaya çalışmak gibiydi biraz.

Derken bütün hayvanlar –şaşkın bir sessizlik içinde öylece dikilmeyi sürdüren insanlar hariç– insanlığa karşı yine kayıtsızlaştılar. La Presencia'nın Es Vedrà'dan kumsala kadar bütün denizi kaplayan ışığı kayboldu ve geride bir tek onu ilk gördüğüm yerin üzerindeki belli belirsiz bir ışıltı kaldı. Sonra o da kayboldu ve La Presencia yine deniz çayırının hemen üzerinde durarak bir sonraki acil durumu bekleyen o bulut-küreye dönüştü; denizin yüzeyi hiçbir şey olmamış gibi göründü. Artık yalnızca sakin dalgalar ve güneşi yansıtan suyun her zamanki parıltısı vardı.

Çok geçmeden gökyüzündeki kuşlar dağıldı, havada ağustosböceği görünmez oldu ve yılanlar kumların üzerinde kayarak uzaklaştı. Altın rengi kumla tam tezat oluşturan simsiyah tüyleri, anormal bir açıyla kıvrılmış boynu, denizi ve Es Vedrà'yı, La Presencia'yı gösteren başıyla, geride bir tek ölen karabatak kaldı.

Biraz ilgi gösteren tek hayvan, keçi Nostradamus'tu.

Nostradamus birkaç saniye öylece durup merak ve rahatlama olduğunu sandığım hislerle ölen insana baktı. Sonra üstüne yine o insan sevmezlik havası geldi ve biraz huzur bulmak için kargaşadan, insanlardan uzaklaşarak çekip gitti.

Capcanlı

Ölmediğimi biliyordun tabii. Orası baştan belliydi. Ölmüş olsam, bunları nasıl yazacaktım?

"Spoiler" lafına bayılıyorum, ya sen? Olacakları önceden bilirsek, hikâyeden alacağımız zevkin içine edileceğini anlatıyor.

Hikâyelerde istemediğimiz spoiler'ların, kendi hayatımızda peşine düşüyor olmamız ne tuhaf. Âşık olacağımızı, sağlıklı olacağımızı, en geçer akçe okulu bitireceğimizi, en iyi işi kapacağımızı, rahat bir emeklilik yaşayacağımızı önceden bilmek isteriz hep. Her şey çözülsün istiyoruz. Planlı programlı olsun istiyoruz. Sonunda her şeyin iyi olacağını bilmek istiyoruz. Olabildiğince az gizem olsun, hayat hikâyemizin *içine edilsin* istiyoruz. Zevk bunun neresinde? Geleceği görme yeteneği dünyadaki herkesten daha gelişmiş birinin sözüne güven: Aslında spoiler diye bir şey yok. Her daim gözlemci etkisi var. Her daim bilinmeyen bir değişken var ve o bilinmeyen değişken çoğu zaman kendimiziz. Benim tavsiyem, gizemli olana kucak açmak.

İmkânsızlıkların tadını çıkarmak.

Bilinmezliklerin tadını çıkarmak.

Düğüne, cenazeye, sonuca ulaşmak için acele etmemek.

Evet, bu mektubu yazan bir hayalet değildi tabii. Ben hâlâ buradayım ve hâlâ capcanlıyım. Hatta kendimi hiç bu kadar canlı hissetmemiştim.

Yarattığımız Kader

Böylece Es Vedrà tam da doğanın olmasını istediği gibi kaldı. Başka keçi öldürülmedi. Kalker kayalık patlatılıp şekli değiştirilmedi. Habitatlar yok edilmedi. Posidonia deniz çayırının üstünde yoğun bir deniz taksisi trafiğine izin verilmedi.

Sofía Torres, Palma'daki bölgesel parlamentoya gidip Art Butler'ın ölümü sebebiyle Sekizinci Mucize anlaşmasının artık geçerli olmadığını bildirdikten sonra müthiş bir şey yapıp iki partinin de desteğini alarak gelecekte "ekolojik ve kültürel önemi haiz" bölgelerde otel yapılmasına izin verilmemesini sağlayacak bir kanun teklifi sundu. Teklif kabul edildi.

Görgü tanıkları sonradan hile yapıldığını falan görmediklerini ve neden öyle dediklerine dair hiçbir fikirleri olmadığını söyleyince, kumarhane bize karşı yapılan bütün suçlamalardan vazgeçmeye karar verdi. Yasal kesintiler beklenenden çok daha düşüktü ve kalan paranın yarısından fazlasını İbiza'yı Koruma Vakfı'na bağışladık; yine de birazını alışveriş bütçem için ayırdım.

Çok ilginçti ama basın toplantısına katılan gazetecilerden yalnızca bir tanesi gördüklerini tam olarak aktardı, o da "hayali düşüncelere kapılma" sebebiyle psikolojik destek alması tavsiye edilerek çok geçmeden işten çıkarıldı. Gazetecilerden ikisi yaşadıkları şoka rağmen telefonlarıyla her şeyi, kararlı hayvanlarla kaplı plajı ve gökyüzünü bile çekmeyi başarmışlardı. Fakat internet kullanıcıları sonradan bu videoların yapay zekâyla oluşturulmuş görüntülerin ne kadar geliştiğine güzel bir örnek oluşturduğunu söylediler.

Hikâyenin resmi versiyonu Britanyalı ünlü otel sahibi Art Butler'ın sinir krizi gibi bir şey geçirip kendini denize attığı, sonra da o denizanasına yakalandığı şeklindeydi. La Presencia'dan ve denizdeki parıltıdan hiç söz edilmedi. Alberto dünyadışı varlıklarla yaşanan deneyimlere hep aynı tepkinin verildiğini söylüyordu. "Koca bir somun gerçeği alıp yenilebilir tek bir kırıntıya çevirirler."

Her neyse, sana plajda geçen o öğleden sonrasıyla ilgili küçük bir şeyi daha anlatmam lazım.

Art'ın cesedi götürüldükten sonra Marta geldi. Yeni ortaya çıkan yetenekleri sayesinde neler olduğunu hemen anlamış -yetenekleri benimkiler kadar güçlüydü sanırım- ve en kısa zamanda Cala d'Hort'a doğru yola çıkmıştı.

"Cidden oldu, değil mi?" dedi bizi bulduğunda. Yalnızca birkaç kertenkelenin ve şoku atlatamayan birkaç gazetecinin kaldığı plaj yine normal haline dönmüştü. "Sinyali gönderdin."

"Evet," dedim. "Evet. Gönderdim sanırım. Ama onun... ölmesini ben istemedim."

Alberto başını iki yana salladı. "Hayır. Hayır, istemedin. Ayrıca onu sen öldürmedin. Denizanası öldürdü. Ya da La Presencia. Evet, La Presencia hem senin içinde hem de Marta'yla benim içimizde ama senin aracılığınla adayı o kurtardı. Sen hem Es Vedrà'nın hem de İbiza'nın geleceğinin kurtarılmasına yardımcı oldun. Adam katilin tekiydi, Grace. Hayatta kalsa, herhalde bizi de öldürürdü." Alberto, Marta'ya sarıldı. "Güzel konuşmaydı," dedi.

"Sağ ol, Papá."

Alberto'nun yüzünde sakalla çevrili o kocaman tebessüm belirdi. "Ne aileyiz ama, değil mi?"

Ben de gülümseyerek okyanustaki, kaybolmaya yüz tutmuş ışıklara baktım. "Evet, öylesiniz."

Alberto başını iki yana salladı. "Zihin okuyabilen biri için anlayışın biraz kıt. Ben *bizi* kastettim. Artık hepimiz aile olduk. Ben, sen, Marta, okyanus. Hatta Nostradamus." Kırmızı topraklı plaj yolunda yulafını bekleyen keçiye baktı. "Biz bir ekibiz."

Bunun üstüne uzun zamandır ilk kez her şeyin olması gerektiği gibi olduğunu hissettim; umutla, kesin olarak hissettim bunu. Fakat bu his uzun sürmedi. Çünkü Alberto'nun havası tam o anda değişti. Marta'ya dönerken yüzünde hem bir gülücük vardı hem de kaşları çatılmıştı ve Alberto avucuna aldığı kumun parmaklarının arasından dökülüşünü izledi.

"Ne oldu, Papá?" diye sordu Marta. Fakat daha Alberto ağzını açamadan, her şeyi gördü. Benim de gördüğüm gibi. La Presencia'nın verdiği armağan aynı zamanda bir lanetti. Marta'nın ilk tepkisi acıya karşı kullanılması en kolay duyguydu. Öfke.

"Bana söylemedin, Papá. Nasıl söylemezsin? Sen ölemezsin. Sen..."

İnanmak istememesini anlayabiliyordum. En sevdiğimiz insanlar hayatımızın yapıtaşlarına dönüşüyor. Artık hayatımızda olmayacaklarını duymak havanın ya da okyanusun olmayacağını duymak gibi bir şey. Evrendeki en hayati şeylerden biri yok olacakmış gibi hissediyoruz.

Alberto bir yaradan cam parçası çıkarır gibi yüzünü buruşturdu. "Lo siento mucho, cielo. Bana acıyarak bakmanı istemedim. Burada olduğum sürece, senin yanındayken hep iyi olmak istedim. Ama bilmek hakkındı."

"Seni seviyorum, Papá."

"Sonum nasıl olursa olsun. Şimdilik yaşamamıza bakalım."

Marta biraz ağladı. Alberto da ağladı. Gidip bir duvara oturarak denize bakarken her nedense yıllar önce, Daniel çok küçükken ormanda yaptığımız bir yürüyüşü, oğlumun bir karahindibanın tohumlarına üfleyerek kahkahalar atışını hatırladım.

Hayat Bu

Neptuno'yla denize açılmıştık. Sabahın erken bir saatiydi. İbiza uzaktan yeşilli beyazlı bir rüya gibiydi. Alberto tam takım dalgıç kıyafetini giymiş ama gözlüğünü indirmemiş, regülatörün ağızlığını ağzına yerleştirmemişti çünkü onu videoya çeken kızının telefonuna bakıyordu. Birazcık ömrü kalmıştı ama o günden sonra dalış yapacak gücü kendinde bulamayabilirdi. Kısacası, bu onun son şansıydı.

"Başladı mı?"

Marta başını salladı. Buzluğun üstüne oturmuş, objektifi aşağıdan babasına doğrultmuştu.

"Şimdi mi?"

"Evet."

Alberto gülümsemek için kendini zorladı. Mesajını olabildiğince çok kişinin anlayabilmesi için önce İspanyolca, sonra İngilizce verecekti.

"Ben Alberto Ribas," dedi. Güvertede otururken, Alberto'nun hüznünü hissettim. Ama sesinden anlaşılmıyordu. Hatta gayet resmi bir tavırla, âdeta üniversitede ders verir gibi konuşuyordu. Fakat üstünde bir halsizlik, yorgunluk vardı. Tamamen hastalığından kaynaklanan bir şey olmayabilirdi bu. "Deniz biyoloğu ve *La vida imposible*'nin yazarıyım. Evrenin başka yerlerinde de zeki yaşam olduğuna içtenlikle inanan biriyim. Üstelik İbiza adasında yaşanan bu türden olayların göz ardı edildiğini savunuyorum. Bu inanç mesleğimden ve akademik itibarımdan olmama yol açtığı halde buna bütün kalbimle inanıyorum." Biraz sustu. Bir nefes aldı. Bu kez sesi biraz çatlak çıktı. "Şu an ölmek üzereyim. Fakat altımda, Akdeniz'de, okyanusa on dokuzuncu yüzyılda gelmiş dünyadışı bir varlık var.

Biz ona La Presencia diyoruz." Biraz daha susup yukarıdaki uçağın geçmesini bekledi. "La Presencia Romalıların deniz tanrıçasından yola çıkarak adına Salacia dediğimiz bir gezegenden gönderilen iyi niyetli, yaşamı korumayı amaçlayan bir güç. Denize gelmesinin nedeni yaşamın orada olması. Metreküp olarak alırsak, bu gezegendeki yaşam alanının yüzde doksan dokuzu okyanusta. Bu yüzden ona iyi bakmalıyız. La Presencia bu yüzden burada. Yaşamı korumamıza yardım edebilmek için. Altımızdaki deniz çayırı gibi, o da yaşamı koruyor. Bütünüyle. İnsanlar dünyadışı yaşamın varlığını yıkıcı bir tehdit olarak algılasa da, bu karşımıza çıkan bilinmeyen yaşamın gerçekliğinden çok kendi doğamızdaki yıkıcılığın bir yansıması."

Alberto tekrar susup okyanusun üzerinden İbiza'ya, Cala d'Hort'un altın rengi kumsalına, kumsalın ardındaki ağaçlı tepelere baktı.

"Bu videoyu akıllarda ortadan kayboluşumla ilgili soru kalmaması için çekiyorum. La Presencia'nın fotonik güçlerinin, dünyayı korumamıza yardımcı olmakla birlikte, aynı zamanda bir portal işlevi gördüğüne inanıyorum. Benim için iyileşmenin ve bir şekilde hayatta kalmanın tek yolu o portaldan geçerek Salacia'ya gitmek olduğu için bir karar aldım..."

Alberto yine sustu. Bu kez daha derin bir sessizlik oldu.

"Papá?" Marta telefonunun ardından ona baktı.

Hissetmişti. Ben de hissediyordum. Bir şey değişmişti.

Alberto başını iki yana sallayarak, "Böyle olmayacak," derken, kendiyle savaşıyordu. "Hayır. Hayır. Bunu söyleyemem. Yapamayacağım. Çok saçma."

"Papá? Neler oluyor?"

Alberto bir nefes aldı. Gözlerini kapayıp havanın keyfini çıkardı. Tekrar açtığında, arkamızdaki o baş döndürücü dev kayaya baktı. Artık kamerayla ilgilenmiyordu.

"Baksanıza. Bakın Es Vedrà'ya. Tam olması gerektiği gibi. Başardık. Onu koruduk. Olması gerektiği gibi kaldı. Şekline baksanıza. Şu siluete. Nasıl da bütünlenmiş görünüyor. Ne çok büyük ne de fazla küçük. Benim hayatım da böyle. Bütünlenmiş bir hayat. Böyle olmasında senin de payın var, Marta. Annenin de. Senin de, Grace. Bir parçası da sen oldun. Bana verilenden daha fazlasını istemiyorum çünkü zaten çok fazla şey verildi. Hayatımın garip bir şekli oldu ama ben bundan memnunum. Tam olması gereken şekilde. Salacia'ya gitmek çok güzel olabilirdi, evet. Ama ben Salacia'lı değilim. Buraya aitim. Dünya'ya. Bu güzel gezegende gezip dolaşabildiğim için şanslıyım. İnsanım ben. Zeytin ağacının içinde, onun için yaratılmamış apayrı bir ekosisteme giden yılan yumurtası olmak istemiyorum."

Marta ne diyeceğini bilemiyordu.

"Ama Salacia'ya gidersen belki de bir gün seni tekrar görebiliriz," dedim. "Bizim zamanımız da geldiğinde. Öyle bir olasılık da var. Yaşam varsa, olasılık da vardır"

Alberto bu dediğime biraz güldü. "Tam buzdolabına tutturulacak biz söz oldu, Grace!"

"Buzdolabı mıknatıslarını seviyorum artık. Sen nasıl duygusal bir adam olmakla övünüyorsan, ben de duygusal bir kadın olmaktan mutluyum." Sonra ona söylemem gereken bir şeyi hatırladım. "Christina ona çok iyi baktıklarını söylüyor. Kendini hiç bu kadar sağlıklı hissetmemiş. Sen de öyle olabilirsin."

Alberto esas mevzuyu kaçırmışım gibi gülümsedi. "Biz buraya aitiz. Başka bir galaksiye değil. Salacia'ya gitmek Christina'nın hakkıydı. Peşine düşen şeyin kim ya da ne olduğunu bilemiyordu. Doğal yaşam süresi kimbilir kaç yıl kısalacaktı. Hayatta kalması lazımdı. Ben öyle değilim. Kendimi sürgün etmeme gerek yok. Her şeyi yaptım. Dans ettim, daldım, insanların çoğundan daha fazla sevdim. Kendime ihanet etmedim. Önümüzdeki birkaç hafta zor geçecek. Ama burada kalmalıyım. Kalıp ikinizle birlikte olmalıyım. Kalan ömrümün tadını çıkarmalıyım. Başka yerde bir ömür yaşamaktansa, Dünya'da tek bir gün geçirmeyi tercih ederim. Burası benim cennetimdi."

Bu sözlerle son kararını bildirir gibiydi. Yere sağlam basan birinin sözleriydi. İtiraz edilemezdi. Okyanustan yükselen dev bir kaya gibiydi.

Alberto da oturdu. Yorulmuştu. Marta'nın üstünde oturduğu buzluğa baktı. "Şimdi. Por favor, cielo. Bir limonata içsem iyi olacak."

Vive Por Mí

On gün sonra hastanedeydik. Marta ölmek üzere olan babasının elini tutuyordu. O son gün Alberto'nun çok ağrısı vardı ama en sona doğru yine o bildik gülüşüyle aralıklı dişlerini gösterdi. Ve cidden gülümsüyordu. Her bir zerresiyle gülümsüyor, duyduğu minnet odayı kaplıyordu.

Birbirlerine seni seviyorum dediler.

Alberto, İbiza'da kalacaksam Marta'ya göz kulak olmamı istemeyi de becerdi. Olurum dedim.

"Vive por mí," dedi kızına. Ardından bana bakarak aynı şeyi söyledi. Bizden son isteği buydu. *Benim için yaşayın.*

Marta ağladı. Sevgilisi Lina, İbiza'ya dönmüştü artık ve ikisi dakikalar boyunca birbirlerine sarılmış vaziyette öylece dururlarken, Marta yüzünü kızın omzuna gömüp hıçkırarak ağladı. Sonra beni de kucaklaşmaya dahil etmek istediler ve gidip ikisine birden sarıldığımda, Marta'nın vücudu sarsılırken, ondaki o keskin ve sahici acıyı hissettim. O da dibine kadar hissetti. Acıdan kaçmadı. O steril hastanede aya bakan bir kurt gibi ulurken, her nasılsa babasıyla tanıştığım gün ondan çıkan ulumayı duyar gibi oldum. Duyarlı hayvanlar. İçimden az önce Alberto'ya verdiğim sözü tekrarladım. *Yanında olacağım, Marta. Senin için elimden geleni yapacağım.* Marta ağlarken, öylece yanında durduk. Bazen tek yapılması gereken budur.

Küller

Küllerini, hava karardıktan sonra, denize savurduk. Su biraz ışıldadı. Denizin dibinden hafif bir parıltı gelir gibi oldu. La Presencia her şeye rağmen Salacia'ya geçişini sağlıyor olabilir, diye düşünmeden edemedim. Alberto'ya kulak asmadan. Atomlarını farklı yapılandırıp onu solucan deliğinden geçiriyordur belki. Ama belki bizim gibi o da yalnızca veda ediyordur.

Bir süre teknede kaldık. Marta yanında küçük bir hoparlör getirmiş ve babası için çok şey ifade eden şarkılardan bir oynatma listesi hazırlamıştı. Bob Marley'den "Redemption Song", Maria del Mar Bonet'ten "Per Una Cançó" diye eski ve muhteşem bir Katalan şarkısı, Talk Talk'tan "It's My Life", The Cure'dan "The Last Day of Summer", Fleetwood Mac'ten "Landslide", José Padilla'dan "Adios Ayer", Rolling Stones'tan "Beast of Burden" ve çalar çalmaz Marta'yla Lina'yı teknede hoplatıp zıplatmaya başlayan "Promised Land" diye bir dans şarkısı.

Kızlar iki elimden çekip beni de kaldırdılar.

Marta, "Hadi, Grace," derken, zihni duygularla kaplı başlı başına bir evren gibiydi. "Dans edelim."

Dans ettik. Deniz, dengemi korumama izin verecek kadar sakindi. Şarkı bittikten sonra Marta bana dönüp şöyle dedi: "Onu unutmak istemiyorum."

"Unutmazsın," dedim. "Oğlumla kocamı özlemediğim gün yok ama artık onları her zamankinden daha net görebiliyorum. Hep iyi zamanları hatırlıyor ve onlarla birlikte olabildiğim için şükrediyorum."

"Seni seviyorum, Grace. Teşekkür ederim."

Marta'yla kucaklaşırken, çocukluğunda babasının annesiyle onu tekneyle Formentera'ya götürürken şarkı söylediği bir anısını algıladım.

"Sen de gitsene," dedi, zihnimdeki görüntüyü görerek. "Formentera'ya. Çok seversin."

Varım

Marta'yla ikimiz Nostradamus'u sırayla beslemeye karar verdik. İki günde bir sabah erkenden Fiat Panda'ya binip oraya gidiyor, kabına bol bol yulaf koyuyorum ve Nostradamus buna ancak bir keçinin duyabileceği kadar minnet duyuyor. Yani çok da duymuyor ama duyduğu kadarı bana yeter.

Bir sabah oraya gitmek üzere kapıdan çıkarken bir şey fark ettim. Bahçede büyüyüp kalp şeklindeki o güzelim sarı çiçeklerini veren bitki *–Nolletia chrysocomoides–* artık yalnız değildi. Biraz ilerisinde, verandadaki çatlaklardan boy vermiş bir tane daha vardı. Onun biraz uzağında, bir tane daha. Sonra bir başkası ve bir başkası. Toplamda dokuz taneydiler.

Günlerden salıydı.

Bu arada, Marta'nın tavsiyesine uyarak her salı Ibiza Town'dan kalkan tekneye binip Formentera'ya gidiyor ve günü orada geçiriyorum. Biraz değişiklik olsun diye. Yol yarım saatten az sürdüğü için keçiyi besledikten sonra bile bana bol bol zaman kalıyor. Formentera'da olup biten hiçbir şey yok. Aslında oranın olayı bu. Yani insanın canını sıkacak fazla bir şey olmuyor. Ama her yerde olan şeyler orada da var tabii. Havası var. Tenha kafeleri var. Ardıçları var. Buğday tarlaları var. Kumulları var. Tuz tavaları var. Koyunları var. Lagünleri var. Ben varım.

Alberto hepimizin yaşamasını istemişti. İyisiyle, kötüsüyle, yaşadığımı sonuna kadar hissettiğimi söyleyebilmek bana sevinç veriyor. Burada, bu rengârenk ve büyüleyici adanın bir misafiri olarak. Alberto dahil (artık Hawaiian Tropic'in kokusu bile bana onu hatırlatıyor) birçok sevdiğim yokken, var olduğumu bu şekilde hissetmek buruk bir mutluluk tabii. Ama ölümü böyle yeneriz. Ölümü buradayken cidden yaşayarak yeneriz. Ölüm sonsuz olabilir ama bildiğimiz gibi, sonsuzluk göreceli bir kavram. Biz yaşamla ondan daha büyük bir sonsuz yaratabiliriz. *Hissederek*. Ben her gün hissediyorum. En derinden ve en yoğun hissettiğim şey minnet. İbiza'ya, İspanya'ya, dünyaya, insanlara, doğaya, hayata, evrenin gizli güçlerine şükrediyorum ve bu duygu doğadaki her şeyi çok sevip korunmalarına aracılık etmeyi sürdürme isteği veriyor bana.

Mavi Kuş

E-postanda karanlıkta olduğunu ve bir ışığa ihtiyaç duyduğunu söylemiştin. Acele etme. Mutlaka görünecek. Bazen gözümüzün önündeki ışığı fark edemeyiz. İnsanlar her gün La Presencia'nın ve fotonik güçlerinin üzerinden geçiyor ama bunun farkında bile değiller. Şu an imkânsız görünen şey bir gün mümkün olacak. Fakat kötü zamanları iyi zamanlardan ayırma sakın. Işığı karanlık sayesinde görebiliriz. Bize bu tezatlık lazım. Gündüz vakti yıldızları göremeyiz, değil mi?

Yıldızlardan söz etmişken, dün Marta'yla aramızda ilginç bir konuşma geçti.

Bahçe için yardıma gelmişti. Bahçe dediğim ufacık bir yer ama artık harika görünmeye başladı. Nesli tükenmiş çiçekler yalnızca başlangıç noktası oldu. Marta bu konuda yardım etmek istedi. Bahçeyle uğraşmaktan daha şifalandırıcı bir şey olmadığını söylüyor ve bence çok haklı. Ellerini toprağa sokup bir şeylere can vermeye çalışmak insana temelde her şeyle bağlantıda olduğunu hissettiriyor. Marta yanında birkaç bitki de getirmişti. Bahçe merkezinden aldığı pembeli kırmızılı çiçekleri olan küçük bir hibiskus ve birkaç lavantayla birlikte saksılı birkaç ot: maydanoz, nane, fesleğen, biberiye. Zeytin kavanozundaki agua de La Presencia'nın da desteğiyle hepsi gayet iyi durumda.

Cennet gibi kokuyorlar.

Her neyse, Marta'yla matematikten söz ediyorduk. Konu Fibonacci dizisinden ve o spiralin bitkilerle çiçeklerin yapraklarıyla taç yapraklarında da görülmesinden açıldı. Marta matematiğin benim gibi onu da öteden beri rahatlatan bir şey olduğunu –astrofizikçi olmaya karar vermesinin nedenlerinden biri de buydu– ama bu konunun ona *neden* terapi gibi geldiğini daha yeni anladığını söyledi. Nedeni, matematiğin o an bir tek kaosu ve acıyı görebilen birine, aslında her şeyde bir denge ve simetri olduğunu göstermesiymiş.

"Antik Yunanlar idealleri temsil eden şey gözüyle baktıkları için matematiğe tapmışlardı," gibisinden bir şey söyledi Marta. "Bu yüzden öteden beri dinle bağlantılıydı çünkü normal hayattan daha saf bir şey gibi algılanıyordu. Pisagor bu yüzden ruhani bir liderdi. Fakat sanırım La Presencia matematiksel saflığın her yerde olduğunu görebilmemizi sağladı. Biz de o saflığa dahiliz. Hiçbir şey rastlantısal değil. Yaşam, ölüm. Hatta rastlantısallık bile. Şu toprağı birlikte bahçeye dönüştürmemiz bile. Her şey birbiriyle bağlantılı. Her şey bütünün bir parçası. Bu güzelim dokunun. Cennet başka yerde değil. Kaybettiklerimiz de öyle. Onlarla bağlantıdayız. Sicimler bizim içimizde. Anlatabiliyor muyum?"

"Evet," dedim. "Gayet iyi anlıyorum." Bunu söylerken samimiydim çünkü birbirimizin zihnini okuyabildiğimiz için onun yanındayken doğruyu söylemek zorundaydım.

Her neyse, Marta gittikten sonra bile, bu mütevazı ama harika bahçeye bakarken –olup biten bütün gariplik̇lerin ötesinde– gerçekleşen esas değişimin bu olduğunu hissettim. Yeniden bahçeyle uğraşmaya başlamıştım.

Ama yalnızca bahçeyle değil. Evle de ilgileniyordum. Eve bir çeki düzen verdim. Las Dalias'taki hippi pazarına tekrar gidip Sabine'den o Es Vedrà resmini satın aldım. Bir de meyve resmi aldım. Artık yatak odasında dev bir portakal asılı. Kumarhaneye ikinci kez şöyle bir uğrayarak kazandığım parayla ufak tefek birkaç şey daha –canlı renklerde birkaç giysi– aldım.

Christina'nın evdeki anısını tamamen yok etmek istemediğim için ona ait şeyleri değerlendirebileceğimi düşündüm.

Onun bohem kanepe örtüsünü ve paspasını Ibiza Town'daki kuru temizlemeciye götürüp kilimi onarıma verdim. İkisi de tertemiz, çok güzel oldu; salondaki büyük vantilatörün tozunu alıp yerleri paspasladım. Geriye pencerenin yanındaki, salonun yarısını kaplayan eski piyano kaldı ama ondan da kurtulmak istemeyip başka bir şey yaptım. *Çalmaya* başladım.

Evet, artık piyano çalabiliyorum. Çok kolay geliyor. En çok "Blackbird"ü çalmayı seviyorum. Ama hâlâ şarkı söyleyemiyorum. La Presencia çok güçlü ama gücü *bu kadarına* yetmiyor.

Sana diyeceğim bir şey daha var. Eskiden dövme yaptırmanın zevksizlik olduğunu düşünürdüm. Ama fikrim değişti. Geçenlerde Playa d'en Bossa'daki dövme stüdyosuna gittim. Daniel'ın Anneler Günü'nde verdiği mavi kuş resmini gösterip bileğime ondan yapmalarını istedim. Şimdi ne zaman kırmızı bisiklet görsem bileğime bakıyor ve iyi zamanları hatırlıyorum.

Cidden çok güzel oldu. Her yere benimle uçuyor.

Parıltı

Dün yağmur yağdı.

Santa Gertrudis'teydim. Yiyecek bir şeyler almaya gitmiştim. Marketten çıktığımda yağıyordu. Bayağı bir yağıyordu ama bana huzur verdi. Arabayı biraz uzağa park ettiğim için yürümeye başlayıp Lieke'nin Amnesia'da çalacağı geceyi duyurmak için asılmış, artık solmaya başlamış bir afişin altından, sonra da pembeli fuşyalı begonvilleri coşmuş, kapısından yüzme havuzu görünen bir villanın önünden geçtim. Durup suyun üstünde zıplayarak dans eden damlaları izledim. Vurmalılarla yapılan bir müzik gibiydi. Göğe bakıp ağzımı biraz açarak yağmurdaki madeni tadın keyfini çıkardım. Artık böyle yapmaya çalışıyorum. Görenlerin deli sanmasına takmadan, kendimi âna teslim ediyorum.

Ölümünden kısa süre önce, Alberto'yla birlikte kumsalda oturduk. Birlikte karpuz yedik. Eskisinden daha yaşlı, daha halsiz görünüyordu ve ağrıları vardı. Ama orada oturup günbatımlarının en muhteşemini ve en karmaşığını izlerken, batan güneşin ışığında, aynı zamanda sakin, bilge ve yakışıklı görünüyor, korsandan çok filozofa benziyordu.

Kendimi sorumlu hissettiğimi söyledim ona. Amazon Yağmur Ormanları'na, Antarktika'ya, ekvator Afrika'sına falan gidip bana verilen yetenekleri oralarda kullanmak istediğimi ama yeteneklerimin burada, La Presencia'nın yakınında daha güçlü olacağını bildiğimi söyledim.

"O burada olmanı istiyor," dedi.

"Biliyorum. Burada kalacağım sanırım."

Bunun üstüne biraz sustu. Birlikte sessizce otururken denizin üzerindeki gökyüzüne ve Es Vedrà'ya baktı.

"Mucize gibi görünüyor," dedi bir süre sonra. "İbiza'da güneş her gün böyle batıyor ve ben bunu nasıl da kanıksamışım. Saçmalıyor muyum?"

Saçmalamıyordu. "Galileo doğa kitabının matematik dilinde yazıldığını söylemiş. Biz de o kitabın içinde sıkışıp kalmışız. O dildeki sözcükler biziz. İçinde olduğumuz, bu kadar aşina olduğumuz bir şeyi okuyup anlamak, o şeyin kıymetini bilmek kolay değil. Marta'nın dediği gibi, kalıplar her yerde."

"Kalıplar, evet. Aynı Marta gibi konuştun. Bu da bir kalıp herhalde."

Bunu biraz düşündüm. Doğanın tekrar eden matematiğini. Girdaplarda, çam kozalaklarında bulunan, Antarktika'daki kambur balinaların avlarını yakalamak için dalarken yarattığı Fibonacci spirallerini. Damarlarımızın şimşekler ya da ağaç dalları gibi şekillenmiş olmasını. Kozmosun dokusu da fraktallerle örülmüş, bizimki de. Evrende de yalnız değiliz, Dünya'da da. Yalnızca birbirimizle ve primatlarla değil, *her şeyle* bağımız var. Bir keçiyle, ıstakozla, karahindibanın tohumlarıyla. Bir kalıbın içinde olduğunu hissediyormuşsun. Bir sayı dizisinin. Öylesin. Ama muazzam ve muhteşem bir dizi bu. Evrendeki her şeyle senin arandaki bağlantıyı kuruyor. Bir gün uçsuz bucaksızlığıyla seni şaşırtacak.

Gökyüzünde gün ışığının belli belirsiz bir izi kalmışken, hâlâ kumsalda oturuyorduk. Karanlığın içinde kanayan tuhaf, koyu bir kırmızı.

"Gökyüzü nasıl da dingin görünüyor," dedim. "Birazdan gece olacağı halde."

Alberto beni çok ayıpladı. "Geceyi düşünme, Grace. Ona daha var."

Ben de kızıl gökyüzüne baktım. O mucizeyi derinden hissettim. Sanki tek bir nefes almak bile tehlikeliydi çünkü çözünüp evrene karışabilirdim.

"Evet," diyerek kabul ettim. "Mucize bu."

Bu gibi anları iyi anlamanı isterim. Bu tanıdık, yabancı gezegende dört bir yanımızda yaşanıyorlar. Her bir yağmur damlasında ve yayılan her bir ışık zerresinde. Yaşam, şarkısını söyleyerek ışıldar. Biz ona karşı hissiz olduğumuzda, ondan saklanırken, gürültüden ve acıdan onu deneyimleyemezken, onu hissedecek donanımdan yoksunken bile… gece olmadan önce en azından son bir kez parıldayarak bize güzelliğini göstermeye hazır, değer görmeyi ve korunmayı bekleyerek, hep oradadır.

Sevgili Maurice,

Gönder'e daha on dakika önce bastığımı ve henüz mektubu okumamış olacağını biliyorum ama sana son bir şey daha söylemek istedim.

Anlattıklarımın çoğu bize hayal ürünü hatta imkânsız olduğu öğretilen şeyler. Paranormal güçler. Okyanusun altındaki koruyucu varlıklar. Bunların hepsini deneyimledim ve hiçbiri normal kabul edilen şeylerden daha müthiş ya da absürt değildi.

Taze sıkılmış portakal suyunun tadı. Bir incir. Gördüğün bir çiçek. Müzik sesi. Yere vuran bir ışık demeti. Kediler, köpekler, keçiler, kertenkeleler, yunuslar. Harrison Ford'un yüzü. Bunların hiçbirinin olmadığı bir gezegenden geldiğini düşünsene. Her şey nasıl da mucize gibi gelirdi. Karşımıza çıkan her şey bize nasıl da heyecan verirdi. Bir günbatımı resmine asla klişe gözüyle bakmazdık. Bağda bahçede yapılan sıradan bir yürüyüş ütopyaya dönüşürdü. Sıcak bir günde serin bir rüzgâr estiğinde piyangoyu kazanmış gibi olurduk. Kuş şakımalarının her biri bize senfoni gibi gelirdi.

Biz de kendimizi uzaylı addetmeliyiz çünkü evrenin geri kalanı için zaten öyleyiz, Maurice.

Ayrıca –yazmayı unuttum– buraya gelmek istersen, lütfen söyle. Seni görmek çok hoşuma gider. Sana iyi dileklerimi yolluyorum. Senin için her şeyin iyi olmasını diliyorum. Hayatının iyiye gideceğini hissediyorum.

Arkadaşın ve öğretmenin,
Grace Winters

Not: Artık Lincoln'daki eve ihtiyacım yok. Orayı iyi bir fiyata satabileceğinden eminim. Mali açıdan sıkıntıda olduğunu yazmamışsın

–yalnızca başka şeyler de var demişsin– ama bana söylenmeyen her şeyi bildiğim gibi, ne kadar sıkışık durumda olduğunu da biliyorum. Umarım sorunlarını bu sayede çözebilirsin. Bende çok anısı olan o evi sana vermek istiyorum. Biri bana İspanya'daki evini bıraktı ve bunu yaparak hayatımı değiştirdi. Aynı şeyi ben de senin için yapmak isterim. Sonuçta, kumarhanelerde neler yapabildiğimi gördükten sonra artık parayı pek dert etmiyorum.

Sevgili Grace,

Bunu size defalarca söylediğimi biliyorum ama ev için ne kadar minnettar olduğumu bilemezsiniz. Dün satışın onaylandığını bilmek istersiniz diye düşündüm. Cidden hayatımı değiştiren bir iyilikti ve bu parayla kız kardeşime de daha fazla destek olabileceğim.

Fakat bunun dışında, anlattıklarınız için de teşekkür etmek istiyorum. Aslında tek kelimesine bile inanmaman gerekir ama nedense her kelimesine inandım. Kalıbı kırmama yardımcı oldunuz. En azından daha iyi bir kalıba geçiş yapmama. Bu yüzden İbiza'ya geliyorum. Maceraya atılıp Dénia'ya kadar trenle geleceğim ve oradan feribota bineceğim. Eylülün ikinci haftası oradayım. İçimde iyi bir his var. Önsezi de denebilir. Dün gece rüyamda denizi gördüm. Parlıyordu. Sizin gibi, beni de yanına çağırıyordur belki.

Yakında görüşmek umuduyla.

Sonsuz teşekkürler.

Maurice
x

Teşekkür

Bütün kitaplar ekip işidir. Özellikle de bu. Teşekkür edeceğim çok insan var.

İlk olarak, on beş yıl önce yayımlanan *The Radleys*'den beri birlikte çalıştığım, hikâyeyi en iyi şekilde anlatmama yardımcı olan ve tuhaf fikirlerimden korkmamam konusunda beni cesaretlendiren müthiş editörüm Francis Bickmore'a teşekkür ederim. Ayrıca daha ilk aşamalardan itibaren uluslararası yayıncıların tavsiyelerini alacak, Patrick Nolan, Doris Janhnsen ve Iris Tupholme gibi parlak zihinlerin paha biçilmez yorumlarını duyacak kadar şanslıydım.

Bu fikri en başından beri benimseyen ve ne yapmak istediğimi anlayan, edebiyat dünyasında bir efsane olan ajanım Clare Conville'e de en az onlar kadar minnettarım.

Her zamanki gibi Jamie Byng'e ve Cannongate Books'taki herkese teşekkür ederim. Jenny Fry, Alice Shortland, Lucy Zhou, Jessica Neale, Charlie Tooke, Vicki Rutherford, Jo Lord ve Sasha Cox'tan oluşan müthiş ve vazgeçilmez ekibe teşekkürler.

Harika kadın Silvie Varela yardımını esirgemeyip diyaloglara göz atarak kullandığım İspanyolca sözleri kontrol etti.

Her zaman olduğu gibi, Andrea Semple'a da teşekkür etmem gerekir. İlk okurum, ilk editörüm, en iyi arkadaşım; aynı zamanda İbiza'daki inişli çıkışlı ilk yıllarımızda bize destek olan kişi. Pearl ve Lucas'a da deniz çayırları ve İspanyol tarihi hakkındaki bilgilerle ilgilerini çekme girişimlerime katlandıkları için teşekkür ederim.

Bu kitabı İbiza'ya olan sevgim yüzünden yazdığım aşikâr ve o adada tanıdığım herkese teşekkür ediyorum. İlk kez orada yaşayıp çalışmaya başladığım doksanlı yıllardan oraya olan aşkımı yeniden keşfettiğim son birkaç yıla kadar. Orada tanıdığım eski ve yeni sayısız arkadaşıma, adanın kendisine minnettarım. Akdeniz'deki o büyülü, gizemli, çok yönlü, kendisiyle ilgili önyargılara her daim kafa tutan adaya teşekkür ederim.

Adanın ekolojisini korumak için çok çalışan insanlara da teşekkür etmek isterim. En başta yaklaşık yirmi yıldır adanın habitatını korumak için çalışan; adadaki kertenkele nüfusunun korunması, İbiza ve Formentera'daki plastik kirliliğinin azaltılması; hayati önemi olan Posidonia deniz çayırının çevre kirliliğinden, teknelerin ve kıyı kentleşmesinin verdiği zarardan korunarak yok olmaktan kurtarılması için önemli projeler üreten Ibiza Preservation'a (ibizapreservation.org) teşekkürler.

Her şeyin ötesinde, sana teşekkür etmek isterim, sevgili okurum. Hikâyelerimi seninle paylaşabildiğim için çok şanslıyım. Birkaç yıldır yazmayı bırakmıştım. Fakat okurların desteği bu hikâyenin ortaya çıkmasını sağladı. Umarım sevmişsindir. Sağ ol. *Gracias por todo.*